Zitiervorschlag:
Autor in Mayer/Helm, Erwischt!, S. XX.

ISBN:	978-3-943170-46-7
© 2013	Finanz Colloquium Heidelberg GmbH
	Plöck 32a, 69117 Heidelberg
	www.FC-Heidelberg.de
	info@FC-Heidelberg.de
Titelfoto:	© Depositphotos.com/lifeonwhite (Eric Isselée)
Satz:	Finanz Colloquium Heidelberg GmbH
Druck:	Winter – Agentur für Druckdienstleistung, Leimen

Mayer/Helm

Erwischt!

Ein Weg zur Betrugsprävention im Retailgeschäft

Finanz Colloquium Heidelberg, 2013

Erwischt!

Ein Weg zur Betrugsprävention im Retailgeschäft

Dirk Mayer (Hrsg.)
Produktmanager
Bürgel Wirtschaftsinformationen GmbH & Co.KG

Carsten Helm (Hrsg.)
Leiter Fraud Management im Risikocontrolling
Commerzbank AG

Holger Brümmer
Leiter Betrugsmanagement/Strategie
Targobank AG & Co KGaA

Ekkehart Carl
Staatsanwalt
Staatsanwaltschaft Bochum

Anette Jelen
Senior Fraud & Identity Consultant
Experian Österreich

Matthias Kurz
Solution Architect
SAS Institute GmbH

Andreas Rattinger
Abteilungsleiter Risikomanagement
Commerz Finanz GmbH

Dagmar Schiefer
Anti-Fraud-Officer
ING DiBa AG

Carsten Steckel
Senior Manager
BearingPoint GmbH

Bernd Vollrath
Rechtsanwalt/Trainer/Coach

Uta Zentes
Senior Manager
Ernst & Young GmbH
Wirtschaftsprüfungsgesellschaft

Finanz Colloquium Heidelberg, 2013

Inhaltsübersicht

Geleitwort 1

Vorwort der Herausgeber 4

1. Neustart – Einleitung 9

2. Vorgespräche – Anforderungen des § 25c KWG 14

3. Arbeitsmuster – Definitionen 25

4. Dauerbesprechung – Diskussion der Gefährdungsanalyse 36

5. Ein Besuch in der Beitreibung – Warndateien und Datenaustausch 47

6. Der Kollege Liebmann – Datenqualität 63

7. Licht ins Dunkel – Dunkelfeldanalyse 76

8. Abschalten unmöglich – Business Case 84

9. Pizza mit Folgen – Struktur von Präventionsmethoden 103

10. Einstieg in Analytik – Regeln systembasierter Erkennung 107

11. Statistik verstehen – Fraud Score 114

12. Übernahme 124

13. Auftrieb 131

14. Modus Operandi – Erstattung einer Strafanzeige 135

15. Heldin ohne Aufgabe 142

16. Hilfestellung 144

INHALTSÜBERSICHT

17. Alte Geschichten — 146

18. Politik — 149

19. Komplexität verstehen – Data Mining — 151

20. Vernetzt denken – Netzanalysen — 165

21. Einfach mal ausprobieren – Wertung der Methoden — 170

22. Knockout – Datenschutz — 175

23. Compliance — 189

24. Verwirrung — 192

25. Entscheidung — 195

26. Täter und Opfer — 200

27. Ergebnisse – Interner Betrug — 202

28. Aufbruch – Präventionskonzept Kreditbetrug — 212

29. Anhang der Autoren — 220

30. Blick von Außen – Aspekte der Betrugsprävention aus Sicht der Dienstleister — 228

Glossar — 259

Literaturverzeichnis — 265

Facheinschubverzeichnis — 271

Autorenporträts — 275

Geleitwort

»Betrügen und betrogen werden, nichts ist gewöhnlicher auf Erden.«
Johann Gottfried Seume,
deutscher Schriftsteller und Dichter (1763-1810)

Betrug ist Alltag, so die Autoren in ihrem Vorwort. Betrug gibt es mit hoher Wahrscheinlichkeit bereits, seit es Menschen auf diesem Planeten gibt. So kennen wir bereits aus der griechischen Mythologie Apate (Ἀπάτη), ein Geistwesen (Daimon) als Personifikation der Täuschung und des Betrugs. Die Römer hatten ein Pendant in Form von Fraus, der Göttin der Falschheit.

Dass es Lügen, Halbwahrheiten, Täuschungen und Betrug in der Geschichte der Menschheit immer schon gegeben hat, können wir dem Buch der Bücher entnehmen. In der Bibel wird der Teufel als »Vater der Lüge« (Johannes, Kapitel 8) bezeichnet, weil dieser Eva gegenüber im Garten Eden die erste Lüge der Menschheitsgeschichte geäußert haben soll. Dies führte dann zum (ersten) Sündenfall. Lügen sind, so der Prophet Jesaja, böse Werkzeuge des Schurken: »Und die Werkzeuge des Schurken sind böse: er beschließt böse Anschläge, um die Elenden durch Lügenreden zugrunde zu richten, selbst wenn der Arme redet, was Recht ist.« (Jesaja, Kapitel 32). Auch der im 10. Jahrhundert v. Chr. regierende Herrscher des vereinigten Königreichs Israel, König Salomo, warnte vor dem Erwerb falschen Gewinns durch Lüge: »Wer Schätze erwirbt mit verlogener Zunge, jagt nach dem Wind, er gerät in die Schlingen des Todes.«

Später – im 16. Jahrhundert – entstand dann der Begriff des Gauners. Betrüger und Spitzbuben wurden so genannt, die Betrug und Diebstahl gewerbsmäßig nach bestimmten Prinzipien und Regeln durchführten. Der Begriff kann etymologisch auf das rotwelsche Wort »Joner« bzw. »Jauner« für »Falschspieler« zurückgeführt werden. Dies wiederum lässt sich auf die griechischen Falschspieler zurückverfolgen. In der Folge der Türkenkriege waren viele Griechen heimatlos geworden und verdienten ihr Geld als Falschspieler. Daher ist im Französischen »grec« ein Synonym für Falschspieler (tricheur).

Parallel zu den Betrügern, Gaunern und Spitzbuben begannen auch die Unternehmen, sich gegen Betrügereien zu schützen. So verfügte beispielsweise die Hamburger Feuerkasse – als ältestes Versicherungsunternehmen der Welt am 30. November 1676 gegründet – bereits über präventive Ansätze, nicht höhere Betrugs-Risiken einzugehen, als die Risikotragfähigkeit zugelassen hat. So betrug die maximale Versicherungssumme 15.000 Mark mit »einem quart« Selbstbeteiligung. So wurde aktiv das »subjektive« Betrugsrisiko reduziert. Außerdem wurde mit den Mitgliedern neben festen Beiträgen (ordentliche Zulage) auch eine unbegrenzte Nachschusspflicht (außerordentliche Zulage) vereinbart. So konnte die Risikotragfähigkeit flexibel an die tatsächliche Risikosituation angepasst werden.

Betrügereien durchziehen die Geschichte der Menschheit wie eine wunde Ader. Bereits im Altertum gab es Fälschertechniken, die man verwendete, um beispielsweise nachträglich Cäsar eine Rede unterzuschieben oder um dem Neuen Testament einige Schriften hinzuzufügen. Ein einziger Fälscher, so die Literatur, fälschte allein 4.000 Zitate Mohammeds.

Und kaum jemand erinnert sich noch an Ivar Kreuger, den »Zündholzkönig« und Großspekulanten der 20er-Jahre. Der US-amerikanische Ökonom und Sozialkritiker John Kenneth Galbraith hatte Ivar Kreuger als den Leonardo da Vinci aller Finanzakrobaten bezeichnet: »Jeder Leiter eines dubiosen Unternehmens, jeder Broker, der mit Aktien erfundener kanadischer Bergwerke hausieren geht, jeder Fondsmanager, dessen Integrität kein Hindernis für seinen Einfallsreichtum ist, und jeder weniger exotische Dieb sollte Kreuger kennen.« Das Magazin »Time« kürte Kreuger ehrfurchtsvoll zum »größten Betrüger der Geschichte«.

Der Schwede Ivar Kreuger war der Gründer der Svenska Tändsticks AB (STAB) und in den 20er Jahren des letzten Jahrhunderts die zentrale Figur im europäischen Zündwarenmonopol sowie einer der angesehensten und einflussreichsten Finanzmagnaten der Welt. Er sammelte in den USA Geld ein, das er an europäische Staaten und Institutionen im Tausch gegen Zündholzmonopole verlieh. Das in Swedish Match umbenannte Unternehmen wuchs zu einer Holding an, der in den 1930er Jahren rund 150 Tochterfirmen mit 260 Fabriken und 750.000 Mitarbeitern angehörten und die in 33 Ländern den Zündholzmarkt und damit etwa 60 Prozent der Weltproduktion kontrollierte.

Der Erfolg von Ivar Kreuger basierte vor allem darauf, dass er ein großer Kenner der Psychologie des Investors war. Seine zahlreichen rechtmäßigen und weniger rechtmäßigen Projekte beflügelten in den zwanziger Jahren die Phantasie der Anleger – so wie in der jüngeren Vergangenheit die Dotcoms, Anleihen mit variablem Zinssatz, Aktientipps von Analysten und Hypothekenderivate den Appetit der Finanzmärkte geweckt haben, so Frank Partnoy in seinem Buch »Der Zündholzkönig«. Ivar Kreuger entwickelte viele der Techniken, die in unserer Zeit Hedgefondsmanager und Investmentbanker anwenden.

Und wenn wir uns mit Ivar Kreuger beschäftigen, so erinnern wir uns an die Anfänge der jüngsten Finanz-, Banken- und Staatskrise: Sie begann mit gewaltigen verdeckten Risiken an der Börse, die durch übermäßige Verschuldung vergrößert werden. Kredite werden mit komplexen neuen Finanzinstrumenten abgesichert. Und wenn schließlich die Preise ins Bodenlose fallen, begreifen die Anleger, dass sie ihre Ersparnisse in ein Fass ohne Boden geworfen haben. Zwar ändern sich die Namen und die Einzelheiten, aber die Zyklen von Spekulationsrausch, Panik und Zusammenbruch – nicht selten basierend auf Betrug – sind fast immer dieselben. Die Finanzgeschichte wiederholt sich (siehe Carmen Reinhart/Kenneth Rogoff: Dieses Mal ist alles anders).

Die Geschichten der Madoffs, Phoenix, Ponzis und Leesons bringen die Prinzipien von internem Betrug, Schneeballsystemen, Pyramidensystemen oder Ponzi-Schemata immer wieder eindrucksvoll ins Bewusstsein. Vergessen Sie dabei aber nicht die Muster der vielen kleinen Betrüger auf diesem Globus. Die Wege des Betrugs wiederholen sich. Lassen Sie sich nicht täuschen: Betrüger sind (fast) überall. Das Gute ist, Sie haben eine Chance, diese zu erkennen. Schützen Sie sich wie damals die Hamburger Feuerkasse gegen die für Sie relevanten Betrugsmuster. Und noch ein Tipp: Neben analytischen Werkzeugen sollten Sie auch Ihrer Intuition vertrauen. Dieses gefühlte Wissen beruht auf überraschend wenigen Informationen und sollte insbesondere in der Betrugserkennung – und auch im Risikomanagement insgesamt – nicht ausgeblendet werden.

In diesem Kontext bietet das Buch »Erwischt! Ein Weg zur Betrugsprävention im Retailgeschäft« einen exzellenten Zugang in die Themen Betrugserkennung und -prävention in der Bankenwelt (und darüber hinaus). Insbesondere die Einbindung realer Betrugsexperten bietet eine exzellente Brücke in die Praxis.

Begleiten Sie die Projektmanagerin Kaya Cazadora auf eine Reise durch die mitunter diffuse Welt des Betrugs. Und nach der Lektüre werden Sie einige der Tricks der Diebe kennen.

Brannenburg am Wendelstein, im Juli 2013

Frank Romeike
RiskNET GmbH – The Risk Management Network
Autor der Standardwerke »Allein auf stürmischer See« (Wiley) sowie
Erfolgsfaktor Risiko-Management 3.0 (Springer).

Vorwort der Herausgeber

Bei Veröffentlichungen zum Thema Betrug geht es fast immer um die großen Fälle. Studien und Umfragen spiegeln aufgrund der geringen Anzahl und der Auswahl der Fälle nur einen Bruchteil der Betrugslandschaft wider[1]. Leeson (1,4 Mrd. Euro), Kerviel (5 Mrd. Euro) oder Madoff (50 Mrd. Euro) sind aber nicht der Alltag.

Alltag ist Betrug, bei dem einige hundert und selten mehr als 100.000 Euro erbeutet werden. Diese Fälle sind in den Produkten eingepreist und nicht medienwirksam, daher dringen sie kaum in die Wahrnehmung der verantwortlichen Manager. Betrug im Mengengeschäft ist aber ein fortwährendes Problem bei Banken, Versandhändlern, Versicherungen, Leasinggesellschaften und Telekommunikationsunternehmen.

Über alle Bereiche hinweg scheint im Mengengeschäft eine durchschnittliche Belastung des Umsatzes mit Betrugsschäden von 0,25% bis 1% »normal« zu sein[1], [2] – und das ohne die oben genannten großen Schäden. Allgemeine Aussagen sind wegen der großen Unterschiede in Produkten und Prozessen aber nur wenig hilfreich.

Wir wollen Grundlagen zum Thema Betrugsprävention vermitteln. Wir konzentrieren uns auf praktische Hinweise. Wir möchten Sie anregen, Ihre Ausfälle neu zu betrachten und das Potential zu entdecken, das eine gute Betrugsprävention birgt.

Betrug ist ein niemals endendes Spiel gegen einen dynamischen Gegner. Um dieses Spiel erfolgreich zu meistern, müssen Sie die verfügbaren Methoden kennen und geeignete Maßnahmen kombinieren[3]. Nicht zuletzt geht es auch darum, dass Sie Ihre Lösungen unternehmensintern verkaufen.

Um den Lesefluss und das Verständnis zu verbessern, nutzen wir eine Rahmenhandlung. Unsere Beispiele kommen aus Banken. Die Lösungen sind jedoch branchenübergreifend anwendbar[4].

---

1   Der ACFE Report to the Nations 2012 umfasst als eine der größten Studien nur 1.388 Fälle. Diese haben einen Median von $ 140.000.

»Keine Schuld ist dringender als die, Dank zu sagen«
(Cicero)

Zur Vorbereitung dieses Buches haben wir im Rahmen des Round Table Fraud mit vielen Experten gesprochen. Wir haben über Definitionen und Lösungsansätze diskutiert und Erkenntnisse daraus in dieses Buch aufgenommen. Wir danken unseren Kollegen für die vertrauensvolle und offene Zusammenarbeit.

Unsere Wertschätzung gilt den Experten, die sich zu einer Mitarbeit an unserem Projekt bereit erklärt haben. Allein hätten wir diese Themenvielfalt nicht abdecken können.

Herr Dr. Christian Göbes hat die für unseren Bereich untypische Idee des romanhaften Fachbuchs enthusiastisch aufgegriffen. Seine Begeisterung hat uns bei den schwierigen Passagen des Schreibens sehr geholfen. Dafür unseren herzlichen Dank!

Unser ganz besonderer Dank gilt aber unseren Familien, die unsere Idee so uneingeschränkt unterstützt haben.

Oftmals ist es schwer, einen Sachverhalt verständlich zu beschreiben. Noch schwieriger ist es, dies kurz und prägnant zu tun. *»Mein Vater erkennt die Tricks der Diebe«*, sagte einmal ein vierjähriges Mädchen und verkürzte damit die mehrseitige Berufsbeschreibung ihres Vaters auf einen Satz. Das war unsere Messlatte für Inhalt und Länge der fachlichen Texte. Außerdem gab sie uns die Erlaubnis, ihren Vornamen auch für unsere Protagonistin zu verwenden: Vielen Dank, Kaya.

Dirk Mayer & Carsten Helm im Juli 2013

Anmerkungen zu diesem etwas anderen Buchprojekt

Die verflixte deutsche Sprache

In Zeiten des Versuchs, in der deutschen Sprache beide Geschlechter gleichzustellen, halten wir folgenden Hinweis für sinnvoll: Jeder Verweis auf das männliche Geschlecht gilt selbstverständlich auch für das weibliche Geschlecht und umgekehrt.

Fiktion trifft Realität

Einige der Facheinschübe wurden von existierenden Kollegen geschrieben, die teilweise auch im Buch auftreten. Der Auftritt und die Personenbeschreibungen im Buch müssen nicht mit den Personen übereinstimmen. Unsere Rahmenhandlung und alle weiteren Personen sind fiktiv. Ähnlichkeiten zu real existierenden Personen oder Gegebenheiten sind rein zufällig und nicht beabsichtigt, sofern wir nicht in Fußnoten auf entsprechende Fundstellen hinweisen.

Fußnoten und Literaturverzeichnis

Wir wollten dieses Buch nicht mit wiederkehrenden Fundstellen in den Fußnoten überfrachten, da dies nach unserem Empfinden den Lesefluss stört. Inhaltliche Ergänzungen oder unserer Meinung nach für das Verständnis notwendige Fundstellen sind im Hauptteil mit einfachen Ziffern gekennzeichnet und als Fußnoten eingefügt. Ziffern in Klammern verweisen auf das Literaturverzeichnis im Anhang. Wir haben dieses System auch bei den Facheinschüben unserer Mitautoren übernommen. Eventuell dadurch entstandene Fehler sind allein den Herausgebern anzulasten.

Im Anhang der Dienstleister sind die Quellen in den Fußnoten eingefügt, da wir annehmen, dass bei Lektüre dieser tiefergehenden Ausführungen die teilweise auf exakte Seitenzahlen verweisenden Fundstellen sinnvoll sind.

Verantwortlichkeiten

Dieses Buch gibt die Meinung und Einschätzung der Autoren und nicht notwendigerweise die offizielle Auffassung der jeweiligen Arbeitgeber wieder. Bei den Autoren der einzelnen Facheinschübe ist diese darüber hinausgehend auf den entsprechenden Einschub beschränkt.

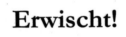
Erwischt!

1. Neustart – Einleitung

Montag früh, 8:00 Uhr. Kaya Cazadora Diaz saß vor einer Tasse dampfenden Kaffees. Es gefiel ihr in ihrem neuen Büro, das sie vor einer Woche bezogen hatte. Von dort hatte man einen schönen Ausblick auf die Frankfurter Skyline. Die Sonne tauchte die Türme der Finanzmetropole in ein märchenhaftes Licht. Die Glaspaläste schimmerten. Es war wie eine futuristische Tempelstadt, bei der die sakralen Bauten aus der Steinwüste der Stadt herausragten. Und alle tanzten um das goldene Kalb.

Ihr Blick fiel auf ein Buch, das auf ihrem Tisch lag[5]. Die Kollegen aus der Unternehmensberatung hatten es ihr zum Abschied geschenkt. Es beschrieb die Entwicklung eines Junior Beraters hin zu einem langgedienten Spezialisten, für den die Reiserei und selbst die Annehmlichkeiten von 5-Sterne Hotels, das Fahren teurer Autos, die überdimensionierten Geschäftsessen und die After-Work-Partys mit den Kollegen irgendwann an Reiz verloren hatten. Kaya sah die Parallelen zu sich. Auch sie hatte viel sehen, immer wieder neue Themen angehen und ein interessantes Leben genießen wollen. Aber das Leben als Beraterin war ein zweischneidiges Schwert. Work-Life-Balance war ein schönes Wort, das andauernde Reisen aber war mit einem Familienleben kaum zusammenzubringen. Mit 32 waren es nicht nur ihre Hobbies, die ihr fehlten. Doch jetzt hatte sie sich zu einem Neuanfang entschlossen und war in einen festen Job gewechselt. Noch dazu in eine größere Bank, die sich auf Privatkunden spezialisiert hatte.

Das Angebot war einfach unglaublich gewesen. Eigentlich ein Job, den es gar nicht gab. Kaya sollte als Projektmanagerin aktuelle Probleme lösen. Irgendwie hatte Markus es geschafft, seine Kollegen davon zu überzeugen, dass sie als Problemlöserin im Risikomanagement allen Abteilungen helfen könne. Er setzte die Erwartung in sie, dass sie mit ihrer sozialen Kompetenz die Abteilungsgrenzen überwinden würde. Das waren Vorschusslorbeeren, die sie sich erst noch verdienen musste. Dennoch lächelte Kaya bei dem Gedanken. Unter ihrer sozialen Kompetenz verstanden die meisten Kollegen wohl ihre hübschen braunen Augen. Die würden schon noch merken, was dahinter steckte.

Das Telefon. Vor neun? Kaya erkannte die Nummer und stöhnte verhalten. Ein Kunde aus früheren Tagen. Kurt arbeitete in der Kreditabteilung einer Bank, die Kaya längere Zeit beraten hatte. Irgendwie schienen ihre ehemaligen Kunden und Ex-Kollegen nicht zu begreifen, dass sie jetzt für einen anderen Arbeitgeber unterwegs war.

»Kaya Cazadora.«

»Kurt hier, hallo Kaya! Wie geht's Dir denn so als Bankerin?«

»Hi Kurt! Gut. Schön, von Dir zu hören.« Trotz der Störung war das ernst gemeint. Sie fand Kurt sympathisch. Sie hatten gemeinsam Ideen erarbeitet, um die Kreditprozesse zu vereinfachen. Kurt hatte sich dann mit den Vorschlägen durch alle Verantwortungsebenen gekämpft. Er hatte großen Anteil am Erfolg der Vorstudie gehabt und auch das Budget für ein Umsetzungsprojekt besorgen können. Ein paar Mal hatten sie sich auf ein Feierabendbier getroffen, aber mehr hatte sich nicht ergeben. Vielleicht lag es daran, dass sie schon fast krankhaft Kunden und Männer unterschied. Nichtsdestotrotz war Kurt einfach nett im besten Sinne des Wortes.

»Hast Du einen Moment für mich?« Sie sah ihn fast vor sich sitzen, ein Enddreißiger im Dreiteiler, etwas untersetzt. Früher war er Leistungssportler. Heute wirkte Kurt eher gemütlich.

»Ja, passt schon. Ich warte noch auf mein erstes Projekt.«

»Das trifft sich ja gut. Vielleicht kann ich Dir helfen.« Kurt lachte. »Ein Kunde von uns hat vor ein paar Monaten ein Girokonto eröffnet. Dann kamen regelmäßig Zahlungseingänge, dabei auch Gehalt. Letzte Woche hat er dann bei uns einen Kredit beantragt. Das geht ja mittlerweile denkbar einfach.«

Kaya wusste, worauf er anspielte. In ihrem Projekt hatten sie durchgesetzt, dass Kunden im Onlineportal einen Kreditantrag stellen und dann nur per E-Mail eine Kopie der letzten Gehaltsbescheinigung zusenden mussten. Ihr Motto für die gesamte Prozessgestaltung war ›Bequem gewinnt immer‹. Sie hatten versucht, die Abwicklung vor allem für den Kunden einfach zu gestalten.

»Wir haben den Kreditbetrag noch am gleichen Tag auf das Konto überwiesen«, sprach Kurt weiter. »Einen Tag später wurde das Geld verfügt.«

Kaya unterbrach ihn. »Ist doch super. Dann klappt's ja im Neugeschäft?«

Kurt lachte wieder. »So kenne ich Dich, immer die Vorteile im Blick. Ja, tatsächlich, wir machen mittlerweile recht ordentliche Umsätze. Aber wir bekommen zunehmend Probleme mit Betrug.«

»Wie das?«

»Lass mich ausreden, dann erklär ich's Dir. Ich arbeite jetzt mit einem Team, das stichprobenartig neue Geschäfte prüft. Bei diesem Kunden war die Gehaltsbescheinigung gefälscht. Die Personalnummer lautet ›001‹ und die Sozialversicherungsbeiträge stimmen nicht. Ich habe dann versucht, den Arbeitgeber anzurufen. Den gibt's nicht.« Kurt machte eine Pause. Die Stille dehnte sich aus.

»Kaya, bist Du noch da?«

Kaya überlegte. Sie hatten sich im Projekt auch über Betrug unterhalten, aber einen Unterschied im Risiko zum bisherigen Prozess hatten sie nicht gesehen.

»Kurt, ja, ich bin noch da. Ein interessanter Fall. Aber was hat das mit uns zu tun?«

»Na ja, die Auszahlung ging auf ein Konto bei Euch. Kannst Du bitte mal nachschauen und das Geld sperren? Das wäre wirklich nett.«

Kurt gab Details durch und Kaya prüfte das Konto. Das Geld war noch da.

»Okay, ich schau mal, was ich machen kann und melde mich.« Sie legte nach einer kurzen Verabschiedung auf.

Kaya rief das Intranet der Bank auf. Unter dem Stichwort ›Betrug' fand sie schon mal gar nichts. Auch unter ›externe Anfragen' und ›Auskunft' nichts Nützliches. Richtlinien ohne Ende, Pressemitteilungen und auf der fünften Seite immer noch eine Trefferwahrscheinlichkeit von 100 Prozent. Sie machte sich Notizen über ihre Suche. Überall nach Verbesserungsbedarf zu schauen, galt zum Glück noch nicht als Berufskrankheit. Unter dem Stichwort ›Compliance' fand sie eine Organisationsmatrix. Und eine Telefonnummer: Compliance-Hotline, gut versteckt. Sie trommelte mit den Fingern ungeduldig auf den Schreibtisch.

»Compliance, Birgit Müller.« Die Stimme klang für Kaya nach dem mütterlichen Typ.

»Hi, hier ist Kaya Cazadora. Ich bin neu im Risikomanagement und habe eine Frage.« Die junge Frau lächelte mit einem aufgesetzten Froschgrinsen ins Telefon.

»Na dann erst einmal herzlich willkommen, Frau Cazadora. Sind Sie bei Herrn Liebmann?«

Von dem hatte sie noch nie gehört.

»Nein, bei Markus Lang. Risikocontrolling. Mich hat gerade ein früherer Kollege angerufen. Dort gibt es einen Betrugsfall und an uns sind gestern 30.000 Euro überwiesen worden. Ich habe mir das Konto einmal angesehen und in den Notizen steht, dass der Kunde das Geld um 10 Uhr in bar abholen will.« Sie warf einen Blick auf ihre Armbanduhr. 9:38 Uhr. Das würde knapp werden.

Die Frau am anderen Ende klang ruhig. »Sagen Sie mal die Kontonummer. Was haben Sie dem Kollegen denn erzählt?«

Kaya nannte die Nummer. »Nur, dass das Geld eingegangen ist. Wieso?«

»Auskünfte gehen generell nur über die Zentrale Stelle, den Geldwäschebeauftragten. Der neue 25c^2. Haben wir gerade umgesetzt.«

Es entstand ein kurzes Schweigen in der Leitung, während Kaya die Frau am anderen Ende tippen hörte.

»Oha. Das sieht nach einem Treffer aus. Alberto Rossi! Der veräppelt uns doch. Und die dritte Abhebung in dieser Woche. Der hätte längst auftauchen müssen. Und dieses Geburtsdatum. Und auch noch mit Gehaltseingang, na super.«

Bahnhof war ein zu mildes Wort. Die Frau benutzte offensichtlich deutsche Wörter und trotzdem schien es, als hätte sie plötzlich die Sprache gewechselt. Der Name stimmte auch nicht.

»Nein, die Überweisung ging auf Norbert Trammel.«

»Das sehe ich, der hat wohl einen Politikerfimmel. Aber das System prüft die Übereinstimmung der Namen bei Überweisungseingängen nicht, wenn die Kontonummer stimmt. Und Rossi heißt auf Italienisch ›Jedermann‹. Da gibt es Blanko-Ausweismuster. So etwas wie Erika Mustermann in Deutschland. Haben Sie das Geburtsdatum gesehen?«

So ungewöhnlich schien Kaya der 01.01.1960 nicht zu sein. Eher praktisch, gut zu merken. Und prima zum Reinfeiern.

---

2   Der § 25c KWG verlangt seit 31.03.2011 umfangreiche Maßnahmen zur Betrugsprävention und die Einrichtung einer Zentralen Stelle. Siehe Facheinschub Rechtliche Rahmenbedingungen.

»Also, ich sperre schon mal das Konto. Aber der Kollege aus der Geldwäsche ist noch nicht da, der bringt morgens immer noch seine Kinder weg. Und seine Vertretung hat Urlaub. Wo sitzen Sie denn?«

»Im 14. Stock, in der Frühlingsstraße.«

»Ich bin im 12., Büro ganz hinten links. Haben Sie Zeit?«

»Bis gleich!«

2. Vorgespräche – Anforderungen des § 25c KWG

»Störe ich?«

Markus kam zur Tür herein. Kaya blickte auf. Ihr Chef war Anfang Vierzig, hatte volles, dunkelblondes Haar, das gut zu seinen blauen Augen passte. Und sehr lange, feingliedrige Finger. Mit seinen nur 1,65 war er allerdings etwas kleiner als sie. Beim Einstellungsgespräch hatte er ihr erzählt, dass er ein Fan von Abenteuerreisen sei. Seine taillierten Hemden bestätigten, dass er durchtrainiert war.

»Ohne Jackett und Krawatte?«, fragte Kaya. Die Flachserei zum Beginn ihrer Gespräche war bereits ein kleines Ritual geworden.

»Immer noch im Hosenanzug?« Das war sauber gekontert. Markus toppte seine Antwort, indem er einige Takte von einem Lied pfiff. Kaya erkannte »Hello Mary Lou«, ein Lied, in dem es um ein Mädchen ging, das Hosen ablehnte[3].

Er lächelte. »Ich wollte eigentlich hören, wie es Dir geht. Hast Du Dich schon eingelebt? Sind die Kollegen nett? Hast Du mittlerweile alle Zugänge zu den Systemen?«

Kaya unterbrach ihn. »Ja, ja, und ja. Bis jetzt bin ich sehr zufrieden. Ich bin nur in Eile. Gerade habe ich eine interessante Entdeckung gemacht.«

»Ganz ruhig«, hielt Markus sie zurück »Erzähl einmal kurz.«

Kaya gab eine knappe Schilderung ihres Gesprächs mit Kurt und der Compliance-Hotline.

»Meinst Du Mutti Müller? Die hat vorgestern bei uns im Jour Fixe[4] der Abteilungsleiter zum ersten Mal von ihrem Projekt zur Zentralen Stelle berichtet. Dabei ging es auch um Prävention von Betrug. Das klang für uns alle sehr nach einer Pflichtübung. Aber vielleicht liegt's auch daran, dass Frau Müller von Haus aus Juristin ist. Sie hat um ›zustimmende Kenntnisnahme‹ gebeten. Wer sagt denn so etwas?«

---

3   Hey hey hallo, Mary Lou,... bekannt ist die Version von Ricky Nelson, 1961.
4   Französisch: fester Tag, regelmäßiger Termin.

Die Kollegin hatte am Telefon für Kaya so gar nicht nach einer Juristin geklungen, eher nach einer kompetenten Sachbearbeiterin oder vielleicht nach einer Abteilungsleiterin. Nach Kayas Geschmack waren die meisten Juristen nicht pragmatisch genug, die Kollegin schien da eine erfreuliche Ausnahme zu sein.

Markus grinste mitleidig »Die Zustimmung hat sie allerdings nicht bekommen. Herr Liebmann vom OpRisk[5] war beleidigt, von Compliance vor vollendete Tatsachen gestellt zu werden. Der will immer ganz früh Bescheid wissen, wenn es um Betrug geht. Er meint, Betrug wäre Teil der operationellen Risiken. Er hat erst einmal eine tiefere Prüfung durch uns vorgeschlagen. Typisches Machtgeplänkel.«

Sein Gesichtsausdruck änderte sich nur eine Winzigkeit, doch plötzlich sah er aus wie ein Schulbub, der gerade eine lustige Idee hatte. Lustig zumindest für ihn.

»Wäre das nicht ein Thema für Dich? Mach Dich mal schlau. Und halt mich auf dem Laufenden.«

»Ja klar. Macht auch nichts, dass Du mich aufgehalten hast«, verabschiedete sich Kaya, »Ich hole das schon wieder auf. Hab ja lange Beine.«

Markus lachte. »Der Punkt geht an Dich!«

10:15 Uhr. »Haben wir ihn bekommen?«

Kaya vergaß die Begrüßung, als sie in das Büro von Birgit Müller stürmte. Die Frau war vielleicht Anfang fünfzig, trug eine einfarbige Bluse und einen Bundfaltenrock. Sie war beleibt und hätte gemütlich wirken können, wären nicht die aschgrauen Haare hochgesteckt gewesen. So wurde der förmliche Eindruck eher verstärkt.

»Hallo Frau Cazadora. Nett, Sie persönlich kennenzulernen. Nehmen Sie sich doch einen Stuhl.« Frau Müller stand auf.

»Entschuldigen Sie, es freut mich auch sehr.« Kaya drückte die angebotene Hand und rückte einen Stuhl an den Schreibtisch, so dass sie mit auf den Bildschirm schauen konnte.

---

5   Operationelles Risikomanagement.

»Er ist leider nicht in die Filiale gekommen«, nahm Frau Müller das Gespräch wieder auf. »Aber wir haben das Konto jetzt in der Überwachung. Ich hatte ja schon kurz angedeutet, dass wir hier alle Hände voll mit der Umsetzung des 25c KWG zu tun haben. Im Risikomanagement habe ich das Thema gerade vorgestellt.«

Das Büro von Frau Müller sah anders aus, als Kaya es erwartet hatte. Sie hatte nicht wirklich darüber nachgedacht, aber dieser Raum wirkte unpersönlich. Kein Bild von Mann oder Kindern, der Kaffeebecher auf dem Schreibtisch war schlicht weiß. Im Regal standen ein Schönfelder[6] und ein paar Aktenordner. Als wäre Frau Müller gerade erst eingezogen.

»Der Herr Liebmann, .ach den kennen Sie ja gar nicht«, die Juristin schaute gequält auf, »will nun eine Überprüfung meines Themas.«

Kaya lächelte zuversichtlich. »Ich habe gerade mit meinem Chef darüber gesprochen. Er hat mir etwas Zeit gegeben, damit wir uns die Sache gemeinsam anschauen können. Natürlich nur, wenn Sie wollen.«

Frau Müller sah sie nachdenklich an. »Das soll mir sehr recht sein. Dann fangen wir doch einfach mal an.«

Die nächsten zwei Stunden hörte Kaya zu. Pünktlich um halb eins beendete Frau Müller ihren Monolog und verabschiedete sich in die Mittagspause und für diesen Tag. Sie schien gar nicht auf den Gedanken zu kommen, Kaya zu fragen, ob diese vielleicht mitkommen möge. Auch eine Erklärung, wie es weitergehen sollte, blieb aus. Zu dem Fall, wegen dem sie gekommen war, hatten sie nur das Allernötigste besprochen. Kaya war nicht mehr überzeugt, dass die Zusammenarbeit so einfach werden würde, wie sie aufgrund ihres telefonischen Eindrucks gehofft hatte.

Zurück im Büro griff sie zum Headset.

»Hi Kaya!«

»Hallo Kurt. Hast Du meine Nummer schon gespeichert?«

»Na klar. Hilfreiche Nummern speichere ich immer sofort, kommt bei Dir auch noch. Spätestens, wenn Du Dich das erste Mal bei der Polizei durchtelefonierst. Hast Du was für mich?«

---

6   Eine rote, Eindruck erweckende Standard-Gesetzessammlung.

Kaya nickte, obwohl ihr Gesprächspartner nicht anwesend war. »Na klar habe ich was für Dich. Kostet Dich aber mindestens ein Bier. Für eine Haftungsfreistellung[7] bekommt Ihr Euer Geld zurück. Die Faxnummer ist hinten die zwei-fünf-acht statt meiner Durchwahl.«

»Ein Bier geht in Ordnung und ein Abendessen gibt's mit dazu. Danke Dir! Wie wir immer so schön sagen: Zu Gegendiensten gern bereit.«

Kaya hielt das Gespräch kurz. Dann begann sie, ihre Notizen systematisch zu sichten und eine kleine Zusammenfassung zu schreiben. Das war mittlerweile zu einem echten Tick geworden: Sie schrieb komplexe Themen knapp zusammen, möglichst so, dass ein Außenstehender sie verstehen konnte. Sie hatte das von einem Kollegen übernommen, mit dem sie ihr erstes Projekt durchgeführt hatte. Beim Schreiben dachte sie noch einmal über das Gehörte nach und verarbeitete ihre Notizen. Durch die Reduzierung auf ein oder zwei Seiten blieb dann auch nur noch Wichtiges übrig. Manchmal wurde es etwas mehr, aber sie handhabte das nicht dogmatisch. In fast jedem Unternehmen, in das sie wiederkam, fand Kaya ihre Kurzbeschreibungen als Einleitung zu Themenpapieren und häufig auch in den Anlagen von Prüfungsberichten.

Sie blickte auf die Uhr: 19:05. Zeit, Feierabend zu machen.

Auf dem Heimweg lief sie an einer kleinen Bar vorbei. Eigentlich war Kaya nicht der Typ, um allein irgendwo hinzugehen. Doch heute hatte sie Lust auf einen Hemingway. Es war ein interessanter Tag gewesen. War Betrugsprävention ein gutes Thema für ein erstes Projekt? Kaya fand ihren Lieblingscocktail nicht auf der Karte und war nicht in der Stimmung zu fragen. Sie bestellte sich einen Hugo und formulierte einen stillen Toast auf Alberto Rossi alias Norbert Trammel. Was war das wohl für ein Mensch? Warum beging er Betrug? War das clever, was er tat? Und vor allem: Warum hatte er das Geld nicht abgeholt?

»Guten Abend, Kaya«, sie hatte sich an die Bar gesetzt und war in Gedanken versunken, als plötzlich Markus Lang neben ihr stand. »So allein hier? Wartest Du auf jemanden?«

»Nein, ich wollte nur einen Absacker nehmen«, entgegnete Kaya. »Was machst Du denn hier? Bist Du auch allein?«

---

7   Die anfordernde Bank sichert schriftlich zu, dass sie eine eventuelle Haftung aufgrund entstehender Rechtsrisiken aus der Rückzahlung übernimmt.

Markus lachte. »Darf ich Dir Sören vorstellen?« Hinter Markus stand ein Mittdreißiger im feinen Nadelstreifenanzug. »Sören ist von der Konkurrenz. Wir kennen uns schon ewig.«

»Hi Sören!« Kaya musterte ihn. Sie konnte nicht anders. Er war deutlich größer als Markus und ebenfalls blond. Freundliche, sehr weit offene Augen blickten sie an. Die Farbe konnte sie im gedimmten Barlicht nicht erkennen.

»Hallo Kaya. Freut mich, Dich kennenzulernen. Markus hat mir schon von Dir erzählt. Ist ja ein Zufall, dass wir uns heute Abend hier treffen, oder? Markus hat mich heute Nachmittag angerufen und gefragt, ob ich Dir etwas zum 25c KWG erzählen kann. Markus meinte, es würde sich lohnen, Dich zu treffen.«

Hatte Markus ihr zugezwinkert? Kaya war sich nicht sicher. Kuppeln war doch sonst eher eine Mädchendomäne.

»Steigst Du auf Bier um?« Markus wartete keine Antwort ab, sondern bestellte eine Runde.

»Nur eins. Und heute Abend mag ich nicht mehr fachlich sein. Ich hoffe, das ist für Euch in Ordnung. Sören, hast Du Lust, morgen mit mir Mittagessen zu gehen?«

»Ja, gern!«, antwortete Sören. »Wenn es Dir recht ist, bringe ich eine Beraterin mit, die mich gerade in diesem Thema unterstützt. Die Kollegin kann noch etwas mehr erzählen und Du hast die Infos aus erster Hand.«

Wie verabredet traf sich Kaya am nächsten Tag zum Mittagessen mit Sören. Die Dame mit der schicken Brille an seiner Seite hieß Uta Zentes. Sie begannen mit einer kurzen Vorstellung und Frau Zentes zählte einige berufliche Stationen auf. Vor ihrem Wechsel in die Beratung hatte sie für eine große deutsche Bank bereits die Zentrale Stelle aufgebaut, war in Singapur und New York gewesen. Für den beeindruckenden Lebenslauf wirkte die Frau erstaunlich jung. Ihr Ehering schien zu beweisen, dass sie es geschafft hatte, Privat- und Berufsleben zu vereinbaren. Auch über Sören erfuhr Kaya etwas mehr. Er war nicht verheiratet und hatte keine Kinder. Wie auch Kaya war er von der Beratung zu einer Bank gewechselt. Eigentlich sollte er sich mit dem Aufbau der Compliance-Richtlinien beschäftigen, wurde aufgrund seiner Erfahrung aber immer wieder als Krisenmanager in andere Projekte gesteckt.

Es wurde ein langes Essen mit noch längeren Erklärungen. Ein wenig von dem leidenschaftlichen Interesse der Beraterin an diesem Thema sprang über, so dass es nicht langweilig wurde. Frau Zentes illustrierte jeden Bereich mit einer Story und war eine gute Geschichtenerzählerin: Dass Al Capone das Geld aus seinen illegalen Geschäften über Wäschereien ›reingewaschen‹ hatte und daher der Begriff Geldwäsche kam. Dass Bestechung im Ausland bis vor wenigen Jahren noch steuerlich absetzbar war und wie Siemens wohl nur vergessen hatte, die früher gängige Praxis von Essenseinladungen und großzügigen Geschenken dem neuen Recht anzupassen[6]. Über die Anwerbung von Bankmitarbeitern und die Einschleusung von Spezialisten in Sicherheitsbereiche durch das organisierte Verbrechen. Finanzmanipulationen, Geldwäsche, Korruption und Betrug. Alles fiel unter den Paragraphen 25c. Betrug war kein kleiner Ausschnitt, schien aber irgendwie noch unbeachtet zu sein.

Auch Sören kam ins Erzählen. Die Medien interessierte es beispielsweise kaum, wenn eine Bank, eine Versicherung oder ein Versandhändler betrogen wurde. Er hatte dazu eine hübsche Theorie: Solange es nicht ein Riesenfall war oder niemand geschädigt wurde, mit dem sich der Leser identifizieren konnte, war es medienuntauglich. Er erzählte auch von Kollegen in anderen Firmen. Sören schien in praktisch jedem Unternehmen jemanden zu kennen, der sich mit Betrug beschäftigte.

Uta Zentes hatte eine kurze Übersicht zum Thema 25c mitgebracht. Daran geheftet war eine Visitenkarte der Beraterin. Bei Fragen sollte Kaya einfach anrufen.

Deutsche Rahmenbedingungen bei der Betrugsbekämpfung in Banken

Betrugsbekämpfung hat aus Compliance-Sicht verschiedene Ursprünge und Perspektiven. Die Formulierung Betrugsbekämpfung wird hier sowie in der Praxis generell synonym für die Prävention und Reaktion im Hinblick auf strafbare Handlungen zulasten einer Bank verwendet. Diese umfassen nicht nur Betrug im engeren Sinne, sondern beispielsweise auch Handlungen wie Diebstahl, Bilanzmanipulation, Korruption und natürlich Kreditbetrug.

Die rechtlichen Rahmenbedingungen der Betrugsbekämpfung ergeben sich aus verschiedenen Vorgaben zum Risikomanagement.

Zunächst wurde im Jahr 1998 § 91 Absatz 2 Aktiengesetz (AktG)[7] neu eingeführt. Danach besteht für den Vorstand von Aktiengesellschaften die Verpflichtung, für ein angemessenes Risikomanagement und eine bedürfnisgerechte Interne Revision zu sorgen. Danach hat der Vorstand geeignete Maßnahmen zu treffen, insbesondere ein Überwachungssystem einzurichten, damit den Fortbestand der Gesellschaft gefährdende Entwicklungen frühzeitig erkannt werden. Bei Verletzung dieser Pflichten kann der Vorstand sogar persönlich haftbar gemacht werden. Ergänzend dazu beinhaltet das **§ 25c Kreditwesengesetz** (KWG)[8] bestimmte Vorschriften zur Betrugsbekämpfung bei Banken als Teil des Risikomanagements. Diese umfassen auch das Themengebiet Kreditbetrug.

Das Rahmenwerk für das Risikomanagement in Banken bilden die zum 1. Januar 2013 neu in Kraft getretenen **Mindestanforderungen an das Risikomanagement** (MaRisk) der Bundesanstalt für Finanzdienstleistungsaufsicht (BaFin). Diese legen weitere, verpflichtend einzuhaltende Anforderungen an das Risikomanagement in Banken fest. Die MaRisk konkretisieren die allgemeinen Anforderungen aus § 25a KWG an die ordnungsgemäße Geschäftsorganisation zur Installation eines angemessenen Risikomanagementsystems[9]. Sie dienen daneben der Umsetzung der vom Baseler Ausschuss für Bankenaufsicht festgesetzten Eigenkapitalvorschriften.

Ein wirksames Risikomanagementsystem besteht neben den festzulegenden Strategien insbesondere aus einem Internen Kontrollsystem, einer Internen Revision sowie einer Compliance-Funktion[8]. In der Compliance-Funktion einer Bank sollen nunmehr sämtliche Compliance-Risiken möglichst gebündelt werden. Hierdurch kann es teilweise zu einer Erweiterung der Zuständigkeiten kommen. Neben den bekannten Risiken der Geldwäsche, Terrorismus-

---

8   Weitere relevante Bestandteile des Risikomanagements nach MaRisk sollen hier nicht betrachtet werden.

finanzierung, Wirtschaftskriminalität sowie Verstößen gegen das Wertpapierhandelsgesetz (WpHG)[10] könnten gemäß MaRisk nun auch Verbraucherschutz sowie Datenschutzvorgaben den Aufgaben einer Compliance-Funktion zugeordnet werden[11].

Die BaFin gewährt den Banken zur Umsetzung der Vorgaben eine Übergangsfrist bis zum 31. Dezember 2013. Während dieser Zeit werden keine Sanktionen bei Nichteinhaltung verhängt[11].

Besondere Ausprägungen durch § 25c KWG

Die Vorschrift des § 25c KWG wurde im März 2011 neu gefasst und beschreibt die internen Sicherungsmaßnahmen bei Banken. Demnach müssen Institute angemessene geschäfts- und kundenbezogene Sicherungsmaßnahmen implementieren, aktualisieren und fortlaufenden Kontrollen unterziehen. Diese sollen sicherstellen, dass im Unternehmen ein angemessenes Risikomanagement installiert wird, welches neben Geldwäsche und Terrorismusfinanzierung auch sonstigen strafbaren Handlungen vorbeugt, die zu einer wesentlichen Gefährdung des Vermögens des Instituts führen können. Insoweit steht § 25c KWG als ergänzendes Spezialgesetz neben § 9 Geldwäschegesetz (GwG)[12], der interne Sicherungsmaßnahmen speziell zur Verhinderung von Geldwäsche und Terrorismusfinanzierung normiert.

Im Zuge der Gesetzesnovelle ist die Betrugsbekämpfung erstmals öffentlich in den Fokus der Compliance-Arbeit von Banken gerückt. Bereits zuvor waren Banken zur Verhinderung von betrügerischen Handlungen verpflichtet. Allerdings wurde dieses Thema zumeist ausschließlich im Rahmen der Erfassung von operationellen Risiken behandelt. Durch die Novelle des § 25c KWG sind Banken nunmehr darüber hinaus zur Verhinderung aller sogenannten sonstigen strafbaren Handlungen verpflichtet, die zu einer **wesentlichen** Gefährdung des Vermögens des Instituts führen können[13]. Der Vermögensschaden umfasst insoweit nicht nur operationelle Verlustereignisse, die sich unmittelbar auf die Ertrags- und Vermögenslage eines Instituts auswirken, sondern auch **Reputationsschäden**, wenn sie zu einer wesentlichen Vermögensgefährdung führen können[13]. Der Umfang der sonstigen strafbaren Handlung wurde vom Gesetzgeber bewusst nicht näher definiert und kann einen Großteil der Delikte aus dem Strafgesetzbuch sowie dem Nebenstrafrecht umfassen.

Jede Bank definiert deshalb **risikobasiert** selbst anhand der Wesentlichkeitsgrenze (z. B. Schadenshöhe, prozentualer Anteil der Bilanzsumme), welche Deliktsgruppen sie im Rahmen der Betrugsbekämpfung in welchem Umfang betrachtet. Zusammenfassend und verallgemeinernd fasst man die relevanten dolosen Handlungen auch unter dem Oberbegriff der Wirtschaftskriminalität zusammen. Die sich somit ergebende Bandbreite wirtschaftskrimineller Handlungen spricht dafür, dass Betrugsbekämpfung in Banken eine Querschnittsfunktion erfüllt, die sich über nahezu alle Bereiche eines Kreditinstituts erstrecken muss.

Formal müssen Kreditinstitute darüber hinaus eine sogenannte **Zentrale Stelle** einrichten, die ein risikominimierendes Gesamtkonzept sowie die Koordination von Maßnahmen zum Umgang mit den für eine Bank relevanten sonstigen strafbaren Handlungen festlegt (§ 25c Absatz 9 KWG)[13]. Nach dem Willen des Gesetzgebers muss die Zentrale Stelle bei dem Geldwäschebeauftragten eines Instituts angesiedelt sein. Die Aufgaben können gemäß den Auslegungs- und Anwendungshinweisen der Deutschen Kreditwirtschaft jedoch durch unterschiedliche Teileinheiten wahrgenommen werden[14]. Ziel dieser Vorgabe ist u. a. die Integration der Betrugsbekämpfung in das Risikomanagement einer Bank. Jedes Institut muss dann anhand der institutsspezifischen Bedürfnisse definieren, wie es die vorgegebenen Aufgaben »mit Leben füllen« möchte.

Bei Vorliegen eines »wichtigen Grundes« kann die BaFin ein Institut auf Antrag von der Pflicht zur Einrichtung der Zentralen Stelle befreien (§ 25c Absatz 9 Satz 2 KWG). Hierfür müssen fundierte Gründe vorgetragen und eine alternative, funktionierende Organisation nachgewiesen werden können. In Einzelfallprüfungen entscheidet die BaFin dann, ob eine andere Stelle die Aufgaben zur Verhinderung »sonstiger strafbarer Handlungen« wahrnehmen kann.

Wie oben beschrieben, fordert § 25c KWG eine risikoorientierte Vorgehensweise. Basis eines angemessenen Risikomanagements stellt die **Gefährdungsanalyse**[9] dar, welche materielle Gefährdungen des Vermögens eines Instituts aufzeigt und bewertet. Aus der Gefährdungsanalyse müssen die für eine Bank als »angemessenen« zu bewertenden geschäfts- und kundenbezogenen Siche-

---

9 Siehe Facheinschub Betrugsspezifische Gefährdungsanalyse.

rungssysteme abgeleitet werden. Diese haben sich als Ergebnis der Gefährdungsanalyse an Größe, Organisation und Gefährdungssituation des einzelnen Institutes, insbesondere dessen Geschäfts- und Kundenstruktur, auszurichten[13].

Die Vorgaben zur Betrugsbekämpfung sowie die Tätigkeit der Zentralen Stelle bzw. einer vergleichbaren Organisationseinheit müssen in einem Institut überdies **gruppenweit** umgesetzt werden (§§ 25c i.V.m. 25g KWG)[14]. Gruppenweite Umsetzung bedeutet die Implementierung sämtlicher Sicherungsmaßnahmen weltweit für alle compliance-relevanten Tochtergesellschaften, Filialen und Niederlassungen sowie für andere nachgeordnete Unternehmen. Hierbei müssen auch internationale Vorgaben beachtet und in Einklang mit der globalen Umsetzung von konzernweiten Standards gebracht werden. Dies gilt insbesondere für die Vorgaben zum Umgang mit Korruptionshandlungen – als Bestandteil der Betrugsbekämpfung – aus dem britischen UK Bribery Act 2010 sowie dem amerikanischen Foreign Corrupt Practices Act (FCPA). Der UK Bribery Act 2010 entfaltet sogar extraterritoriale Wirkung und ermöglicht unter bestimmten Voraussetzungen eine Haftung auch deutscher Banken für Verstöße gegen englische Vorgaben.

Die Vorgaben aus **Arbeitsrecht und Datenschutz**, einschließlich des speziellen Beschäftigtendatenschutzes, sind zwingend bei allen Maßnahmen im Zusammenhang mit der Bekämpfung von sonstigen strafbaren Handlungen einzuhalten[15].

Facheinschub 1: Uta Zentes – Rechtliche Rahmenbedingungen der Betrugsprävention

Wieder im Büro versuchte Kaya, die verschiedenen Informationen zu sortieren. Sie hatte Sören so verstanden, dass es in vielen Banken Investigatoren gab, die im operativen Geschäft Betrug bekämpften. Die Investigatoren konnten Teil der Truppe sein, welche die Anträge bearbeitete, dann waren die Leute zumindest bei größeren Banken zwangsläufig auf verschiedene Abteilungen verteilt. Alternativ gab es ein auf die Betrugsprävention spezialisiertes Team, das für alle Antragsstrecken zuständig war.

Über den operativen Einheiten gab es dann Fraud Manager, so eine Art fachlicher Abteilungsleiter. Die weitere Organisation war verschieden: Compliance, Geldwäsche, Revision, Rechtsabteilung, OpRisk, Kreditabteilung, Produktmanagement, interne Sicherheit – in der Vergangenheit wurde das Thema fast überall angesiedelt. Unter der neuen Gesetzgebung versuchte jetzt jeder, seine Pfründe zu sichern. Das Hauen und Stechen würde mit den neuen

MaRisk noch stärker werden. Da hatten sich vor allem die Juristen durchgesetzt, so dass Compliance stark nach amerikanischem Vorbild als Gesetzeseinhaltung definiert wurde[10]. Sören plädierte für eine ethischere Ausrichtung, die auch Themen wie Nachhaltigkeit aufnahm. Seine Theorie, dass man Compliance als eine Art künstliches Gewissen in Firmen installieren könnte, klang sehr hübsch. Und leider völlig unrealistisch.

Frau Zentes schien der Auffassung zu sein, die Ansiedlung der Betrugsprävention wäre eher im Bereich Compliance sinnvoll. Nach den MaRisk sollte wohl die Zentrale Stelle standardmäßig die Oberaufsicht haben, die war aber erst einmal im Geldwäschebereich angesiedelt. Und wie Kaya in ihrem eigenen Institut sehen konnte, war OpRisk auch noch nicht aus dem Spiel.

Sören Feldmann hatte ihr angeboten, Kontakte zu Fraud Managern anderer Banken herzustellen, sofern sie weitergehende Fragen hatte. Er meinte, die Kollegen wären ziemlich speziell, aber fast alle locker und aufgeschlossen. Das Thema zöge wohl besondere Menschen an.

---

10   MaRisk 4.4.2 (1).

3. Arbeitsmuster – Definitionen

Der Morgen war verregnet und die Aussicht trüb. Kaya genoss in ihrem Büro einen Roibusch-Karamell-Tee. Eine nette Abwechslung zum ewigen Kaffee. Eigentlich trank sie gern Tee, Kaffee war nur irgendwie immer da. Und frisch. Tee goss sie auf, vergaß ihn dann regelmäßig und schüttete später die lauwarme Beutelextraktbrühe weg. Zum wiederholten Mal nahm sie sich vor, morgens eine große Kanne zu machen und dann über den Tag verteilt zu trinken.

Was musste unter betrügerischen Aktivitäten überhaupt alles eingeordnet werden? Was war Betrug überhaupt? Frau Müller hatte in ihrem Gespräch immer wieder auf das Strafgesetzbuch hingewiesen.

§ 263 StGB (1):

»Wer in der Absicht, sich oder einem Dritten einen rechtswidrigen Vermögensvorteil zu verschaffen, das Vermögen eines anderen dadurch beschädigt, dass er durch Vorspiegelung falscher oder durch Entstellung oder Unterdrückung wahrer Tatsachen einen Irrtum erregt oder unterhält, wird mit Freiheitsstrafe bis zu fünf Jahren oder Geldstrafe bestraft.«

Der § 265b StGB behandelte spezieller den Kreditbetrug, dies mit einer praktischeren Definition. Dort hieß es, dass Betrug begeht, wer unrichtige Angaben macht oder Verschlechterungen nicht mitteilt. Allerdings galt der Paragraph nur für Unternehmenskredite. Und auch der 266b für Scheck- und Kreditkartenmissbrauch half nicht wirklich weiter, denn dieser zielte nur auf einen Missbrauch durch den Kontoinhaber[16].

Sören hatte gemeint, dass die rechtlichen Definitionen in der Praxis kaum anwendbar wären – zusammen mit einer Geschichte über einen versuchten Betrug: Der Antragsteller hatte sich vor Gericht damit rausgeredet, dass er nur mal testen wollte, ob die Bank auf so einen plumpen Fälschungsversuch reinfallen würde. Natürlich hätte er die beantragten 15.000 Euro niemals abgehoben. Der Richter hatte weder den Vorsatz des Beschuldigten noch den Irrtum anerkannt, da die Bank die Fälschung vor der Auszahlung bemerkt hatte. Ein Vermögensschaden lag nach seiner Meinung auch nicht vor. Eigentlich sollte selbst der Betrugsversuch strafbar sein, aber das wurde ignoriert. Betrug an einer Bank schien fast so etwas wie ein Kavaliersdelikt zu sein. Vielleicht gab es nicht genug Verletzte.

Kaya erschien die rechtliche Formulierung ziemlich einfach, doch Sören war der Auffassung, dass die strafrechtlichen Voraussetzungen in der Praxis nur selten erfüllt wären. Meist versteckten sich Betrüger hinter Tippfehlern in Namen und Geburtsdaten, alten Adressen, Heirat mit Namenswechsel und vielen anderen kleinen Fehlern, fehlenden oder missverständlichen Angaben. Was auf den ersten Blick so eindeutig erschien, hielt einer tiefen rechtlichen Prüfung kaum stand. Zwar konnte man behaupten, dass diese Fehler durch Vorsatz zustande kommen mussten, aber nachweisbar war das nicht unbedingt. Oder nur mit einem Heidenaufwand. Und die Betrüger wussten das. Dazu kam, dass auch viele normale Anträge Fehler enthielten. Ein Fehler bedeutete also keineswegs, dass ein Betrugsversuch vorlag.

Fälschungen oder aufgehübschte Originaldokumente waren immer noch der beste Beweis für Vorsatz. Im Nachhinein waren diese aber gar nicht mehr so einfach zu erkennen. Wenn denn überhaupt jemand danach suchte. Für die Bank war ein Ausfall erst einmal ein ganz normaler Vorgang, Risiko gehörte halt zum Geschäft. Es schien niemand überhaupt auf den Gedanken gekommen zu sein, einmal systematisch nach Betrug im Mengengeschäft zu suchen. Und sie verstand jetzt, dass die ständige Optimierung von Abläufen neue Türen für Kriminelle öffnete. Die Einreichung möglichst weniger Unterlagen, der anonyme Verkauf über das Internet, digitale Akten[11] – all das machte es leichter.

Kaya dachte nach und empfand schon dies als Luxus. In ihrem alten Job war sie entweder unterwegs gewesen oder hatte Termine vorbereitet. Wann hatte sie das letzte Mal wirklich in Ruhe über ein Thema nachdenken können? Im Studium? Schon seltsam, dass in einem Beruf, in dem man für das Nachdenken bezahlt wurde, häufig gar keine Zeit mehr dafür blieb. Sie blickte auf die Notizen, die sie in Form einer Mindmap angelegt hatte. Auch so eine praktische Angewohnheit. Sah doch alles noch ziemlich einfach aus.

---

11 Übliche Fristen zur Vernichtung von Originaldokumenten bei Nutzung von optischen Archiven liegen bei 3 bis 12 Monaten. Optische Archive arbeiten hauptsächlich mit nichtfarbigen Scans im Bereich sichtbaren Lichts, daher sind viele Fälschungen im Nachhinein nur noch schwer zu erkennen.

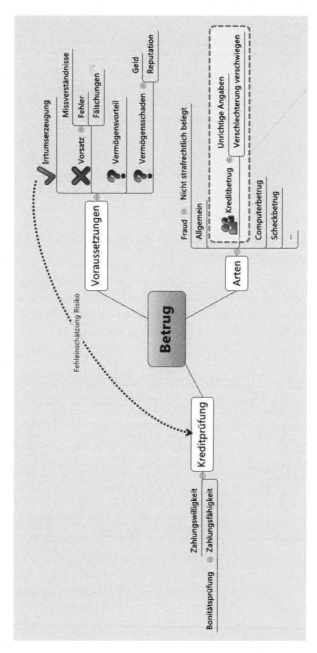

Abbildung 1 – Erste Überlegungen zum Betrug

Für eine systematische Suche nach Betrug brauchte sie ein klares Ziel – etwas, nach dem sie wirklich suchen konnte. Eine praktische Definition. Das Problem war nicht neu. Der Bundesverband Öffentlicher Banken wies auf das Definitionsproblem hin und forderte für die Gefährdungsanalyse eine individuelle Definition[17]. Konkret half ihr das allerdings auch nicht weiter.

Kaya fing an zu schreiben. Manchmal wirkte das Wunder.

Betrugsdefinition

Nach der gesetzlichen Regelung[12] hat der Betrug vier Voraussetzungen:

- Vorsatz,
- Vermögensvorteil für den Täter oder einen Dritten,
- Vermögensschaden auf Seiten des Opfers und die
- Erzeugung eines Irrtums.

Die Prüfung der Voraussetzungen in Strafverfahren dient regelmäßig der Bewertung einer bereits vollbrachten Tat. Im Rahmen der Präventionstätigkeit hingegen muss vor der Tat entschieden werden, ob Betrugselemente vorliegen und die Zusammenarbeit mit einem Kunden abzulehnen ist.

Der Beweis des Vorsatzes ist in der Praxis oft schwirig zu führen. Vorsatz kann bei der Einreichung gefälschter und verfälschter Unterlagen angenommen werden.

Banken verzichten aber aus Gründen der Prozessoptimierung häufig auf Unterlagen. Die digitale Archivierung von Unterlagen und die schnelle Vernichtung von Originalen erschwert die Prüfung auf Fälschungen im Schadensfall.

Bei Verfälschungen, bei denen ein Kunde Angaben »nur« verändert hat, ist zumindest der Nachweis einer fehlenden Zahlungsabsicht problematisch. Bei einigen Betrugsmustern ist eine Zahlungsabsicht sogar nachvollziehbar vorhanden[13].

Der tatsächliche Vermögensschaden des Opfers und der Vermögensvorteil für den Täter sind nur nach Schadenseintritt einfach zu ermitteln. Werden Betrugsfälle abgewehrt oder zahlt ein Täter trotz fehlerhafter Angaben, sind die Kosten oder das falsch eingeschätzte Risiko nur schwer zu bewerten.

---

12 § 263 StGB.
13 Z. B. Family-Fraud. Hier bedient sich ein Familienmitglied der Unterlagen eines bonitätsstarken Verwandten. Bei Aufdeckung werden diese Finanzierungen sehr häufig zum Schutz des Betrügers oder aus Scham von der Familie übernommen, monetär nachvollziehbare Schäden sind selten.

Damit verbleibt die Prüfung der Irrtumserzeugung. Im Rahmen der Herauslage werden Zahlungsfähigkeit und Zahlungswilligkeit des Kunden geprüft. Die Zahlungsfähigkeit (oder Bonität) wird durch eine Haushaltsrechnung, oft durch eine Verschuldungsrechnung und die Prognose einer Rückzahlungswahrscheinlichkeit ermittelt. Diese lässt sich statistisch gut bestimmen[14]. Zahlungswilligkeit wird klassisch als Vertrauensvorschuss vorausgesetzt.

Ein Betrüger versucht, einen Irrtum über seine Zahlungswilligkeit, die Zahlungsfähigkeit oder beides zu erzeugen. Diese Fehleinschätzung nutzt er, um einen Kredit oder bessere Konditionen zu erlangen. Es ist erst einmal unerheblich, ob es zu einem rechnerisch nachvollziehbaren Vermögensschaden kommt oder nicht. Ein Betrug enthält immer das Element einer (versuchten) Irrtumserzeugung über das potentielle Kreditrisiko.

Im Kreditgeschäft steht daher jeder erzeugte Irrtum unter Betrugsverdacht, sofern dieser zu einer Fehleinschätzung des Risikos der Geschäftsbeziehung führen könnte oder geführt hat. Damit keine Verwechslung mit dem strafrechtlich definierten Betrug entsteht, kann der Begriff Fraud[15] genutzt werden.

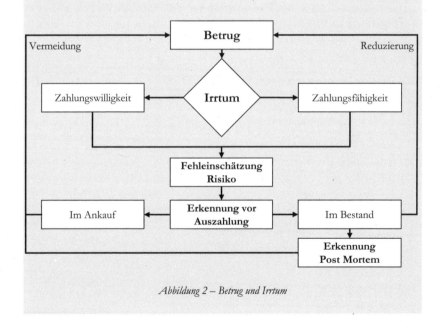

Abbildung 2 – Betrug und Irrtum

---

14 Durch die Ermittlung einer statistischen Ausfallwahrscheinlichkeit, dem Bonitätsscoring.
15 Die Definition des DIIR im AFM Standard Nr. 5 setzt ebenfalls auf einen breiten Ansatz und bedient sich dazu des Begriffs Fraud (84).

Wir verwenden künftig folgende Definition:

Fraud umfasst alle bewussten Täuschungshandlungen, die zu einem Vermögensschaden oder zu einer Vermögensgefährdung der Bank führen. Dies umfasst Schäden mit direkten monetären Auswirkungen und auch indirekte Schäden, beispielsweise durch Reputationsverlust. Die Handlung kann auch im Verschweigen von Informationen bestehen. Antragsbetrug liegt darüber hinaus auch dann vor, wenn der Kunde bei Antragsstellung nicht die Absicht hat, das Produkt vereinbarungsgemäß zu nutzen bzw. zurückzuführen.

Facheinschub 2: Geschäftspolitische Definition von Betrug

Im Prozess ist die Betrugserkennung dann in Detektion und Investigation zu unterteilen, denn die beteiligten Personen werden immer Investigatoren und nie Detektive genannt.

Detektion und Investigation

Detektion ist die ungerichtete, meist standardisierte Untersuchung mit dem Ziel der Identifizierung von Verdachtsfällen[16]. Sie dient der Begründung eines Anfangsverdachts. Investigation ist die gezielte Nachforschung von Verdachtsfällen[17]. Ziel der Investigation ist die abschließende Beurteilung, ob es sich um einen Betrugsfall handelt.

Eine scharfe Abgrenzung existiert nicht. Spätestens bei einer gezielten manuellen Prüfung eines Verdachtsfalls sprechen wir von einer Investigation.

Facheinschub 3: Definition von Detektion und Investigation

---

16 Die Definition weicht gering vom DIIR-Standard Nr. 5 ab, dort wird »Fraud Detection« als Aufdeckung und »Investigation« als strukturierte Bearbeitung und Reaktion verstanden (84).
17 Siehe Facheinschub Regeln zur automatisierten Detektion.

»Hallo Kaya!«

Markus stürmte in ihr Büro. »Wie wär's mit einer Kaffeepause? Ich muss meinen Kopf freibekommen, ich komme gerade aus einem sehr politischen Meeting.«

Kaya blickte auf. »Käffchen? Den kann ich auch gut gebrauchen.«

Sie war so tief in ihrer Arbeit versunken gewesen, dass sie das Mittagessen verpasst hatte, es war schon halb drei. Sie gingen gemeinsam in die Cafeteria. Nicht gerade ein Schmuckstück. Es schien Dekaden her zu sein, dass sie renoviert worden war. Siebziger-Jahre-Grün trifft Krankenhaus-Linoleumboden. Eigentlich, so hatten ihr Kollegen erzählt, war eine grundlegende Renovierung vor drei Jahren geplant gewesen. Doch dann kam die Finanzkrise und überall wurde gespart. Damit wurde auch die Renovierung der Cafeteria verschoben. Aber immerhin waren die alten Automaten gut. Den Kaffee konnte man trinken und die Preise waren moderat. Außerdem musste Kaya jedes Mal schmunzeln, wenn sie sich einen Milchkaffee zog. Die Maschine röchelte wie eine alte Dampflok und entließ den Kaffee mit einem erleichterten Fiepen, so als hätte ein kleiner Hund es gerade noch vor die Haustür geschafft. Wo bekam man für 30 Cent schon so eine Show?

Beim Kaffee berichtete Kaya von ihrem Vorhaben mit der Begriffsbestimmung.

»Die Idee ist gut«, meinte Markus. »Ich kann mir aber noch nicht vorstellen, dass wir einfach eine eigene Definition aufstellen. Und vor allem: Welchen praktischen Nutzen hat das? Was sagt Compliance denn dazu?«

Langsam fand sich Kaya in ihrem neuen Thema ein. »So, wie ich das verstehe, sind wir verpflichtet, eine eigene Definition zu finden[17]. Das KWG spricht ja nur allgemein von ›sonstigen strafbaren Handlungen‹. Und eine Definition brauchen wir, damit wir überhaupt wissen, wonach genau wir suchen.« Damit reichte sie Markus die Notiz, die sie sich vorn in ihr Buch gelegt hatte.

Ziele der Betrugserkennung

Die Definition ist die wesentliche Voraussetzung zur Identifizierung von Betrug.

Ziele der Betrugserkennung sind:
- Erfüllung der regulatorischen Anforderungen: Kreditinstitute müssen mögliche strafbare Handlungen prüfen,
- Prävention: Die Analyse von Betrugsfällen soll helfen, diese künftig zu vermeiden oder zu reduzieren,
- Korrekte Risikoeinschätzung: Vermeidung der Fehleinschätzung von Neugeschäften und Korrektur im Bestand,
- Optimierung der Behandlung eindeutig nicht betrügerischer Kunden, d. h. auch unterschiedliche Behandlung von Betrugsfällen zu normalem Geschäft.

Facheinschub 4: Ziele der Betrugserkennung

»Also, wenn wir jetzt freiweg eine Definition für Betrug aufstellen, können wir die Täter überhaupt anzeigen?«, entgegnete Markus. »Strafrechtlich hat unsere Definition schließlich keinen Bestand.«

»Deshalb nennen wir alles erst einmal Fraud, damit grenzen wir es gegenüber dem strafrechtlichen Begriff ab. Wir müssen aber sowieso nicht jeden anzeigen, sondern nur prüfen. Und mit welchen Methoden wir das Risiko einschätzen, ist erst einmal unsere Sache.« Langsam kam Kaya in Fahrt. »Anzeigen können wir immer noch, wenn wir die Betrüger erst einmal gefunden haben.«

»Überzeugt. Lösen wir uns mal von der Anzeige. Dann sind wir bei der Kreditentscheidung. Lass mich mal in die Rolle des Vertriebs schlüpfen. Wie können wir wissen, dass uns ein Kunde tatsächlich betrügen will? Was, wenn der Kunde den Kredit eigentlich zurückzahlen würde? Dann haben wir Geschäft verhindert und umsonst auf Erträge verzichtet. Du kennst die Argumentation.«

»Das sehe ich nicht.« Kaya runzelte die Stirn. »Eine automatisierte Ablehnung halte ich eh für schwierig. Allein die Auskunftspflicht gegenüber dem Kunden bei einer automatisierten Entscheidung[18] ist für die Prävention kontraproduktiv. Wir sind im Prozess noch früher dran. Es geht erst einmal um die Aussteuerung aus der normalen Prüfung. Bei einem Betrugsfall sollte erst einmal geprüft werden, oder nicht? Das ist schon etwas anderes als die Bonitätsprüfung.«

Kaya schlug ihr Notizbuch auf und zeichnete einen kurzen Prozessablauf.

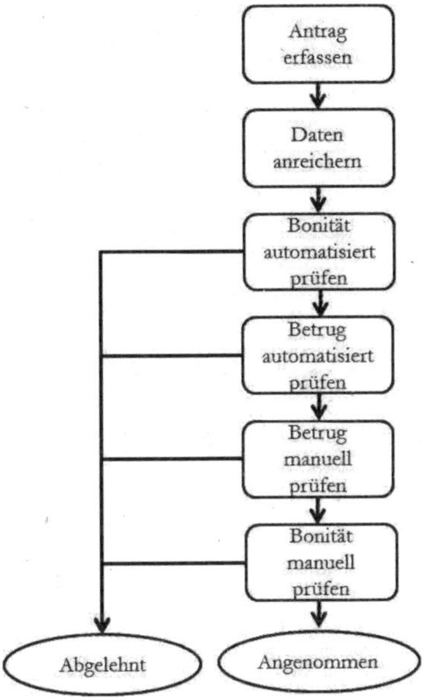

Markus lächelte. »Sehr gut. Ach, warte mal.« Markus sprang auf und ging auf einen älteren Kollegen zu. Nach einem kurzen Gespräch kamen beide zurück an den Tisch.

Abbildung 3 – Prüfprozess

Der Mann war sicher schon Anfang sechzig. Die wenigen Haare waren quer über die Stirnglatze gekämmt, ein dicker Bürstenschnurrbart dominierte das schmale Gesicht. Eine dunkelbraune Cordhose und ein blauer Rollkragenpullover vervollständigten ein Bild von einem Mann, das auch von Loriot hätte stammen können.

Kaya konnte ein Grinsen nicht unterdrücken und hoffte, dass es auch als freundliches Begrüßungslächeln auszulegen war.

---

18 BDSG § 34.

»Herr Meier. Darf ich vorstellen? Meine neue Mitarbeiterin Kaya Cazadora.«

Sie schüttelten sich die Hände. Entgegen ihrer Erwartung war der Händedruck fest.

»Frau Cazadora ist gerade dabei, bei uns den Kampf gegen Betrug aufzunehmen.«

»Hallo Frau Caza…« Herr Meier stockte.

»Cazadora. Schön, Sie kennenzulernen, Herr Meier.«

Markus fuhr fort. »Herr Meier ist langjähriger Mitarbeiter in der Beitreibung[19]. Vielleicht kann er Dir mit ein paar Fallbeispielen helfen?« Er blickte Herrn Meier an.

»Aber ja, sehr gern« Herr Meier blickte ernst. »Manchmal geschehen ja Wunder. Wissen Sie, ich arbeite ganz am Ende der Nahrungskette. Ich bin dafür verantwortlich, dass wir Sicherheiten möglichst gewinnbringend veräußern. Früher, da hatten wir noch viele Arten von Sicherheiten. Heute sind es beinah nur noch Immobilien. Aber bei einem können Sie gewiss sein: Wenn ich einen neuen Abwicklungsfall aufmache, sehe ich innerhalb von fünf Minuten, ob das ein Betrug war. Ich habe vor einigen Jahren schon versucht, das Thema anzubringen.« Der Mann redete sich ja richtig in Rage.

»Was meinen Sie damit, dass Sie es vor Jahren versucht hatten?«

»Das erzähle ich Ihnen gern in ruhiger Umgebung. Haben Sie am Mittwoch Zeit?« Herr Meier schaute auf eine altmodische Armbanduhr. »Ich muss in einen Termin. Buchen Sie sich einfach in meinen Kalender ein.«

Markus grinste Kaya an, als der Kollege gegangen war. »Charmant, was?«

»Unfassbar. Ich dachte, diese Frisuren wären in den 50er Jahren ausgestorben. Durch natürliche Auslese.«

»Unterschätze den Kollegen nicht. Ich habe alte Fotos von ihm gesehen. Der sah mal aus wie Johnny Weißmüller.« Er lachte laut auf, als er ihren fragenden Blick sah »Du kennst Johnny Weißmüller nicht? Die männliche Sexbombe der 40er Jahre. Tarzan. Aber davon mal ganz abgesehen, arbeitet er seit 20 Jahren in der Beitreibung. Der hat alles bei uns gesehen, was irgendwie schief gegangen ist. Und er kennt praktisch jeden.« Auch Markus blickte auf die Uhr.

---

19   Inkasso notleidender Kredite, Neudeutsch auch Collection.

»Ist das denn jetzt ein Projekt? Allmählich wird es aufwendig.« Eine der wichtigen Regeln als Projektleiterin war immer die Rückversicherung gewesen, dass sie auch beauftragt wurde.

»Mach Dir darum erst einmal keine Sorgen. Aber vielleicht findest Du ja einen Business Case? Wenn ich Deiner Argumentation von eben folge, dann sagst Du doch, dass die Definition zum Auffinden von Betrug genutzt werden kann. Entschuldige, Fraud. Und sprich mit Frau Müller von Compliance.«

4. Dauerbesprechung – Diskussion der Gefährdungsanalyse

»Hallo Frau Cazadora.«

Birgit Müller saß schon im Besprechungsraum. Ein Dutzend Stühle standen um einen langen Konferenztisch. An einer Stirnseite hing ein Whiteboard. Der Raum war zu groß für dieses Treffen, aber man konnte schon froh sein, überhaupt einen zu ergattern. Treffpunkte für Besprechungen schienen immer knapp zu sein.

»Schön, dass Sie sich Zeit genommen haben.« Natürlich hatte sie das getan. Und einen extra großen Thermobecher Kaffee mitgebracht. Diese Sitzung würde bestimmt länger dauern. Die im Vorweg abgestimmte Agenda verhieß nichts Gutes und Kaya hatte im Magen ein flaues Gefühl.

»Hallo Frau Müller«, eine blonde Frau Mitte Zwanzig betrat den Raum. Der weinrote Rock endete knapp über dem Knie und war damit fast schon ein bisschen kurz. Doch das musste ihr der Neid lassen: Sie konnte das tragen. »Und Sie sind Frau Cazadora? Ich bin Sandra Schulze und bei Herrn Liebmann im OpRisk. Ich habe gehört, Sie wollen unsere neue Miss Fraud werden? Betrug ist aber ein OpRisk-Thema. Das sollten wir hier geklärt haben.«

Kaya blickte ihr bewusst freundlich in die strahlend blauen Augen. Der erste Eindruck entschied. Und den hatte Frau Schulze deutlich versaut.

»Schön, bereits einen Namen zu haben. Mich interessiert das Thema. Allerdings verstehe ich die Abgrenzung nicht. Warum ist das denn ein ausschließliches Thema von OpRisk?«

Die Blondine schien verblüfft. »Weil es so definiert ist. BaFin, Solvency II, Basel, was Sie wollen. Betrug ist ein Teil des operationellen Risikos.«

»Und warum gibt es dann eine Diskussion?« Kaya warf der älteren Kollegin einen Blick zu und diese stieg auch prompt ein.

»Ganz so einfach, wie Frau Schulze es darstellt, ist es nicht. Betrug ist per Definition zwar ein operationelles Risiko, aber ein Kreditausfall durch Betrug wird als Adressrisiko behandelt. Auch die ganze operative Prüfung hängt unter Kredit. Damit ist es eigenkapitalpflichtiges Kreditrisiko. Auch darum gibt es immer wieder Diskussionen mit dem Risikomanagement. Und die Zentrale Stelle, die nach dem 25c verantwortlich ist, hängt direkt unter dem Vorstand.«

Frau Schulze schaltete sich wieder ein »Aber die Risiken können über § 130 und § 9 OWiG[20] direkt auf den Vorstand durchschlagen. Das ist ein weiterer Anknüpfungspunkt zu den anderen operationellen Risiken.«

Frau Müller blickte einen Augenblick nachdenklich. »Das referenziert nur auf die allgemeinen Sorgfaltspflichten. Und das ist eher relevant bei Bestechung oder Kartellbildung wie im LIBOR-Skandal, durch den momentan einige Banken ein Problem haben[83]. Hier sprechen wir aber doch hauptsächlich über externen Betrug.«

Kaya versuchte, das langsam aufkommende Juristengespräch im Keim zu ersticken. »Also ist die Zentrale Stelle die oberste Instanz des operationellen Risikos?« Die Gesetzestexte konnte sie sich später ansehen. Aber wenn das stimmte, hing der Vorstand nicht nur als Funktion, sondern auch persönlich in der Haftung drin. Das änderte sicherlich einiges.

Frau Müller war schneller. »Nicht wirklich. Die Zentrale Stelle ist der Geldwäschebeauftragte. Compliance hat noch eine Sonderstellung und ist für den Schutz von Recht und Gesetz zuständig. Beide laufen aber getrennt von der normalen Struktur des operationellen Risikos als Einzelbeauftragte. So ähnlich wie der Datenschutzbeauftragte.«

Frau Schulze meldete sich wieder zu Wort, diesmal wandte sie sich an die ältere Kollegin. Ihre Stimme war jetzt höher, fast überschlug sie sich. »Aber rechtlich ist das Thema eindeutig uns zugeordnet. Herr Liebmann hat seinen Standpunkt da auch beim Risikomanagement sehr klar gemacht.« Sie stand noch immer und machte auch keine Anstalten, sich zu setzen.

»Aber Herr Liebmann ist halt weder Compliance- noch Geldwäschebeauftragter. Dort liegt aber der Auftrag. Und im Augenblick kocht das Thema auf Sparflamme, denn die Ressourcen liegen wie immer beim geschäftlichen Betrieb.« Der Konter kam trocken.

Kaya meldete sich leise zu Wort. Es schien fast, als hätten die beiden Frauen sie innerhalb weniger Sekunden vergessen.

»Ich hätte einen Vorschlag. Mögen Sie mir Ihre Meinung dazu sagen?« Sie erhob sich und schob demonstrativ einen dritten Stuhl am Tisch zurecht, ein kaum abzulehnendes Friedensangebot. Frau Müller warf ihr einen interessierten Blick zu. Frau Schulze zog ihren Rock glatt und setzte sich.

---

20 Gesetz über Ordnungswidrigkeiten (66).

»Sehen wir uns doch einmal den aktuellen Stand an und klären dann die Aufgaben. Vielleicht ergibt sich einfach aus den Anforderungen schon eine sinnvolle Verteilung. Die Kollegen aus dem Risikomanagement sind meist ziemlich pragmatisch, wenn ihnen etwas Nützliches präsentiert wird. Vielleicht können Sie mir sagen, wie wir effizient vorgehen können?«

Frau Müller räusperte sich »Frau Schulze, was halten Sie davon, wenn wir mit der Kollegin mal die Gefährdungsanalyse durchgehen?«

»Einverstanden.« Sandra Schulze baute ihren Laptop auf. Frau Müller begann zu erzählen.

Noch kein Frieden. Aber immerhin ein Waffenstillstand. Mehr konnte man bei einem Religionskrieg in der ersten Verhandlungsrunde wohl auch kaum erwarten.

Kaya wurde schnell klar, dass der Grundgedanke der Gefährdungsanalyse einfach war. Die vorhandenen Prozesse der Bank wurden in einer Prozesslandkarte beschrieben. Diese Abbildung der wichtigsten Prozesse gab einen groben Überblick. Die grafischen Prozessdarstellungen, die Frau Schulze benutzte, waren leicht verständlich. Mit einem Klick auf den Hauptprozess Kreditvergabe öffnete sich eine Excel-Matrix, in der eine feinere Untergliederung nach Produkten aufgelistet war. Für jedes Produkt ließen sich wieder neue Prozesse in Listenform einblenden. Einige waren verknüpft mit grafischen Darstellungen, andere mit Textdokumenten. Das System war aus dem Bereich Geldwäsche übernommen worden, in dem eine Gefährdungsanalyse bereits länger vorgeschrieben war.

Für jeden Teilprozess waren Risiken angegeben, diese in Schadensklassen[21] und nach Wahrscheinlichkeit des Risikoeintritts eingeordnet. Aus allen Teilrisiken wurde dann eine Gefährdung für den Gesamtprozess errechnet. Die Kreditvergabe hatte in der vorliegenden Analyse aus dem Bereich Geldwäsche eine niedrige Risikoklasse.

»Sehen Sie, durch den Drilldown[22] in den Prozessen können wir die Risikopunkte genau bestimmen.« Frau Müller wirkte nicht glücklich damit. »Die Grundlagen dafür sind Fragebögen, Typologiepapiere der Polizei, Hinweise der BaFin und so weiter. Überall, wo ein erhöhtes Risiko auftritt, wird der Prozess geprüft und überarbeitet. Das System wollen wir jetzt für alle strafbaren Handlungen ausbauen.«

---

21 Höhe des Risikos.
22 Hier im Sinne des Wechsels von einem Hauptprozess auf eine tiefere Prozessebene.

Kaya setzte ihren neutralen Beratergesichtsausdruck auf. »Wie lange hat der Aufbau dieses Systems denn gedauert?«

Diesmal kam Frau Schulze zum Zug. »Der Grundaufbau ungefähr ein Jahr, die Klassifizierung dann noch einmal vier Monate. Allerdings hatten wir Hilfe von einer Beratungsfirma. Die hat auch die Verdachtsdatenbank für Geldwäsche und dieses Tool aufgebaut.«

Genauso sollte das jetzt für die Risiken aus strafbaren Handlungen gemacht werden. Nach Frau Schulze war dies das allgemein übliche und anerkannte Vorgehen. Außerdem mussten für die Einhaltung der Gesetze zusätzlich zu allen möglichen strafbaren Handlungen auch Reputationsrisiken beurteilt werden, also mögliche Schäden, die dadurch entstanden, dass der Ruf der Bank beschädigt werden könnte.

Kaya empfand das Vorgehen als kompliziert. Irgendwie wurde hier ein existentes System adaptiert, schien aber nicht ganz zu passen. »Was sind denn die relevanten strafbaren Handlungen?«

»Na ja, das kann alles Mögliche sein«, stieg Frau Müller wieder in die Erklärung ein. »Natürlich Betrug in allen Facetten, also der klassische Kreditbetrug, Phishing[23], Pharming[24] und so weiter. Aber natürlich auch Untreue oder Bestechung. Diebstahl. Auch schwere Fälle von Steuerhinterziehung. Es gibt eine ganz gute Übersicht von der ACFE.«

»Was ist das?«

»Die Association of Certified Fraud Examiners. Ich schicke Ihnen den Jahresbericht. Oder besser gleich den Link zur Internetseite[25]. Vorn ist eine Übersicht über strafbare Handlungen drin. Machen wir erst einmal Mittagspause? Ich bin gleich verabredet.«

Auch Frau Schulze machte keine Anstalten, mit Kaya zusammen essen zu gehen. Aber vielleicht war das auch gut so. Also ging sie in ihr Büro, trank einen Kaffee und prüfte ihre E-Mails.

Am Nachmittag trafen sich die drei Frauen zur zweiten Runde. Frau Schulze, die Mitarbeiterin aus OpRisk, lief zur Hochform auf. Es wirkte, als würde sie versuchen, ihren geringen Redeanteil vom Vormittag in möglichst kurzer Zeit auszugleichen.

---

23 Erlangen von Daten eines Benutzers über gefälschte E-Mails, Webseiten oder SMS.
24 Verfälschung des DNS-Cache eines Rechners oder DNS-Servers, so dass bei Aufruf einer Internetseite eine andere (betrügerische) Webseite angesteuert wird, ohne dass dies im Browser sichtbar ist.
25 www.acfe.de

»Wir haben Szenarioanalysen auf Basis der vorhandenen Schäden vorgenommen. Außerdem haben wir verfügbare Typologien überprüft. Und ich kann Frau Müller nur zustimmen: Die von uns entwickelten Maßnahmen in Kombination mit der Gefährdungsanalyse ergeben ein sicheres System.« Sie öffnete eine Präsentation auf ihrem Rechner. Frau Müller verabschiedete sich mit der Bemerkung, dass sie diese bereits kenne. Zum Abschied nickte sie Kaya ermutigend zu.

Kaya hatte ihr Unwohlsein vom Morgen fast vergessen und schon angenommen, dass es doch nur am fehlenden Essen gelegen hatte. Jetzt kam das Gefühl mit Macht zurück. Auf der zweiten Seite sah sie die Gesamtseitenanzahl der Folien – 147. Die blonde Frau redete sich langsam in Fahrt. Dann stand sie auf, als ob sie ein großes Publikum hätte. Death-by-Powerpoint war ein Gedanke, den Kaya in den folgenden zwei Stunden immer wieder hatte. Mitlesen war unmöglich, die Folien quollen über vor Text. Und ihr Magen knurrte jetzt auch vor Hunger. Die wenigen Bilder waren Fotos von Bildschirmseiten. Nach einer Ewigkeit kam endlich die letzte Seite.

»Haben Sie noch Fragen?«

»Wenn ich das richtig verstanden habe, dann sind die wichtigen Risiken die Angriffe auf das Online-Banking…« mehr als die Hälfte der Zeit hatte die Frau über technische Probleme und Sicherheitsarchitektur geredet »…und organisierter Betrug im Kreditgeschäft?«

»Und das Problem eines möglichen Datendiebstahls. Aber das hatten wir ja zum Glück noch nicht.«

»Okay. Und wie viel Schaden hatten wir in den wichtigen Themen bis jetzt?«

Zum ersten Mal lächelte die Jüngere. »Kann ich Ihnen genau sagen.« Sie öffnete eine Datenbank. »Im letzten Jahr hatten wir nur dreiundzwanzig Fälle von Computerbetrug, insgesamt 127.512 Euro, die wir aus Kulanz übernommen haben. Im Kreditgeschäft waren es über sechs Millionen. Genau genommen 6.412.813 Euro und 42 Cent.«

»Und wie viele Fälle waren das?«

Ihr Gegenüber tippte und antwortete prompt.

»139. Von einem großen Fall haben Sie bestimmt gehört, stand ja überall in der Zeitung. Das war der Immobilienskandal mit Vermittlerbetrug, über fünf Millionen. Und das andere war eine Mitarbeiterin, die über Jahre Gelder von Kundenkonten abgezweigt hat, insgesamt fast eine Million. Die hat damit die Behandlungen für ihren kranken Sohn finanziert. Der Rest waren kleinere Schäden aus dem Kreditgeschäft, insgesamt 33. Die anderen Fälle haben wir entdeckt, bevor ein Schaden entstanden ist.«

»Das heißt, wir hatten im letzten Jahr nur 400.000 Euro Schaden, wenn man die beiden großen Fälle abzieht?«

»Ja. Da sind die Kollegen in der Kreditabteilung schon wirklich super unterwegs. Knapp fünfundsiebzig Prozent aller Fälle haben wir vor der Auszahlung erwischt. Deshalb ist in der Gefährdungsanalyse die Kreditvergabe aus Geldwäsche-Sicht auch als niedriges Risiko eingestuft worden. Da passiert einfach nichts Schlimmes.«

Kaya erwiderte das Lächeln der jüngeren Frau. »Mögen Sie mir Ihre Präsentation schicken? Ich muss erst einmal den Zusammenhang verstehen. Und eine Frage habe ich doch noch.«

»Immer raus. Die Präsentation habe ich Ihnen gerade geschickt.« Sie klappte den Laptop zu.

»Welche Definition von Betrug liegt denn der Analyse zugrunde?«

Damit war Frau Schulze überfragt.

Zurück im Büro nahm Kaya den Telefonhörer auf und wählte Sörens Nummer. Sie wollte wissen, ob er schon eine betrugsspezifische Gefährdungsanalyse gesehen hatte. Sören gab Kaya eine Telefonnummer: Dagmar Schiefer. Ein Mitarbeiter einer Wirtschaftsprüfungsgesellschaft hätte ihre Lösung als außerordentlich gelungen gelobt.

Kaya zögerte kurz. Es war ihr etwas peinlich, einfach Leute auf Empfehlung anzurufen, von denen sie sich Hilfe erhoffte. Kaya gab den Namen in eine Personen-Suchmaschine ein und fand ein Foto von einer sehr jungen, dunkelhaarigen Frau und schon wieder einen beeindruckenden Lebenslauf. Auf Facebook hätte sie auf ein manipuliertes Foto getippt, denn das sah sehr nach einem professionellen Modelfotografen aus, aber der Link verwies zu Xing[26]. Dann griff sie zum Telefon.

Nach nur einem Klingeln meldete sich eine aufgeweckte Stimme.

»Schiefer.«

»Hallo Frau Schiefer. Mein Name ist Kaya Cazadora. Ich habe Ihre Kontaktdaten von Sören Feldmann bekommen. Ich arbeite bei der Herstadt Bank und bin gerade an einem Projekt zum Thema Betrug. Haben Sie einen Moment Zeit für mich?«

»Aber klar. In Sachen Betrug sitzen wir doch alle in einem Boot. Unsere gemeinsame Konkurrenz sind die Betrüger. Da sollten wir doch zusammenhalten. Was möchten Sie denn wissen?« Dagmar Schiefer hatte einen leichten, österreichischen Akzent, was den freundlichen Eindruck noch unterstützte.

»Herr Feldmann hat erzählt, dass Sie eine betrugsspezifische Gefährdungsanalyse entwickelt haben, die besonders gut ist. Wir sind an dem Thema auch gerade dran und ich würde gern verstehen, warum Ihre Lösung so gepriesen wird.«

Die Frau lachte »Oh, wenn Sören das sagt, muss es ja stimmen. Zumindest sind unsere Prüfer zufrieden. Damit sind wir es natürlich auch. Aber kann ich Sie in fünf Minuten zurückrufen? Dann können Sie erzählen, wo Sie gerade stehen.«

Eine Viertelstunde später klingelte das Telefon. Kaya berichtete den aktuellen Stand. Frau Schiefer hörte zu, stellte hin und wieder Fragen und begann dann, Anmerkungen zu machen. Kaya öffnete eine Mindmap und schrieb mit. Eine halbe Stunde später entschuldigte sich Frau Schiefer mit dem Hinweis auf einen Termin. Sie bot Kaya an, das Gespräch bei Bedarf fortzusetzen und versprach, ihr ein paar Kontakte per E-Mail zu schicken, die sie sicher brauchen könnte.

Kaya warf einen Blick auf ihr altmodisches Handy und sah, dass Sören eine SMS geschrieben hatte: *Habe gerade Dagmar Schiefer bestätigt, dass der Kontakt über mich kam. Herzlichen Gruß, Sören.*

---

26 Ein soziales Netzwerk, das im deutschsprachigen Raum überwiegend für geschäftliche Kontakte benutzt wird.

Kaya hatte das Gefühl, als hätte sie gerade eine geheime Gemeinschaft des Fraud Managements berührt. Vielleicht brachte das Thema die Notwendigkeit mit sich, sich austauschen zu müssen. Trotzdem hatte die Kollegin erst einmal geprüft, ob Kayas Hintergrund wirklich stimmte. Ihr Respekt wuchs. Und das Telefonat hatte sich mehr als gelohnt. Auch wenn es sich inhaltlich nicht völlig vom Vorgehen von OpRisk unterschied, war Frau Schiefer doch viel klarer gewesen. Und sie legte viel mehr Wert auf einen konstruktiven Austausch der Abteilungen. Kaya begann, eine Zusammenfassung zu schreiben.

Betrugsspezifische Gefährdungsanalyse

Die betrugsspezifische Gefährdungsanalyse ist übergreifend betrachtet Bestandteil des Gesamtrisikoprofils im Sinne der MaRisk und berücksichtigt operationelle Risiken, im Speziellen die des internen und externen Betrugs.

In der Praxis dokumentiert diese die Umsetzung des § 25c Abs. 1 KWG zur Verhinderung von »sonstigen strafbaren Handlungen«. Da Betrug lediglich einen Ausschnitt der strafbaren Handlungen definiert, sind vor Erstellung der Gefährdungsanalyse die zu betrachtenden Tatbestände festzulegen und abzugrenzen.

Eine Kombination mit der Risikoanalyse für Geldwäsche und Terrorismusfinanzierung ist möglich, jedoch nicht zwingend erforderlich. In der Praxis hat es sich bewährt, die betrugsspezifische Gefährdungsanalyse in einem separaten Prozess, jedoch im methodischen Einklang mit der Risikobetrachtung für Geldwäsche und Terrorismusfinanzierung zu erstellen. Ein zusammenfassendes Manteldokument zur Skizzierung der aktuellen Gefährdungslage für alle drei Risikobereiche hat sich als nützlich erwiesen. Dies schafft ein ganzheitliches Bild der aktuellen Bedrohungslage des Instituts nach § 25c KWG[27].

Grundlage der Gefährdungsanalyse ist die institutsweite Aufnahme von möglichen und bestehenden Risiken sowie der entsprechenden Sicherungsmaßnahmen. Um den Anforderungen eines risikobasierten Ansatzes gerecht zu werden, ist die Berücksichtigung der Organisations- und Prozessstruktur bei der Risikoerhebung von elementarer Bedeutung. Nur so ist es möglich, eine vollständige Erfassung der Risikosituation zu gewährleisten. Unterstützend ist dabei die Analyse der Risiken aus der allgemeinen Sicht des Kunden über die Vertriebswege, Prozesse und Transaktionen sowie sonstigen Risiken und der anschließenden Darstellung der Auswirkung auf die Produkte.

---

27 Hilfreich sind auch die Auslegungs- und Anwendungshinweise der Deutschen Kreditwirtschaft. (bis 2011 unter dem Namen Zentraler Kreditausschuss (ZKA) (14).

Bei der Bestandsaufnahme unterstützen können beispielsweise bestehende Risikolandkarten des Operational Risk Managements[28], die Schadensfalldatenbank und das interne Kontrollsystem, einschließlich möglicher SOX[29]-relevanter Kontrollen.

Das interne Kontrollsystem ist darauf ausgelegt, die Vollständigkeit und Richtigkeit aller Bearbeitungsvorgänge sicherzustellen und verfügt dafür über eine Vielzahl automatisierter, systemseitig unterstützter und manueller Kontrollen. Insofern sind Tätigkeiten auch implizit auf das Verhindern von Betrug ausgelegt. Viele der bestehenden Kontrollen wirken sich risikomindernd aus und sind daher als effektive Sicherungsmaßnahmen in die Gefährdungsanalyse mit einzubeziehen.

Um das Dunkelfeld der Betrugsrisiken weiter zu reduzieren, sind Informationen externer Quellen unerlässlich.

Hierzu zählen:

- Schadensdatenbanken,
- Typologiepapiere,
- Literatur, Medienberichte,
- Hinweise der Aufsichtsbehörden und deren Auslegungen,
- Interne Experteneinschätzungen über Fragebögen oder Interviews,
- Szenarioanalysen,
- Externe Experteneinschätzungen (auch als Benchmark zur Identifizierung bereits schlagend gewordener Risiken).

Neben den allgemeinen polizeilichen Kriminalstatistiken sind v. a. branchenspezifische Berichte hilfreiche Quellen[30], um bis dato unentdeckte Risiken zu ermitteln. Hierbei ist die entscheidende Frage, ob ein darin beschriebener Betrugsfall bzw. das zugrunde liegende Muster in dieser oder abgewandelter Form auch im eigenen Unternehmen möglich wäre. Neue Betrugsmuster können auch anhand von Pressemeldungen identifiziert werden. Vor allem Trickbetrügereien, die eigene Kunden zu Opfern werden lassen, werden häufig in der Lokalpresse oder Fachzeitschriften beschrieben.

---

28 Operationelles Risikomanagement, im Buch meist als OpRisk bezeichnet (Anm. des Hrsg.).
29 Sarbanes-Oxley-Act of 2002, ein US-Bundesgesetz.
30 Z. B. der Experian Fraud Report (30).

Der Versand von gefälschten Rechnungen – wie aktuell im Fall von GEZ-Gebühren[18] – ist ein bekanntes Betrugsmuster, welches durch Prüfung von Empfängernamen, Empfängerkonten, Verwendungszweck oder auch Überweisungsbetrag identifiziert werden kann.

Bei diesem Beispiel zeigt sich die Kombinationsmöglichkeit zwischen Geldwäsche und sonstigen strafbaren Handlungen: Der eigene Kunde kann finanziellen Schaden erleiden oder Kundenkonten als Sammelstelle für inkriminierte Gelder werden.

Ein weiterer Ansatz zur Reduzierung von blinden Flecken ist die kriminologische Ableitung der Betrugsmöglichkeiten anhand des Fraud Diamond in Verbindung mit den Besonderheiten des jeweiligen Geschäftsmodells. Diese Vorgehensweise stützt sich auf die von Cressey identifizierten Faktoren für die Entstehung von Betrug[19] bzw. auf den von Wolfe und Hermanson weiterentwickelten Fraud Diamond[20]. Diese kognitive Analyse lässt Rückschlüsse auf potenzielle Täter und deren Angriffspunkte zu.

Abbildung 4 – Fraud Diamond

Der Faktor Gelegenheit ist Grundvoraussetzung, um Betrug zu begehen und erfordert primär einen Wissensvorsprung des Betrügers (beispielsweise über Prozessschwächen oder Kontrolllücken). Zudem muss es für den Täter einen Anreiz oder einen (subjektiven) Zwang zur Tat geben. Neben finanziellen Problemen kann auch die Steigerung des eigenen gesellschaftlichen Status ein starkes Motiv sein. Um das positive Selbstbild aufrecht zu erhalten, muss der Betrüger die Tat vor sich selbst rechtfertigen können. Das derzeit vorherrschende negative Ansehen von Finanzinstituten kann dazu beitragen. Das vierte Kriterium ist das notwendige Wissen bzw. die intellektuelle Fähigkeit, Betrug zu begehen. Nicht zuletzt über das Internet kann eine Vielzahl von Informationen, Programmen etc. bezogen werden, die etwaige Wissensdefizite kompensieren.

Bezieht man diese vier Faktoren in die Risikobetrachtung ein, weitet sich das Hellfeld[31] und zeigt neue, potenziell kritische Bereiche und Prozesse auf. Dienlich ist diese Vorgehensweise anhand des Fraud Diamonds vor allem für die Aufdeckung von internen Betrugsrisiken.

Alle im Rahmen der Gefährdungsanalyse identifizierten Risiken werden nach der geschätzten Häufigkeit des Eintritts und der voraussichtlichen Schadenshöhe bewertet. Hierbei ist die Berücksichtigung aller vorhandenen Maßnahmen zur Ermittlung des Residualrisikos wichtig. Mit dem Wissen über die kritischen Prozesse und möglichen Betrugsszenarien können nicht akzeptable bzw. zu hohe Risiken durch die Implementierung angemessener Maßnahmen vermieden, reduziert oder versichert werden.

Die Gefährdungsanalyse umfasst die Aufnahme von Geschäften in neuen Märkten, in neuen Ländern, mit neuen Produkten oder über neue Vertriebskanäle. Relevante Veränderungen sind grundsätzlich in der Gefährdungsanalyse zu berücksichtigen. Unabhängig davon ist diese mindestens einmal jährlich auf Vollständigkeit und Aktualität zu prüfen.

Neben den prozess- oder produktrelevanten Maßnahmen tragen auch allgemeine Sicherungsmaßnahmen effektiv zur Reduzierung der Risiken bei. Eine offene Unternehmenskultur, gut vermittelte Grundwerte und die Aufmerksamkeit der Mitarbeiter (Awareness) spielen eine wichtige Rolle. Aber auch die strafrechtliche Verfolgung von Tätern ist ein wichtiger Aspekt der Abschreckung und demzufolge Risikominderung. Know-Your-Colleague, Whistleblowing oder Pre-Employment-Screening[32] sind Schlagworte, die sich in Deutschlands Unternehmen immer mehr etablieren.

Einige der risikoreduzierenden Maßnahmen können Spannungsfelder zu effizienten Prozessen und der Vertrauenskultur gegenüber Kunden und Mitarbeitern erzeugen.

Grundlage der Gefährdungsanalyse ist daher auch die Klärung einer Position zwischen Kontrolle, Vertrauen und Effizienz.

Facheinschub 5: Dagmar Schiefer – Betrugsspezifische Gefährdungsanalyse

---

31 Für eine ausführliche Diskussion siehe Facheinschub Dunkelfeldanalyse.
32 Hintergrundprüfung für neue Mitarbeiter.

5. Ein Besuch in der Beitreibung – Warndateien und Datenaustausch

Mittwochvormittag, 10 Uhr, Sonnenschein. Kaya trank ihren dritten Kaffee. Sie hatte sich das Büro ein bisschen persönlicher eingerichtet. Auf dem Schreibtisch standen jetzt Bilder von ihren letzten Urlauben, auf dem Sideboard eine Orchidee. Für die Wand hatte sie sich ein Whiteboard bestellt und freute sich über den schnellen internen Lieferdienst: An einem Tag bestellt, am nächsten bereits montiert. Es fiel ihr leichter, ihre Gedanken zu ordnen, wenn sie an einer Tafel standen. Ein Blatt Papier könnte es ja auch tun, aber an der Tafel fand sie immer die besseren Ideen. Seltsam.

Das Whiteboard war bereits vollgeschrieben.

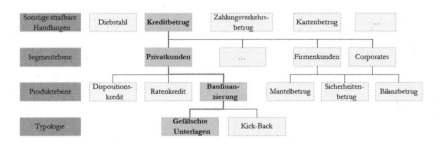

Abbildung 5 - Entwurf einer Klassifizierung

Die Struktur war ähnlich der Typologie des ACFE, orientierte sich aber mehr an der Gefährdungsanalyse. Das war erst ein Anfang, es fehlten Kreditkartenbetrug, Scheckbetrug und natürlich praktisch alle Typologien. Oder waren das bereits Modi Operandi?

Sie betrachtete einen Moment ihr Spiegelbild in der Fensterscheibe. Sie verwendete meist nicht viel Zeit auf ihre Garderobe und mit einem praktischen Business-Outfit konnte man nicht viel falsch machen. Aber die bereits morgens strahlende Sonne hatte sie bewogen, mal etwas Lockeres anzuziehen. Das sandfarbene Kleid war eine gute Wahl gewesen, es passte bestens zu ihrem dunklen Teint. Sie fühlte sich noch schlank genug, um das enge Kleid zu tragen. Allerdings sollte sie dringend wieder mehr Sport machen. Den Seitenschlitz des Kleides hatte sie nicht nur wegen des förmlicheren Auftretens zugeknöpft. Kaya wandte sich wieder dem Whiteboard zu.

Die dunkelhaarige Frau drückte auf einen Knopf an der Wand. Eine Leiste fuhr über das Whiteboard. Die Tafel war in das hauseigene LAN eingeklinkt und schickte einen Scan als Bild auf ihren Rechner. Dann machte sie sich auf den Weg.

»Hallo Herr Meier. Darf ich reinkommen?«

Kaya stand an der Tür des Kollegen, den Markus ihr in der Cafeteria vorgestellt hatte.

»Guten Morgen Frau Cazadora. Herzlich gern. Immer herein.«

Der Schreibtisch war übersät mit Dokumenten: Grundbuchauszüge, Verträge, alte Gehaltsbescheinigungen und Mengen von Akten.

»Ihr Name klingt spanisch?« Herr Meier stand auf, gab ihr die Hand und deutete auf einen freien Stuhl.

»Ja, meine Mutter ist Spanierin. Bis zur achten Klasse habe ich in Madrid gelebt.«

»Ein Umzug mit 14 ist schwierig.« Der immer noch seltsam frisierte Mann lächelte schwermütig.

»Mit 13. Das klingt, als ob Sie das kennen?«

»Ja. Mein Vater war Offizier. Wir mussten oft umziehen. Mögen Sie einen Kaffee?«

Während er Getränke holen ging, sah sich Kaya im Büro um. Akten. Akten nicht nur auf dem Schreibtisch, sondern auch in Hängeregistern, auf dem Sideboard und am Boden. Vor dem Schreibtisch stand ein zweiter Besucherstuhl. Auch dieser war mit Stapeln von Akten belegt. Die überwiegend alten Unterlagen verbreiteten einen muffigen Geruch. Das Sonnenlicht, das durch das Fenster fiel, durchtanzte den Staub und quälte sich dann mühsam bis zur abgetretenen Auslegware. Trotzdem war es nicht ungemütlich. Das Büro vermittelte den Eindruck einer verstaubten Bibliothek. Der altmodische Standrechner passte da gut ins Bild. Und da war noch ein Geruch. Etwas, dass sie an ihren Vater erinnerte, Kaffee und etwas mehr. Persönliche Bilder gab es nicht, dafür eine Wand mit Haftnotizen und ein vollgeschriebenes Flipchart. Eine altmodische Schreibtischlampe mit einer Glühbirne.

Und es war Pfeife. Es roch eindeutig nach Pfeifentabak.

»Das lässt sich nicht wirklich verbergen.«

Herr Müller war zurück. Kaya blickte schuldbewusst zu dem älteren Kollegen, der mit dem Kaffee in der Tür stand. Sie fühlte sich ertappt, als hätte sie in persönlichen Unterlagen gestöbert.

»Die Pfeife. Ich kann's mir nicht abgewöhnen, aber wenn ich vor das Hauptgebäude laufe und eine Pfeife rauche, brauche ich eine Stunde. Außerdem hilft mir das Rauchen beim Denken.« Er stellte zwei Kaffeebecher auf seinen Schreibtisch, nahm den Stapel Akten vom Stuhl, suchte kurz einen freien Platz in seinem Büro und legte kurzentschlossen die Akten einfach in eine Ecke auf den Boden. Dann schob er den freien Stuhl auf die andere Seite des Tisches.

»Und die Rauchmelder?«

»Sind etwas unempfindlicher gestellt. Ich kenne den Hausmeister noch von früher. Der war einer meiner ganz schweren Fälle.« Er lachte voll und dunkel und Kaya lächelte zurück. Der Mann schien ihrem Vater noch viel ähnlicher zu sein als erwartet. »Von mir aus können Sie gern, ich mag den Geruch.«

Herr Meier ließ sich in seinen Schreibtischstuhl fallen und wies mit der Hand auf den jetzt freien Platz neben ihm. »Danke. Bevor wir richtig anfangen, werfen Sie doch einen Blick auf meinen Bildschirm. Setzen Sie sich doch bitte.«

Er holte eine kleine Designerpfeife aus einer Schreibtischschublade und stopfte sie umständlich. Als eine Rauchwolke über seinem Kopf schwebte, hatte er eine Internetseite aufgerufen, auf der Immobilienangebote gelistet waren.

»Sehen Sie dieses Haus? Steht am Rande von Leipzig. Fällt Ihnen was auf?«

Kaya schaute auf das Angebot. Es war ein Mehrfamilienhaus, schien saniert worden zu sein und wurde nun für 250.000 Euro angeboten. »Ich finde, es sieht normal aus. Häuser wie dieses wurden doch nach der Wende straßenzügeweise saniert. Stimmt der Preis nicht?«

Herr Meier wies auf eine Unterlage auf seinem Tisch. »Schauen Sie mal, erkennen Sie nun was?« Kaya sah auf eine Beleihungswertermittlung, daneben lagen Objektfotos.

»Das ist das gleiche Haus.«

»Genau. Wir haben das Objekt vor drei Jahren voll finanziert. Kaufpreis waren damals 200.000 Euro. Ein halbes Jahr später landete es dann wegen Zahlungsschwierigkeiten bei uns. Der Kunde ist schließlich vollständig ausgefallen. Unsere aktualisierte Bewertung kam auf einen Preis von 120.000. Freihändig[33] konnten wir es aber für diesen Preis nicht losschlagen und mussten die Bewertung noch weiter reduzieren. Vor drei Wochen haben wir es dann in einer Zwangsversteigerung für 75.000 Euro verkauft.«

Kaya schluckte trocken. »Das sind ja kräftige Unterschiede. Sind diese Preisabschläge normal?«

»Ja, bei einer Zwangsversteigerung ist das gängig. Das Problem ist aber nicht der geringe Verkaufserlös, sondern das aktuelle Angebot im Internet. Bei so großen Preisunterschieden in geringer Zeit können Sie sicher sein, dass daran etwas faul ist.« Er richtete sich etwas auf und zog stärker an seiner Pfeife. Sie spürte, dass er zornig wurde. Nicht auf sie oder die Bank, nur zornig. »Fehlt nur noch, dass wir das gleiche Objekt wieder finanzieren. Nur dieses Mal dann für 250.«

»Das verstehe ich nicht. Wir würden doch ganz sicher nicht noch einmal finanzieren, oder?« Herr Meier sah ihr einen Augenblick in die Augen.

»Wir sollten nicht. Leider ist das schon vorgekommen. Was wir hinten abverkaufen, nehmen wir vorn wieder rein. Wissen Sie, unsere Berater an der Front sind froh, wenn sie Geschäft machen zu können. Wenn die Unterlagen gut aussehen und der Käufer einen netten Eindruck macht, dann wird halt finanziert. Das ist ja prinzipiell auch gut. Immerhin verdient der Vertrieb unsere Gehälter. Aber kann nicht mal einer fragen, ob wir das Objekt kennen?«

Kaya nickte »Sie meinen, einmal Schrottimmobilie, immer Schrottimmobilie?«

»Ja, und wir fallen immer wieder drauf rein. Und ich wüsste es und könnte helfen.«

Schlagartig hellte sich sein Gesicht wieder auf. »Schauen Sie mal, Frau Cazadora.« Herr Meier öffnete ein Programm. »Ein Kollege hat mir eine Datenbank gebaut, mit der ich jeden Monat eine Auswertung zum genehmigten Baufi-Neugeschäft in Leipzig machen kann.«

»Warum gerade Leipzig?«

---

33   Ohne Versteigerung.

»Nun ja, die ganze Republik kann ich nicht überwachen. Aber Leipzig war mal mein Zuständigkeitsgebiet. Da kenne ich mich aus. Wenn etwas nach Schrottimmobilie ausschaut, bekomme ich das schnell mit.« Er machte eine kurze Pause, während er seine Pfeife nachstopfte. »Das müsste man eigentlich schon bei der Antragsstellung machen.«

Kaya überlegte kurz, ob sie was sagen sollte. »Herr Meier, im Prozess funktioniert das nicht. Wenn jeder Kreditspezialist bei der Beitreibung anrufen würde.«

Herr Meier brummte und wirkte leicht belustigt. »Weiß ich doch. Natürlich geht's nicht mit einer persönlichen Rückfrage. Aber die Infos liegen nun mal hier rum. Warum können wir das Wissen nicht automatisiert im Prozess nutzen?«

Kaya kam ein Gedanke. »Können Sie nicht einfach eine Liste der Objekte erstellen, gegen die der Vertrieb neue Finanzierungen abgleicht? Und wem auch immer eine neue, problematische Immobilie auffällt, der ergänzt diese Referenzdatei?«

Er zündete die Pfeife noch einmal mit einem Streichholz an. »Schöne Idee, Frau Cazadora. An eine Blacklist habe ich auch schon mal gedacht. Leider wollte niemand die Kreditprozesse ändern. Unsere Verantwortlichen meinten, das händische Abgleichen jedes Kreditantrags mit einer Blacklist würde zu viel Zeit kosten. Momentan werden doch eher Schritte eingespart, um die Prozesse zu optimieren.«

»Aber wenn wir das Thema Betrugsprävention erst einmal ausbauen, dann steht diese Idee ganz oben auf der Agenda.«

Der ältere Mann lachte prustend durch die Haare seines Schnauzbarts, öffnete eine Schreibtischschublade und legte die Pfeife in den darin stehenden Aschenbecher.

»Ihre Augen sprühen ja vor Begeisterung. Wollen Sie das Thema jetzt zu Ihrem Baby machen?«

»Ja.« Bauchgefühl vor Taktik.

Seine hellen Augen musterten sie einen Augenblick prüfend »Ich habe weder die Kraft noch die Lust, mich auf die politischen Spielchen wieder einzulassen. Aber es wäre schön, wenn die ganze Arbeit zu etwas nutze ist. Wenn Sie wollen, zeige ich Ihnen das Thema mal von der realistischen Seite. Allerdings unter einer Bedingung.«

Kaya sah ihn fragend an.

Er streckte ihr die Hand hin. »Ich heiße Wieland.«

Als eine Kollegin mit einer Frage zu einem aktuellen Fall hereinkam, entschuldigte sich Wieland kurz und drückte ihr einen kopierten Artikel in die Hand.

Warndateien und Datenaustausch

Aktuell zu beurteilende Anträge können durch Referenzdaten um relevante Informationen ergänzt werden. Referenzdaten sind andere Anträge, Kundendaten, Verhalten (bei Bestandskunden[34]), Schadensfallsammlungen, Daten aus dem Kundenkontakt[35] oder externe Risikodaten.

Warndateien (Blacklists[36], Warnlisten) enthalten negative Referenzdaten. Diese können auf eigenen, internen Kenntnissen oder externen Informationen beruhen.

Einige Warndateien stehen öffentlich zur Verfügung, andere werden verteilt, sind Teil von Auskunfteidienstleistungen oder werden von privaten Unternehmen angeboten[37].

Öffentlich verfügbare Warnlisten sind z. B. die in der Geldwäschebekämpfung etablierten Sanktionslisten. Andere Listen werden vereinzelt zur Verfügung gestellt, beispielsweise die Nummern gestohlener Blankoformulare vorläufiger Personalausweise. Eine Datei verlorener und gestohlener deutscher Ausweise ist bei der Polizei verfügbar, wird aber zurzeit nicht zur Prüfung angeboten[38]. Eine erfolgreiche deutsche öffentliche Warnliste ist KUNO[39], die Sperrliste für ec-Karten im Handel.

Viele Länder stellen entsprechende Services umfangreicher zur Verfügung. Einige Länder bieten Recherchemöglichkeiten zu Dokumenten im Internet an[40].

---

34 Neben Zahlungserfahrungen auch Änderungen der Stammdaten, wie die Adresse usw.
35 Z. B. Postrückläufer oder fehlende Erreichbarkeit des Kunden im Inkassoprozess.
36 Im englischsprachigen Raum ist der Ausdruck verpönt, im deutschen Sprachraum jedoch so gängig, dass wir daran festhalten.
37 Z. B. World-Check (u. a. politisch exponierte Personen), carfax (Fahrzeuge mit Unfallhistorie).
38 Ein Angebot der Schufa in Zusammenarbeit mit der Polizei wurde eingestellt, Stand 04.2013.
39 www.kuno-sperrdienst.de
40 Eine Übersicht der Dienste wurde von der Polizei zusammengestellt und findet sich unter www.bundespolizei.de/DE/01Buergerservice/Dokumentenpruefung/_dokumentenueberpr uefung_anmod.html, Abruf vom 09.05.2013. Darüber hinaus gibt es weitere Dienste, die nicht online verfügbar sind, z. B. ›Persus‹ in Spanien oder die ›Interbank Database of lost and stolen documents‹ in Polen.

Listen mit Betrugsfällen und Mustern werden typischerweise innerhalb einer Branche verteilt. Abhängig von den gesetzlichen Bestimmungen ist die Form und Qualität in verschiedenen europäischen Ländern sehr unterschiedlich. Auf Basis des deutschen Datenschutzrechts ist der listenmäßige Austausch von personenbezogenen Daten nicht unproblematisch[41]. Kreditinstituten ist der Austausch im Einzelfall erlaubt[42]. Der darüber hinausgehende Austausch von Warnlisten ist langjährige Praxis. Einige Warnlisten werden über Branchenverbände weitergegeben, die dabei die datenschutzrechtliche Unbedenklichkeit sicher- und eine einfache Infrastruktur für die Verteilung bereitstellen[43].

Öffentlichkeitswirksame Beschwerden gegen den Austausch kommen praktisch nicht vor. Dies dürfte darauf zurückzuführen sein, dass die Listen hauptsächlich Ausfälle und Verdachtsfälle von Hard-Fraud enthalten[44]. Darüber hinaus erfragen nur wenige Kunden bei einer Kreditablehnung den Hintergrund.

Unproblematisch ist in jedem Fall der Austausch über Auskunfteien, da hierbei durch nachvollziehbare Regeln ein begründeter Anfangsverdacht generiert wird. Dieser Anfangsverdacht begründet ein berechtigtes Interesse am Datenaustausch gemäß Bundesdatenschutzgesetz (BDSG)[(21)].

Zur Betrugsprävention im Mengengeschäft sind Auskunfteien und Auskunfteidaten unabdingbar. Auch wenn die deutschen Auskunfteien sich noch nicht voll auf das Thema Betrug eingestellt haben, liefern deren Daten wertvolle Hinweise[45].

Hilfreich sind Informationen über Adressen, z. B. ob diese übermäßig belastet sind, es sich um öffentliche Gebäude oder Firmen handelt. Existenz- und Betrugsscores werden auf Personen- und Adressbasis bereits angeboten.

In Deutschland stellt die informa[46] ein Hinweis- und Informationssystem (HIS) für den übergreifenden Austausch in der Versicherungsbranche[47] zur Verfügung. In Hamburg betreibt Bürgel[48] den Fraud Prevention Pool (FPP) der Telekommunikationsindustrie. Beide Pools sind allerdings nicht ausschließlich auf Betrug ausgerichtet.

---

41 Stand 06.2013. Der Entwurf eines Rundschreibens der BaFin, das den Informationsaustausch klarstellen soll, liegt aktuell zur Stellungnahme bei den Verbänden.
42 § 25c (3) KWG.
43 Z. B. über den Arbeitskreis der Autobanken oder den Bankenfachverband.
44 Siehe Facheinschub Klassifizierung.
45 In erster Linie Negativdaten, aber auch die Anzahl von Anfragen und Einträgen.
46 informa Insurance Risk and Fraud Prevention GmbH (IIRFP).
47 www.gdv.de/his/
48 Bürgel Wirtschaftsinformationen GmbH & Co. KG.

Der vor mehr als zehn Jahren angestoßene Versuch, einen Pool im Bankensektor zu installieren, stockte in den letzten Jahren. Ein von der Schufa-Tochter FPN GmbH angebotenes Produkt, das Fraud Prevention Network (FPN), wurde von der Branche nicht akzeptiert. Mittlerweile wird von den Mitgliedern des Bankenfachverbands ein Lösungsangebot von Bürgel präferiert[49].

In anderen Ländern sind entsprechende Pools seit vielen Jahren erfolgreich im Einsatz, beispielsweise CIFAS und National Hunter in Großbritannien, BURF in Schweden und FODI in Spanien[(22)]. Diese Dienste bieten zusätzlich zur reinen Warnlistenfunktion teilweise eine eigene, analytisch basierte Betrugserkennung an. Auf Basis der angefragten Antragsdaten aller teilnehmenden Institute können neue Betrugsmerkmale erkannt und diese Informationen branchenweit zur Verfügung gestellt werden. Die Informationsasymmetrie zwischen den Betrügern, die sich untereinander austauschen, und den Banken, die dies zumindest in Deutschland zur Zeit nur eingeschränkt tun, kann so deutlich reduziert werden.

Ein systematisierter, branchenübergreifender Austausch zu Kreditbetrug findet nach unserem Wissen derzeit nicht statt.

Führt eine Referenz oder ein Datenaustausch zu einer Aussteuerung in die Investigation, ist die Verwendung datenschutzrechtlich unproblematisch[50].

Kritisch wäre hingegen die ungeprüfte Nutzung für automatisierte Ablehnungen. Im Gegensatz zur Bonitätsermittlung handelt es sich bei der Betrugsprävention nicht um die Prognose eines zukünftigen Verhaltens, sondern um die Einschätzung einer Eigenschaft. Darüber hinaus steht der Vorwurf einer strafbaren Handlung im Raum. Fehlerhaft betroffene Kunden erleiden möglicherweise nicht nur geringfügige Nachteile[51], sondern können weitgehend vom Markt ausgeschlossen werden[(23)].

Bei Kreditinstituten empfehlen wir, die Betrugs- und die Bonitätsprüfung logisch zu trennen[52] und keine Ablehnungen ohne manuelle Prüfung vorzunehmen.

Facheinschub 6: Warndateien und Datenaustausch

---

49 Stand 07.2013.
50 Siehe dazu den Facheinschub Datenschutz.
51 Dies ist z. B. im Handel bei der Ermittlung der Zahlungsoptionen bei Internetkäufen der Fall. Selbst bei einer negativen Bewertung bleibt das Grundgeschäft (der Warenkauf) erhalten. Man kann hier auch positiv argumentieren: Konsumenten ohne Negativmerkmale stehen erweiterte, risikoreichere Zahlungsmethoden zur Verfügung.
52 Ein direkter Einfluss von Betrugswahrscheinlichkeiten auf die Preisfindung halten wir für besonders problematisch, i.W. aus Reputationsgründen.

Die nächsten Stunden, während des gemeinsamen Mittagessens und bis zum späten Nachmittag erzählte Wieland von verschiedenen Fällen. Es gab Standardversuche mit gefälschten Gehaltsabrechnungen oder Gutachten, die immer nach dem gleichen Muster abliefen. Andere Fälle, bei denen mehrere Akteure immer wieder in wechselnden Rollen auftraten, waren sehr komplex. Strohmänner wurden angeheuert und für Käufe und Verkäufe benutzt. Selbst der Nachweis von Eigenkapital im sechsstelligen Bereich war bei organisiertem Betrug kein Problem. Oft schien es so, als würde Wissen aus den Bankprozessen gezielt genutzt, doch interne Beteiligung war nicht nachzuweisen. Die Unterlagen auf seinem Tisch wirkten zwar auf den ersten Blick wahllos, doch Wieland zog zu jedem Fall ein Beispiel vom Tisch. Oft gab es kleine Unstimmigkeiten, die aber im Ankaufsprozess nicht aufgefallen waren.

Wieland zog eine dicke Akte aus dem Regal hinter sich. »Der Vermittlerbetrug aus dem letzten Jahr ist ein besonders schönes Beispiel. Schau Dir mal die Kontaktdaten an.«

Kaya brauchte eine Weile, bis sie sich durch die Akte gewühlt hatte. Wieland hatte in der Zwischenzeit wieder einmal Kaffee geholt und stopfte seine Pfeife neu.

»Die Verkäufer wohnen an der gleichen Adresse. Und zwei Käufer bei verschiedenen Objekten auch.« Sie hatte sich Notizen gemacht und war stolz, dass sie die Fehler in ein paar Minuten gefunden hatte.

»Genau. Außerdem ist meistens die Telefonnummer des Maklers als Kontakt angegeben. Abgesehen davon hätte es auch auffallen können, dass der Vermittler plötzlich viel mehr Geschäft gemacht hat als jemals zuvor.« Er blätterte in der Akte und zeigte ihr Details, die Kaya nicht aufgefallen waren. »Aber die übereinstimmenden Adressen hätten schon genügen müssen, damit jemand hellhörig wird. Das war es aber nicht. Weißt Du, was ihm das Genick gebrochen hat?«

»Nein, keine Ahnung.« Kaya ärgerte sich, dass sie nicht zumindest alle auffälligeren Fehler gefunden hatte.

»Mach Dir nichts draus.« Wieland hatte ihren Gesichtsausdruck richtig interpretiert. »Mit der Zeit bekommt man einen Blick dafür. Also, es gab wohl schon einen Verdacht, aber letztendlich war es ein externer Hinweis.«

»Von einer Bank? Oder von einem seiner Kunden?«

»Nein. Von seiner Exfrau. Die hat sich durch die halbe Bank telefoniert, bis sie endlich jemand von der Revision dran hatte. Deshalb hat es wahrscheinlich auch die Presse mitbekommen. Es wussten einfach zu viele Leute davon, um es klein zu halten.« Er zog an der Pfeife und bemerkte, dass er sie noch nicht angezündet hatte. Kopfschüttelnd nahm er die Streichhölzer zur Hand.

Kaya hatte die Fälle immer wieder mit ihrer Definition und den Klassifikationen verglichen. Wieland war wahrlich das personifizierte Fraud-Gedächtnis der Bank. Dann brach ein Gedanke aus ihr heraus. »Wieland, weißt Du, was wir brauchen? Wir brauchen Dein Gedächtnis.«

Er lachte laut auf, aber sie unterbrach. »Wir sollten Dein Wissen systematisch aufbereiten und den Kollegen im Kreditprozess zur Verfügung stellen. Ich weiß noch nicht wie. Die Blacklist wäre ein Anfang. Besser wäre noch ein automatischer Prozess, der unabhängig von der Bonitätsprüfung läuft. Die Regeln, die Du im Kopf hast, könnten wir systematisch einsetzen.«

»So etwas wie ein kollektives Gedächtnis?« Er tippte sich an den Kopf. »Das würde mir gefallen. Und jeder, der etwas dazu beitragen kann, erweitert es.«

Kaya griff den Gedanken auf. »Klasse. Mit dem Begriff ›Kollektives Gedächtnis‹ können wir super Marketing machen.«

Sie nickten sich zu.

»Komm Kaya, lass uns eine Pause machen. Magst Du einen Kaffee in der Cafeteria? Ich lade Dich ein.«

In der Cafeteria zeigte sie Wieland den Scan von ihrem Whiteboard. Wieland belächelte die Klassifikation. »Du musst versuchen, auf existentes Wissen zuzugreifen. Dein System ist ein schöner Ansatz, aber davon gibt es reichlich. Die große Frage ist doch, was Du mit dem System erreichen willst. Hast Du Dir mal die Klassifikation des ACFE angesehen?«

Das war die Grundlage für ihr Modell gewesen. Das System der ACFE enthielt alle möglichen Betrugsarten und Kaya hatte versucht, das Modell für ihre Zwecke anzupassen. Nach einem Kaffee kehrten sie in Wielands Büro zurück. Er öffnete den Jahresbericht der ACFE auf seinem Rechner und druckte das Klassifizierungsmodell zweimal aus.

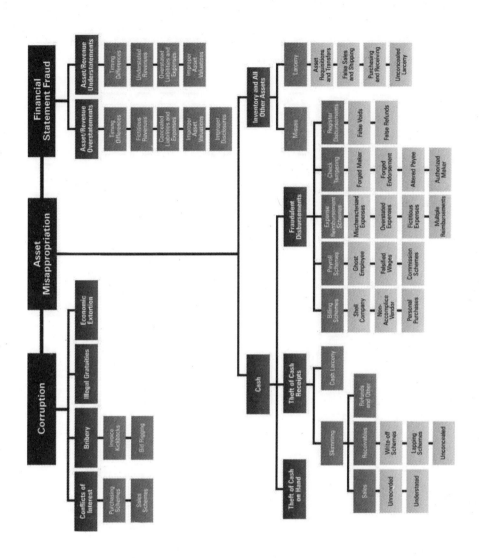

Abbildung 6 – Klassifizierungssystem der ACFE für Fraud

»Ab und zu finde ich es einfach praktischer, etwas in der Hand zu haben.« Er sah Kaya entschuldigend an, während er ihr einen Ausdruck gab.

»Schau mal. Die Kollegen unterscheiden in der obersten Ebene nach den Delikttypen: Korruption, widerrechtliche Aneignung von Vermögenswerten und Fälschungen von Geschäftsberichten.« Er folgte mit dem Finger der Linie in der Mitte der Abbildung.

»Hier geht es dann zum Geld. Eine der Grundwahrheiten ist, dass man Betrüger findet, indem man fehlendem Geld folgt. Dieses Prinzip wird hier aufgenommen. Das gilt natürlich auch für andere Wertgegenstände, deshalb muss es auch eine zweite Kategorie geben. Ganz unten sind dann einzelne Betrugsmuster aufgeführt.«

Er wies auf den Kasten mit der Beschriftung ›Shell Company Fraud‹.

»Hier zum Beispiel für Mantelbetrug[53]. Um Mantelbetrug zu erkennen, gibt es spezifische Methoden[54]. Mit dieser Klassifikation könnte ich also einen Methodenkatalog zuordnen. Scheckbetrug gibt es bei uns praktisch gar nicht mehr.« Wieland wies auf den Kasten ›Check Tempering‹. »Der hat in den USA aber noch eine große Bedeutung. Dafür fehlen für uns relevante Betrugsmuster wie Lastschrift- oder Überweisungsbetrug. Wenn Du noch Zeit und Lust hast, kann ich Dir noch ein paar Systeme zeigen.«

Kaya beugte sich vor.

---

53 Der Begriff stammt aus dem Bereich gedruckter Aktien (effektive Stücke), bei denen der Mantel den Anteil an der Gesellschaft repräsentiert. Mantelgesellschaften haben keinen operativen Geschäftsbetrieb, der »leere« Firmenmantel wird verkauft und für betrügerische Zwecke eingesetzt. Der Handel ist dabei durchaus legal und nicht jeder gehandelte Firmenmantel wird betrügerisch genutzt.

54 Typisch sind bei der Aktivierung von Mantelgesellschaften Sitzverlegungen, Geschäftsführerwechsel oder Wechsel des Unternehmenszwecks. In der Praxis werden die Eintragungen zum Zweck der Verschleierung oft verzögert.

Klassifizierung

Alle Individuen können nach regelmäßig vorhandenen Merkmalen in verschiedene Klassen[24] eingeteilt werden, z. B. Bestandskunde/Neukunde oder Verdacht/kein Verdacht. Existieren Merkmale[55], die einen Typ kennzeichnen, welchem Personen mehr oder minder entsprechen, wird von einer Typologie gesprochen.

Klassifizierungen und Typologien werden in der Betrugserkennung zur Analyse von Risikoschwerpunkten, der Überwachung von Trends und besonders der Steuerung von Detektions- und Investigationsmethoden genutzt. Auch für die Erstellung der Gefährdungsanalyse wird deren Nutzung empfohlen[17].

Im Strafgesetzbuch sind rechtliche Kategorien wie beispielsweise Kreditbetrug, Warenkreditbetrug, Scheckbetrug, Computerbetrug oder Kreditkartenbetrug aufgeführt. Diese sind jedoch in der operativen Betrugsabwehr wenig hilfreich.

Betrugsarten werden zur Nutzung in der Prävention nach Hard Fraud, bei der ein Täter eine gefälschte Identität nutzt, vom Soft Fraud abgegrenzt. Beim Soft Fraud versucht ein Betrüger, die eigene Identität zu verschleiern oder er beschönigt bonitätsrelevante Angaben, ist aber immer noch als real existente Person vorhanden. Als dritte Klasse muss die Identitätsübernahme berücksichtigt werden, bei der es ein schützenswertes Opfer gibt. Die Abgrenzung verdeutlicht das Ziel der Klassifizierung: Zumindest Hard Fraud kann ausgeschlossen werden, wenn eine Person nachweislich existent ist.

Ein First Party Fraud liegt vor, wenn ein Kunde gleichzeitig der Täter ist[1]. Beim Third Party Fraud wird ein Kunde durch eine dritte Partei benutzt und häufig auch geschädigt, zum Beispiel durch Identitätsübernahme oder Phishing[56].

Die Klassifizierung nach Identitätsbetrug, Bonitätstäuschung und Liquiditätstäuschung/Missbrauch[25] zielt direkt auf die Steuerung von Maßnahmen zur Betrugsabwehr. In die gleiche Richtung geht ebenfalls die Klassifizierung nach Identitätsbetrug/Identitätsdiebstahl[57], Kontenübernahme[1], Kontenmissbrauch und Antragsbetrug.

---

55   Dies können Personenmerkmale, Verhaltensweisen oder Kombinationen sein.
56   Selten werden mit First-Party-Fraud auch Fälle bezeichnet, bei denen der Täter ein Kunde ist. Third Party Fraud bezeichnet in dieser Variante unbekannte Personen. Der verbleibende Rest wird in der Second-Party gesammelt und umfasst damit auch Mitarbeiter, Vermittler usw.
57   »...occurs when a party acquires, transfers, possesses, or uses personal information of a natural or legal person in an unauthorised manner, with the intent to commit, or in a connection with, fraud or other crimes (67)«.

Nach Tätergruppen werden Fälle mit interner Beteiligung von externem Betrug abgegrenzt. Die Zusammenarbeit von Mitarbeitern oder Kunden mit Betrügern wird als Kollusion bezeichnet[58]. Nach dem Grad der Vernetzung können Einzeltäter, lose Netzwerke und organisiertes Verbrechen unterschieden werden. Als Sleeper werden Täter bezeichnet[(26)], die Konten eröffnen und diese dann erst einmal ruhen lassen oder ordnungsgemäß führen, um möglichst hohe Beträge zu erbeuten[59].

Wesentlich ist die Unterscheidung nach Verdacht und nachgewiesenem Betrug. Bei einem Verdacht ist der Kunde mit einer hohen Wahrscheinlichkeit erst einmal ein ganz normaler, unbescholtener Kunde und muss daher anders behandelt werden, als wenn ein Betrug bereits nachgewiesen wäre.

Häufig ist die Nutzung des Modus Operandi[60] als Typologie. Viele Begriffe sind selbsterklärend[61], einige sind aus dem Englischen oder der juristischen Fachsprache entlehnt. Beispiele dafür sind u. a. Phishing, Pharming, Mantelbetrug oder auch man-in-the-middle-attack[62].

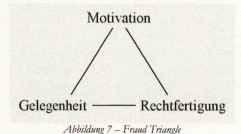

Abbildung 7 – Fraud Triangle

Neben den oben genannten Kategorien hat sich zur Fragestellung der Tätermotivation das Fraud-Triangle[(19)] und die Weiterentwicklung, der Fraud-Diamond[(20)] etabliert. Beide können zur Formulierung und Überprüfung von Abwehrstrategien genutzt werden[63].

Facheinschub 7: Klassifikation

---

58 Beteiligung und Kollusion werden häufig unterschätzt. Je nach Definition, wann eine interne Beteiligung angenommen wird, liegen geschätzte Quoten bei Banken zwischen 20% und 40%.
59 Vereinzelt wird ›Sleeper‹ auch als Bezeichnung für einen internen Betrugstäter verwendet.
60 Verhaltensweise eines Täters.
61 Fälschung von Gehaltsabrechnungen/Kontoauszügen, Vermittlerbetrug, Identitätsfälschung, Identitätsübernahme/-diebstahl, Adressbetrug, Hausfrauenbetrug, usw.
62 Übernahme einer Internetsession durch einen Betrüger.
63 Siehe auch den Facheinschub Gefährdungsanalyse. Für beide Modelle ist anzumerken, dass diese aus Untersuchungen zur Bilanzmanipulation und Untreue in größeren Fällen entwickelt wurden. Untersuchungen, ob die Hypothesen von Cressey und Wolfe/Hermanson auch auf externe Täter und für Betrug im Mengengeschäft zutreffen, sind uns nicht bekannt.

Es war schon spät am Abend, als sie endlich auf das Thema Zahlen zu sprechen kamen. Über die Zahlen von OpRisk lachte Wieland. Er hielt sie für völlig untertrieben.

»Betrug im Sinne von OpRisk sind nur die Fälle, die auch angezeigt werden. Und wir nehmen auch noch einige raus, die nicht verurteilt werden. Damit fallen auch die Verdachtsfälle weg. Das ist doch alles Bullshit. ›Too many bloody accountants‹[64], um einen Kollegen zu zitieren.«

Der Abschied zögerte sich noch einen Moment hin. Wieland fiel immer noch eine Geschichte ein und er fing Kaya damit so sehr ein, dass sie noch eine halbe Stunde auf dem Flur vor seinem Büro standen und klönten. Dann verabschiedete sie sich endgültig und ging in ihr Büro, um noch einmal kurz die E-Mails des Tages anzusehen. Die Sitzung mit Wieland war wie eine Offenbarung gewesen. Die Vielfalt der Fälle spiegelte ein Ausmaß krimineller Energie wider, die Kaya nicht für möglich gehalten hatte. Ihr schien, als würde es da draußen nur so wimmeln von Leuten, die Banken austricksen wollten. Aber nicht nur von außen, auch von innen drohte Gefahr. Zum Glück war das erst einmal nicht ihr Thema.

Wieland hatte ihr einen Ordner mitgegeben, in dem er über die Jahre Informationen zu »seinen« Fällen festgehalten hatte. Der Ordner strömte den Geruch des Pfeifenrauchs aus, dem er so lange Zeit ausgesetzt gewesen war. Der Kollege hatte kurz gezögert, bevor er Kaya den Ordner in die Hände gelegt hatte. Sie musste versprechen, gut darauf aufzupassen. Immerhin war es Arbeit aus mehr als 30 Jahren.

Die ersten Seiten stammten aus der zweiten Hälfte der 80er Jahre. Sie waren noch mit der Hand geschrieben und schon leicht vergilbt. Ob Wieland die Blätter damals von einem Kollegen übernommen hatte? Dort waren bereits erste Versuche einer Ordnung nach Modi Operandi zu erkennen. Das akkurate Schriftbild deutete auf die penible Arbeit hin, mit der die Sammlung gepflegt worden war. Einzelne Einträge waren mit einem Lineal durchgestrichen worden. Daneben standen kurze Bemerkungen wie ›Verdacht nicht erhärtet‹.

---

64 Eine wohl passende Übersetzung: »Zu viele verdammte Buchhalter«, in Anspielung auf die Neigung größerer Unternehmen, bei gleichbleibendem Fachpersonal die Menge der mit Kontrolltätigkeiten beauftragten Personen zu erhöhen.

Dann kamen mehrere Seiten Endlospapier aus der Epoche der Nadeldrucker. Kaya musste unwillkürlich an den ersten PC ihrer Familie denken. Mit dem 286er MS-DOS Rechner war sie damals in der Schule der Star gewesen. Ihr Vater hatte in die Luxusversion investiert und eine 52 MB-Festplatte einbauen lassen.

Schließlich folgten Seiten mit Listen in typischem Tabellenprogramm-Layout. Dort fand sie im Wesentlichen Einordnungen der Fälle in die Klassifikation, in die Wieland sie eingeführt hatte. Einzeltäter und Gruppen waren unterschieden, bei einigen aktuellen Einträgen war in dieser Spalte ›Arbeitsteilung‹ angegeben. Danach musste sie Wieland einmal fragen. Die erfassten Listen wollte ihr Wieland auch noch per E-Mail schicken.

Im hinteren Teil des Ordners waren Zeitungsartikel über Betrugsfälle mit einem Trennblatt abgegrenzt. Einige reichten bis in die 60er Jahre zurück. Bei einer weiteren Tasse Kaffee, gefühlt die sechste, blätterte sie in den Artikeln. Ein Spiegel-Artikel aus dem Jahre 1969 handelte von einer Betrugsserie in der Immobilienfinanzierung. Mit vorgegaukelten, überhöhten Objektwerten waren Kredite in dreistelliger Millionenhöhe von rund 80 Kreditinstituten und Bausparkassen erschlichen worden[27]. Der Aufbau der Serie war verblüffend ähnlich zu aktuellen Fällen. Würde man die damalige Ausdrucksweise etwas modernisieren, beispielsweise aus »Schwindel-Objekten« – »Schrottimmobilien«oder aus »gigantischer Betrugsskandal« – »Fraud im XXL-Format« machen, dann könnte der Artikel auch heute noch veröffentlicht werden. Der Ordner war ein historischer Schatz.

6. Der Kollege Liebmann – Datenqualität

Kaya hatte Feuer gefangen. Sie hatte keine Lösung, aber es musste doch möglich sein, Fraud vor der Auszahlung von Krediten zu erkennen. Vordringlich brauchte sie aber einen Business Case, sonst würde das Projekt schnell sterben.

Als sie endlich in ihrer frisch eingerichteten Wohnung ankam, war es nach Mitternacht. Ihr neues Domizil war noch etwas kahl, aber viel Zeit hatte sie hier auch noch nicht verbracht. Immerhin waren noch Tortellini und Steinpilzpesto im Kühlschrank. Obwohl es in Frankfurt genug Läden mit langen Öffnungszeiten gab, schaffte sie es kaum, einkaufen zu gehen. In Berlin gab es die »Spätis«, Läden mit Nachtöffnung, an jeder Ecke. Hier in Frankfurt gab es nur »Trinkhallen«. Die verkauften zwar auch Lebensmittel, aber irgendwie schreckte sie schon der Name ab. Die Trinkhallen waren kleine Kioske und stammten noch aus der Zeit, als die Arbeiter im Schichtsystem tätig waren und nach der Arbeit noch einen heben wollten. Wer ging denn also zu einer Trinkhalle zum Einkaufen? Samstag würde sie einen Großeinkauf machen. Und dringend Wäsche waschen. Und wenn das Projekt so laufen sollte, wie sie es sich vorstellte, würde sie auch eine Putzfrau brauchen.

Kaya erwachte bereits um kurz nach fünf in ihrem zerwühlten Bett. Sie erinnerte sich noch an Fetzen eines Traums: Pfeile, die in eine rostfarbene Wand einschlugen, woraufhin eine unsichtbare Hand eine Zielscheibe drum herum malte. Auf einen Schlag war sie hellwach. Sie griff gezielt ein Buch aus dem Regal und zog sich den Morgenmantel über, der an einem Haken an der Tür hing.

Erst einmal Kaffee. Zuhause benutzte sie eine kleine italienische Macchinetta. Die Zubereitung war zwar umständlich, half ihr aber, den Kaffeekonsum zumindest zu Hause einzuschränken. Während die kleine Alukanne auf dem Herd heiß wurde, las sie im Dobelli[28], eine ihrer letzten Flughafenerwerbungen.

Jetzt wusste sie, warum ihr die Gefährdungsanalyse nicht so richtig gefiel. Die Deckung mit den von Dobelli beschriebenen Problemen war so klar, dass sie sich nur wunderte, warum sie das nicht gleich gemerkt hatte. Die Analyse war im Grunde nur eine komplexe Checkliste. Darauf wurden alle bekannten Probleme vermerkt. Checklisten machen aber eher blind für Geschehnisse, die nicht erfasst sind: Der Feature-Positive-Effekt[65]. Dobelli benannte sogar ausdrücklich Betrug, wenn er sich auch auf andere Fälle bezog.

Durch die von OpRisk benutzte Betrugsdefinition wurde dieser Effekt noch wirksamer. Wieland hatte das Problem erkannt, es jedoch so nebenher erwähnt, dass ihr das nicht klar geworden war. OpRisk betrieb eine Art Rosinenpicken. Als Betrug wurden nur Fälle aufgenommen, die auch zur Anzeige kamen. Wenn dann noch nachträglich einige wieder gelöscht wurden, blieben nur noch die schlimmsten und eindeutigsten über. Aus OpRisk-Sicht war das verständlich. Jeder dieser Fälle markierte einen Datenpunkt, der sich negativ auf die Berechnung des notwendigen Eigenkapitals auswirkte. Aber kein Wunder, dass die Entdeckungsquote bereits bei der Antragsprüfung hoch war: Wenn nicht ein Großteil dieser wirklich eindeutigen Fälle aufgedeckt würde, wäre die Bank längst pleite.

Um halb sieben machte sich Kaya auf den Weg zur Arbeit.

Für Kaya ergab sich ein Bild. Das Risikomanagement erstellte Prognosen, die auf vorhandenen Ausfällen beruhen. Die Definition von OpRisk erfasste nur sehr wenige Fälle von Betrug und der Löwenanteil der Schäden war intern, dies wurde bei der Entwicklung von Methoden für die Antragsprüfung sowieso nicht berücksichtigt. Da der Betrug vermeintlich so klein war, wurde im Risikomanagement nicht nach Ausfällen aufgrund von externem Betrug und Bonität unterschieden. Es fiel also nichts auf, solange die gesamten Ausfallquoten nicht außergewöhnlich anstiegen. Alle Voraussagen und auch die entwickelten Scorekarten enthielten damit auch eine still akzeptierte Betrugsquote. Und alle waren zufrieden, denn alle Beteiligten hielten ihre Ziele ein. Vielleicht sogar die Betrüger.

---

65 Der Feature-Positive-Effekt besagt grundsätzlich, dass wir Dinge eher wahrnehmen, die vorhanden sind (z. B. der Eintrag auf einer Liste), als etwas, das nicht vorhanden ist (z. B. kein Eintrag auf einer Liste). Andere psychologische Effekte verstärken das Problem, u. a. die Aufmerksamkeitsillusion (28). Diese besagt, dass wir Dinge außerhalb unseres Aufmerksamkeitsfokus schlechter wahrnehmen. Das bedeutet nicht, dass Checklisten grundsätzlich schlecht sind. Wir müssen uns nur immer wieder bewusst machen, dass diese nicht allumfassend sein können. Mittel, um den Effekt abzumildern, sind in der Konzeption der Gefährdungsanalyse, wie im entsprechenden Facheinschub beschrieben, teilweise enthalten: die Auswertung von Medienberichten oder Szenarioanalysen. Regelmäßig ist das Gespräch über mögliche blinde Flecken ein hilfreiches Mittel.

Dobelli beschrieb auch eine Lösung für ein solches Dilemma, die Prüfung von Absenzen[66]. In diesem Fall wären das die bisher nicht erkannten Betrugsfälle, wenn es denn wirklich welche gab. Zumindest benötigte sie erst einmal Daten. Je mehr, desto besser.

Wieland hatte viele Fälle zusammengetragen. Nur leider war der Großteil schon so alt, dass die Daten dazu nicht mehr elektronisch verfügbar sein würden. Über das Risikomanagement würde sie problemlos Daten zu allen Ausfällen bekommen, da müssten die angenommenen Betrugsfälle enthalten sein. Die Schadensfallsammlung von OpRisk wäre schon ein weiterer Baustein und schließlich konnte es nicht schaden, diejenigen einzubinden, die sich für zuständig hielten. Eine Markierung für Fraud nach ihrer Definition konnte in den Datenbanken allerdings nicht stehen. Kaya beschloss, dem Kollegen Liebmann einen Besuch abzustatten. Ihr war noch im Gedächtnis, dass Frau Müller auch deswegen in der Abteilungsleiterrunde gescheitert war, weil Herr Liebmann sich nicht eingebunden gefühlt hatte. Tatsächlich hatte sie noch nichts wirklich Positives über ihn gehört.

Hermann Liebmanns Büro lag im 25. Stock, etwas abseits. Die Tür zu seinem Büro war verschlossen. Auf ihr Klopfen hörte sie ein knurriges »Herein!«.

Sie betrat ein sonniges Eckbüro, das nach Südosten ausgerichtet war. Auf der linken Seite standen eine Couch und ein Sessel, dazwischen ein kleiner Tisch auf einem flauschigen Teppich. Gegenüber ein Schreibtisch, der bis auf mehrere benutzte Espressotassen sehr aufgeräumt wirkte. Rechts neben dem Schreibtisch war ein kleines Sideboard platziert. Auf dem Schränkchen standen eine Espresso-Kapselmaschine und ein kleiner Roulettekessel in einem hübschen Holzkasten. Hinter seinem Schreibtisch thronte Herr Liebmann in einem großen Ledersessel. Das Büro und die Einrichtung waren wirklich schön. Dagegen wirkte Markus Büro ziemlich spartanisch. Wie bekam man als Abteilungsleiter so ein Büro?

Hermann Liebmann war Mitte Fünfzig und hatte ein deutliches Wohlstandsbäuchlein. Die vollen Haare waren grau, nach hinten gekämmt und mit Gel gebändigt. Der Schlips war farblich perfekt abgestimmt auf das dezent gestreifte Hemd. Unter den Ärmeln des dunkelblauen Jacketts schauten goldene Manschettenknöpfe hervor. Er hatte seine Beine unter dem Tisch übereinandergeschlagen. Auch die Schuhe sahen edel aus. Das Bild eines wichtigen Mannes. Zumindest dem Äußeren nach wirkte Herr Liebmann wie ein altertümlicher, hanseatischer Kaufmann.

---

66 Das Fehlen, Nichtvorhandensein von etwas.

Er sah sie fragend und mit durchdringendem Blick an. Kaya fühlte sich unbehaglich.

»Guten Tag, Herr Liebmann.« Kaya legte so viel Wärme in ihre Stimme, wie sie aufbringen konnte. »Mein Name ist Kaya Cazadora. Wir hatten noch nicht die Chance uns kennenzulernen.«

Durch Herrn Liebmann schien ein kleiner Ruck zu gehen. Er schloss seinen silberfarbenen Laptop, bevor er entgegnete: »Aha, die Frau Unternehmensberaterin. Wühlt sich hier kreuz und quer durch die Zuständigkeiten. Und jetzt sind Sie hier bei mir. Was wollen Sie denn bitte?«

Das würde unangenehmer werden, als sie erwartet hatte. Der Chef schien noch schlimmer als die Mitarbeiterin zu sein. Ohne sich einschüchtern zu lassen, fuhr Kaya fort: »Ich bin mehr durch Zufall in die Betrugsprävention geraten und habe schon mit einigen Leuten darüber gesprochen.«

»Mit wem?«

Jetzt wirkte er zumindest interessiert.

»Zunächst einmal mit Frau Müller von Compliance. Dann auch mit Herrn Meier von der Beitreibung. Auch mit Frau Schulze aus Ihrer Abteilung.«

»Na, Sandra anzusprechen hätte ja auch gereicht!« Seine Stimme wechselte in einen freundlichen Ton. »Wir sind ja schließlich das Competence-Center für dolose Handlungen[67].«

Er stand auf und schritt um seinen Schreibtisch herum. »Frau Cazadora, nehmen Sie doch bitte auf der Couch Platz.«

Der Sessel stand mit dem Rücken zum Fenster, durch das die Sonne schien. Er ließ sich breitbeinig darin nieder. Sie setzte sich aufrecht auf das Sofa. Die Sonne, die ihr nun ins Gesicht schien, irritierte sie. Kaya musste blinzeln, als sie Herrn Liebmann bei der Wiederaufnahme des Gesprächs ansah. »Frau Schulze hat viel darüber erzählt, dass Sie in OpRisk sehr aktiv sind. Wie Sie Fälle bewerten und Reports erstellen. Sie hat mir auch Zahlen genannt, die sehr bemerkenswert sind. Ich frage mich nur, ob man nicht noch viel mehr machen könnte.«

---

67 Lat. vorsätzlich, arglistig. Vorsätzliche Handlung zum Schaden des Unternehmens.

Hermann Liebmann lächelte zum ersten Mal. »Wissen Sie, in so einem großen Unternehmen pfuscht immer irgendjemand in die eigenen Themen hinein. Dabei ist doch klar«, er gestikulierte mit dem linken Zeigefinger, »dass Betrug OpRisk ist und damit in meiner Verantwortung. Auf einmal kommt Compliance und wedelt mit dem 25c, dann höre ich, dass der Lang Sie auf das Thema ansetzt. Das ist doch einfach nur ineffizient.«

Kaya spürte wieder seinen eindringlichen Blick. Das kurze Lächeln auf dem Gesicht ihres Gegenübers war bei der Erwähnung von Markus wieder verschwunden.

Sie formulierte ihre Antwort vorsichtig. »Geplant ist, dass ich projekthaft unterwegs bin und im Prinzip im gesamten Risikomanagement unterstütze. Hier hat sich eine gute Chance für eine Zusammenarbeit der verschiedenen Abteilungen angeboten.« Sie versuchte eine andere Sitzposition, konnte der Sonne aber nicht ausweichen.

»Und wie ist Ihre Meinung dazu?« Das Lächeln kehrte auf Liebmanns Gesicht zurück.

»Ich bin noch in der Bestandsaufnahme, Herr Liebmann. Auch mir ist aufgefallen, dass es viele Verantwortlichkeiten quer durch die Bank zu geben scheint. Irgendwie hat auch jede seine Berechtigung. Eine richtige Antwort habe ich noch nicht.«

»Und was hat Ihnen der Meier aus der Beitreibung erzählt?«

»Sie meinen den Weißmüller?«, antwortete Kaya. Sie rang sich ein verschmitztes Lächeln ab und musste dabei an ihre erste Begegnung mit Wieland in der Kantine denken.

Hermann Liebmann stutzte, fing schließlich an zu lachen und klopfte sich auf die Schenkel. »Sie machen mir Spaß, Frau Cazadora. Ja wirklich, Weißmüller passt gut. Ist mir noch nie aufgefallen.« Er lachte erneut. »Aber ein ziemlich gealterter.« Er rutschte auf seinem Sessel nach vorn und beugte sich zu ihr.

»Ich kenne ihn schon ziemlich lange. Damals war ich in Leipzig noch einfacher Kreditspezialist. Sie können sich natürlich nicht an die Zeit erinnern. Damals haben wir geklotzt, nicht gekleckert. Das Geschäft mit dem Aufbau Ost lief gut. Der Meier war immer ein Bremser. Hat uns allen das Leben schwer gemacht. Dabei war wirklich genug für alle da.« Liebmann machte eine Pause. Er schien in Erinnerungen zu versinken. »Na ja, deswegen sind Sie ja nicht hier. Was brauchen Sie denn von mir, damit Sie sich die richtige Meinung bilden?«

Damit war das Eis wohl gebrochen. »Die Betrugsfälle aus der OpRisk-Datenbank wären ein guter Anfang.« Kaya beugte sich ebenfalls etwas vor und saß dadurch im Schatten von Herrn Liebmann.

»Einverstanden, Frau Cazadora. Sprechen Sie Sandra an. Die Daten können Sie bekommen. Ich habe jeden Betrugsfall in meiner Datenbank. Und was da nicht drinsteht, ist auch nichts Strafbares, egal, was Ihnen andere erzählen. Hier versucht doch irgendwie jeder, Sherlock Holmes zu spielen.« Sie verzichtete auf eine Antwort.

Nach einer kurzen Pause erhob er sich: »Eine Hand wäscht die andere. Berichten Sie mir von Ihren Aktivitäten und Fortschritten. Ich bin ja auch im Risikomanagement.« Er sah sie jetzt freundlich an und reichte ihr die Hand zum Abschied.

Kaya nickte, stand auf und bedankte sich. Als sie schon fast aus dem Zimmer war, richtete Herr Liebmann noch eine Frage an sie: »Ach, Frau Cazadora. Hat Ihnen der Meier seinen Ordner gezeigt?« Kaya drehte sich um.

»Den lese ich gerade. Ganz interessant. Auf Wiedersehen und nochmals vielen Dank.«

Kaya schloss die Tür hinter sich und atmete durch. Sie hatte erreicht, was sie wollte. Sie bekam Zugang zur Datenbank, hatte sich Herrn Liebmann vorgestellt und vielleicht sogar ein paar Punkte machen können. So schlecht fand sie ihn gar nicht. Sie konnte verstehen, dass er missmutig war. Bei so einem großen Unternehmen war immer viel Politik im Spiel und gerade versuchten verschiedene Abteilungen, etwas von seinen gewachsenen Befugnissen zu bekommen.

Da Frau Schulze nur zwei Büros weiter saß, ging Kaya direkt vorbei. Nach einem kurzen Small Talk richtete ihr Frau Schulze einen direkten Zugriff zur OpRisk-Datenbank ein. Die Rechte mussten nur noch über Nacht eingespielt werden.

Der nächste Punkt ihrer Aufgabenliste war ein Besuch bei Frau Müller von Compliance. Kaya sehnte sich nach Bewegung und nahm die Treppe. Mit den flachen, bequemen Schuhen tat das Laufen gut. Die 13 Stockwerke im Treppenhaus halfen, ihre Gedanken zu ordnen. Anders als in den Aufzügen war sie hier für sich allein.

Etwas außer Atem betrat sie das Büro. »Hallo Frau Müller«, schnaufte sie. »Haben Sie einen Moment für mich Zeit?«

Frau Müller hob den Blick von ihrem Schreibtisch, auf dem mehrere Ausdrucke von Präsentationen lagen. »So eilig, Frau Cazadora? Sicherlich. Einen Augenblick Ablenkung kann ich gebrauchen. Ziehen Sie sich doch den Stuhl heran.« Sie seufzte. »Herr Liebmann hält mich auf Trab. Ich muss die Präsentation für Risk überarbeiten. Wissen Sie«, sie seufzte erneut, »ich bin nicht der PowerPoint-Typ. Ich arbeite lieber an etwas Handfestem. Konzepte oder Fälle analysieren.«

»Ein bisschen Sherlock Holmes spielen?« fragte Kaya.

»Ja genau. Das fasziniert mich. Schauen Sie mal.« Sie zog ein Blatt Papier aus einem Stapel Unterlagen heraus. Darauf waren Kreise mit Namen zu sehen, die teilweise mit Linien verbunden waren. So entstand eine netzartige Übersicht, die Zusammenhänge aufzeigte. Die Linien hatten verschiedene Farben.

»Das ist ein Versuch, unseren Rossi-Fall übersichtlicher darzustellen. Insbesondere, wer an wen überwiesen hat. Es ist ziemlich umständlich, aber für die Analyse hilfreich. Die Farben stehen für Adresse, Telefonnummern und so weiter.«

Der Rossi-Fall. Das war ja der Ursprung gewesen.

»Hat er sich endlich erwischen lassen?« Kaya war tatsächlich neugierig.

»Nein, leider nicht. Aber ich habe mir mal die Kontobewegungen angeschaut. Vor dem Eingang der 30.000 war vier Wochen lang Ruhe. Eine ganz normale Kontoführung. Doch davor kamen drei Zahlungseingänge über insgesamt 15.000 Euro von drei anderen Banken. Sehen Sie hier? Ein Teil des Geldes wurde in der Woche verfügt, als wir uns kennenlernten. Da muss doch ein System dahinterstecken.«

Sie fuhr sich mit der Hand über die Stirn. »Leider habe ich nicht wirklich Zeit, mich damit zu beschäftigen.« Wieder ein Seufzen.

Kaya hakte nach. »Ein interessanter Fall. Wäre es okay, wenn ich mir den mal genauer anschaue? Zugriff auf die Kontodaten habe ich. Dafür sitze ich ja im Risikomanagement.«

Frau Müller schaute sie prüfend an. »Gern, Frau Cazadora. Vielleicht hilft das ja Ihrem kollektiven Gedächtnis. Aber halten Sie mich auf dem Laufenden.«

Kaya stutzte, Frau Müller lachte. »Das hat mir Wieland heute früh direkt erzählt. Ich war ein paar Minuten in seinem Büro.«

Kaya meinte nun, ganz leicht den Geruch von Wielands Pfeife wahrnehmen zu können.

Nach einer kleinen Pause fuhr Frau Müller fort: »Ich glaube, Sie tun uns gut hier. Enttäuschen Sie uns nicht.«

Kaya war verblüfft. Sie hatte nicht damit gerechnet, dass sie schon Flurgespräch war.

Auf ihre Frage nach weiteren Fällen öffnete Frau Müller eine Excel-Tabelle mit Verdachtsfällen, die nach ihrer Aussage nicht in der OpRisk-Datenbank standen.

Auf Kayas Frage antwortete Frau Müller mit einem warmen Lächeln.

»Es ist ja schon ziemlich auffällig, dass in der OpRisk-Datenbank so wenig drin ist. Also hab ich mir mal den Meldeprozess angesehen, und siehe da, Verdachtsfälle werden nicht nur an OpRisk gemeldet, sondern auch an die Kollegen von der Geldwäsche. Und die löschen gar nichts. Oft wird bei einem Betrugsfall auch Anzeige wegen Geldwäscheverdachts gestellt, es geht aber fast immer eine Meldung raus. Leider sind das nur Bestandskunden, aus dem Antragsbereich gibt es nichts. Aber immerhin ist der doppelte Meldeprozess mal für was gut.« Sie blickte zu Kaya, während sie blind tippend die E-Mail mit der Datei versandte. »Den Prozess wollte Herr Liebmann ändern, weil er so ineffizient sei. Er hatte auch schon ein ›Okay‹ von der Geschäftsführung. Dann wären alle Meldungen über seinen Tisch gegangen und nur noch mit königlicher Erlaubnis weitergegeben worden. Aber da hat er die Rechnung ohne die Kollegen von der Geldwäsche gemacht. Die haben den Spieß umgedreht und angeboten, dass erst einmal alles über sie läuft. Rechtlich ist Geldwäsche nicht auszubooten. Und voila, Herr Liebmanns Effizienzprojekt wurde wunderbarerweise aufgegeben.«

Kaya lief auch die zwei Stockwerke zurück in ihr Büro. Als sie an die Tür kam, sah sie einen Mann, der sich, von ihr abgewandt, über ihren Schreibtisch gebeugt hatte. Wer war das? Untersetzte Gestalt, blaues Jackett, die grauen Haare nach hinten gekämmt. Das war Herr Liebmann. Kaya war sprachlos.

Er schien sie gehört zu haben, denn er drehte sich um. In seiner Hand hielt er den Ordner von Wieland. Kaya hatte ihn unter einem Stapel anderer Dokumente auf dem Schreibtisch liegen lassen.

»Frau Cazadora. Ich hatte gehofft, Sie direkt anzutreffen. Wo waren Sie denn?«

Er schien keine Schuldgefühle zu haben. Kaya war schockiert, dass er einfach auf ihrem Schreibtisch rumgewühlt hatte.

»Kann ich Ihnen irgendwie helfen?«

»Den Ordner hier nehme ich mal mit. Vielleicht ist der ein oder andere Fall drin, den ich noch nicht kenne. Schließlich soll ja die OpRisk-Datenbank vollständig sein.« Der Ton ließ keine Widerrede zu. Etwas freundlicher fuhr er fort:

»Sie haben vorhin erzählt, dass Sie spannende Aufgaben im Risikomanagement suchen. Vielleicht habe ich ein interessantes Projekt für Sie. Haben Sie nicht Lust?«

Nun rang Kaya endgültig um ihre Fassung. »Herr Liebmann, ich weiß nicht…. was soll ich sagen? Den Ordner habe ich persönlich ausgeliehen und bringe ihn auch persönlich zurück. Versprochen ist versprochen.« Sie merkte, dass ihre Stimme etwas zitterte »Und gerade habe ich für Herrn Lang zu tun. Perspektivisch können wir uns aber gern mal drüber unterhalten.«

»Worüber?« Markus Lang sah durch die Tür.

»Ach nichts«, entgegnete der gewichtige Kollege. »Ich wollte mir nur den Ordner abholen.«

Kaya blickte hilfesuchend zu Markus, der ins Zimmer getreten war. Anscheinend hatte er den Wortwechsel mitbekommen.

»Hermann, den Ordner kannst Du doch ein anderes Mal mitnehmen.« Markus nahm Hermann Liebmann den Ordner aus der Hand und legte ihn auf den Schreibtisch zurück. »Ich brauche Dich für ein paar Minuten. Wir müssen eine Anfrage aus dem Markt wegen Deines OpRisk-Modells diskutieren. Komm, ich geb Dir einen Espresso aus.« Markus schob den verblüfften Mann aus ihrem Büro.

Kaya atmete auf. Sie sortierte die Unterlagen auf ihrem Schreibtisch. Es schien nichts zu fehlen. Die gestapelten Dokumente schob sie in ein Sideboard. Dann ging sie mit dem Ordner zu einem der Multifunktionskopierer und scannte die Seiten. Die Datei wurde ihr automatisch zugesandt. Den Ordner schloss sie mit den Unterlagen ein. Bei der nächsten Gelegenheit würde sie ihn Wieland zurückgeben.

Markus Lang war allein, als sie wenig später zu ihm ging. Sein Büro ähnelte ihrem, war aber mit der Einrichtung eines Abteilungsleiters ausgestattet. Ein Schreibtisch, ein halbrunder Tisch mit zwei Stühlen, ein Sideboard und ein Schrank. Die Fenster zeigten nach Norden. Davor stand ein Flipchart. Im Gegensatz zu Liebmanns Büro wirkte es arbeitsam und war mit den Fotos an den Wänden trotzdem persönlicher. Auf einigen war Markus Lang zu sehen: Mit schwerem Rucksack vor einem Gletschermassiv, mit einem Paddel in der Hand vor einem Kajak, lachend auf Wasserskiern.

»Setz Dich erst einmal.« Markus sah sie beruhigend an.

Kaya setzte sich.

»Espresso? Ich mache Dir gleich einen Doppio. Oder bist Du dafür zu aufgeregt?«

»Danke, Markus. Für den Kaffee und vor allem für vorhin«, entgegnete Kaya. »Was war das denn?«

»Keine Ahnung. Ich habe nur Euer Gespräch mitbekommen und dachte, dass ich mal eingreife, bevor Du explodierst. Was ist denn so Wichtiges in dem Ordner?«

Kaya gab Markus einen kurzen Überblick über den aktuellen Stand. Über den Besuch bei Wieland Meier in der Beitreibung und das Versprechen, auf seinen Ordner aufzupassen. Die Gespräche mit Herrn Liebmann und Birgit Müller von Compliance. Dass sie hoffentlich bald eine vernünftige Datenbasis zusammen hatte und sich nun um den Business Case kümmern konnte. Und dass Herr Liebmann ihr ein indirektes Angebot gemacht hatte.

Markus wirkte nachdenklich. Er bat sie, den Vorfall nicht zu ernst zu nehmen. Schließlich sei bekannt, dass Hermann Liebmann ab und zu mal komisch wäre. Aber er wies sie auch noch einmal auf die Clean-Desk-Policy[68] hin und bat sie darum, ihre Unterlagen einzuschließen.

Am nächsten Morgen saß Kaya um acht Uhr dreißig bereits beim zweiten Kaffee in ihrem Büro. Sie hatte schlecht geschlafen und war wieder früh zur Arbeit gekommen. Trotzdem konnte sie sich nicht gut konzentrieren. Der Vorfall mit dem Ordner ließ sie nicht los.

Der Zugang zur OpRisk-Datenbank funktionierte. Sie suchte nach Betrug, filterte dann feiner nach Kreditbetrug und lud die Daten in ihr Verzeichnis. Sie sichtete ihre Sammlung und brachte alle Daten in ein einheitliches Format.

Die Liste, die Birgit Müller von der Geldwäscheabteilung erhalten hatte, war leider komplett anders aufgebaut. Es kostete Kaya den ganzen Tag, fehlende Informationen herauszusuchen, zu ergänzen und beide Datensätze zusammenzuführen.

---

68 Typische Richtlinie in sicherheitsrelevanten Bereichen, die besagt, dass keine Unterlagen unverschlossen ohne Aufsicht herumliegen dürfen.

Erwartungsgemäß waren die Daten von Wieland am schwierigsten aufzubereiten. Es gab kaum noch Informationen zu Fällen, die älter als fünf Jahre waren. Außerdem waren die alten Kontonummern teilweise bereits an neue Kunden vergeben worden. Nach einigen Versuchen, ältere Daten zu ergänzen, beschränkte sie sich darauf, nur vorhandene Informationen zu übernehmen. Immerhin hatte Wieland ihr die Excel-Liste der Fälle mit den wichtigsten Datenfeldern geschickt.

Eigentlich sollten die Listen von Frau Müller und Wieland vollständig in der OpRisk Datenbank abgebildet sein. Aber bereits bei der Zusammenstellung der Daten sah sie, dass dies nicht der Fall war. Vor allem Fälle neueren Datums fehlten in der OpRisk-Datenbank. Und schon auf den ersten Blick wirkten einzelne Feldinhalte unstimmig.

Datenqualität

Kritischer Ausgangspunkt einer jeden Analyse ist die Datenqualität. Neben technischen Problemen wie der einheitlichen Befüllung von Datenfeldern mit sinnvollen Informationen sind Fehler und bewusste Fehleingaben bei semantisch und logisch ungeprüften Feldern die Regel.

Fehler in Personendaten basieren auf einer schwachen Erfassung im Antragsprozess. Gerade im vermittelten Geschäft, zum Beispiel am POS[69], geben Mitarbeiter der Finanzierungspartner Daten häufig falsch ein. Neben Rechtschreibfehlern sind Dummys[70] und Ersatzdaten gängig, z. B. die Telefonnummer der Filiale statt der des Kunden. Der Grund sind meistens nicht betrügerische Absichten, sondern das Umgehen gefühlt unpraktischer Prozesse. Fehlende Prüfungen von Kundenaussagen sind teilweise ökonomisch bedingt, da sich eine Prüfung einfach nicht lohnt. Auch wird befürchtet, dass Kunden den Prozess abbrechen, wenn zu viele Unterlagen angefragt werden.

Betrüger nutzen im Mengengeschäft dieses Problem gezielt aus. Üblich sind Umstellungen und veränderte Schreibweisen von Namen, die Angabe von veralteten Adressen, Zahlendreher, leichte Veränderungen des Geburtsdatums usw. Ob es sich dabei um echte Fehler oder abgestimmte Fehleingaben handelt, lässt sich kaum ermitteln.

---

69 POS = Point of Sale, Verkaufsort einer Ware, z. B. von Autos oder Elektronik.
70 Nachvollziehbare oder abgestimmte Daten, die als Platzhalter verwendet werden.

Durch die Betrugsprävention wird der Druck auf eine Verbesserung der Datenqualität stark genug, um die Erfassungsprozesse nachhaltig zu beeinflussen. Dies beruht vor allem auf drei Einflussfaktoren:

- Für die Betrugsprävention ist die Qualität von Personendaten zur Erstellung von Referenzregeln[71] von entscheidender Bedeutung. Von diesen Daten werden außerhalb der Prävention meist nur die Adresse und die Kontaktdaten in Marketing und Beitreibung genutzt. Beide Bereiche haben nur wenig Einfluss[72] auf die Antragsprozesse.
- In der Prävention typische Regeln filtern bereits in Vorstudien fehlerhaft erfasste Daten aus. Das Ausmaß der Fehler wird dadurch erstmals wirklich sichtbar.
- In Tabellen aus Ausfall- und Dunkelfeldanalysen[73] sind für einen Menschen Fehler sofort augenscheinlich. Es entsteht bei vielen Beteiligten ein Aha-Effekt, wenn klar wird, dass offensichtlich fehlerhafte Datensätze nicht geprüft wurden[74].

Die Datenqualität kann durch Plausibilisierungsregeln bereits im Erfassungsprozess verbessert werden. Dies ist sinnvoll, wenn es z. B. um den Ausschluss von Sonderzeichen, der logischen Korrektheit von Telefonnummern oder E-Mail-Adressen geht. Bei anderen automatisierten Korrekturmaßnahmen entsteht ein Spannungsfeld: Die Häufigkeit von Fehleingaben selbst ist für die Betrugsprävention ein interessanter Indikator. So ist es möglich, dass sich ein Betrüger durch leichte Veränderung der Antragsdaten sukzessive an eine Kreditgenehmigung »heranarbeitet«. Sollen daher automatische Adresskorrekturen oder Prüfungen von Konto- oder Ausweisnummern[75], Ausstellungsdaten[76] usw. eingesetzt werden, sind zumindest ein Zähler für die Fehleingaben auf Feldebene und die Speicherung der Ursprungswerte[77] zu empfehlen.

---

71 Siehe Facheinschub Regeln zur automatisierten Detektion.
72 Zielführend ist die Implementierung einer Rückmeldung vom internen oder externen Inkasso über Korrekturen, Adressveränderungen und die Erreichbarkeit des Kunden (als Betrugsindikator in der Dunkelfeldanalyse).
73 Siehe Facheinschub Dunkelfeldanalyse.
74 Diese Sichtanalyse der Datensätze ist immer zu empfehlen.
75 Prüfziffern, Ausstellende Behörde zu Behördenkennziffer.
76 Nicht Samstag, Sonntag oder Feiertag, nur existente Daten.
77 Beliebt ist das Hochzählen der letzten Stelle einer Kontonummer, um die Prüfziffer zu ermitteln.

Die Implementierung einer zusätzlichen manuellen Prüfung der eingegebenen Personendaten ist selten ein effektives Mittel. Eine Mitarbeiterschulung, die auf typische Fälschungsmuster aufmerksam macht, ist dagegen wirksam. Gerade bei vermuteter Kollusion sind Stichproben sinnvoll[78]. Sanktionen bei schlechter Datenqualität lassen sich nur eingeschränkt durchsetzen[79], gute Erfahrungen bestehen mit Bonussystemen für hohe Qualität oder Hinweise auf Auffälligkeiten.

Vor einer automatisierten Prüfung sollten die Daten normalisiert werden. Dabei werden fehlerhafte Zeichen gelöscht oder umgewandelt, Umlaute aufgelöst, nicht vermeidbare Sonderzeichen und Abkürzungen vereinheitlicht. Bei standardisierter Abfrage einer Auskunftei bei allen Neukunden ist es eine einfache Methode, den durch die Auskunft normalisierten Datensatz zu nutzen. Auskunfteien verfügen i. d. R. über qualitativ gute Normalisierungsalgorithmen.

Im Gegensatz zu den diskutierten eher statischen Personendaten sind Verhaltensdaten qualitativ hochwertiger, da diese aus automatisierten Systemen stammen. Inkonsistenzen und Fehler sind auf Systemzusammenführungen oder auf Unterschiede verschiedener Quellen zurückzuführen und können entweder sehr einfach oder gar nicht korrigiert werden.

Facheinschub 8: Datenqualität

Ihr Outlook meldete einen Termin in fünfzehn Minuten. Markus hatte ihn eingestellt. Die Betreffzeile lautete »Business Case«. Kaya hatte fast zwei Tage mit ihren Daten verbracht und darüber das Ziel vergessen.

---

[78] D. h. Kopien der Originalunterlagen werden nach einem Zufallsprinzip angefordert. Bei höheren Fehlerquoten kann die prozentuale Anforderung erhöht werden.
[79] Nicht-monetäre Sanktionen sind häufig einfacher: Eine schlichte Rückgabe mit dem Hinweis auf den Fehler und die Verpflichtung zur Korrektur schafft beim Erfasser Aufwand und löst einen Lerneffekt aus.

7. Licht ins Dunkel – Dunkelfeldanalyse

Markus Lang war nicht da, aber sein Büro war offen. Kaya trat ein. Auf dem Schreibtisch lag ein Katalog mit Expeditionsreisen. Als sie danach griff, ertönte eine Stimme hinter ihr.

»Guten Morgen!«

Sie zuckte zusammen, als der Eigentümer hinter ihr hereinkam.

»Entschuldige Markus, ich wollte nicht stöbern.«

»Schon klar. Du bist ja nicht aus OpRisk. Setz Dich ruhig.« Er klang ernst und hielt ihr einen Pappbecher hin, einen zweiten in der anderen Hand haltend.

»Lust auf Cappuccino? Die habe ich gerade vom Coffeeshop um die Ecke geholt. Angebot 2 für 1.«

»Ja, gern. Danke.« Wieder ein Punkt für Markus.

»Hast Du das Treffen mit Herrn Liebmann verdaut?«

»Es geht schon«, antwortete Kaya. »Ich kann mir nur noch keinen Reim darauf machen. Seltsam war es auf jeden Fall.«

Markus musterte sie. »Das stimmt. Mach Dir nicht zu viele Gedanken.«

Kaya nahm einen Schluck aus ihrem Becher und sah ihn verwundert an.

Markus ernster Gesichtsausdruck wich wieder seiner üblichen Heiterkeit. »Der ist mit Schokosirup. Schokolade macht glücklich.«

Kaya schilderte, wie weit sie mit ihrer Fallsammlung gekommen war. Markus saß einen Augenblick reglos da und wippte dann im Bürostuhl nach hinten. Kaya kannte die seltene Geste und wartete einfach ab. Nach einem Moment wippte er wieder nach vorn und begann augenblicklich, auf seinen Computer einzutippen. Nur Sekunden später hatte er gefunden, woran er sich erinnern wollte. Markus hatte ihr die Begabung kurz geschildert, als sie ihn das erste Mal in dieser Pose auf dem Stuhl gesehen hatte: Hatte er einmal etwas gesehen, konnte er diesen Gedanken wie an einem Gummiband wieder aus seinem Gedächtnis ziehen. Das Wippen des Stuhls gehörte zum Ritual und war wie das Auswerfen einer Angelschnur.

»Ich habe vor einiger Zeit einen Vortrag gehört. Da gab es ein paar allgemeine Zahlen.« Er öffnete eine Präsentation. »Außerdem wurden ein paar Benchmarks genannt.« Kaya konnte von ihrem Platz auf seinen Bildschirm schauen. Sie sah ein paar Tabellen zum deutschen Kreditvolumen.

Das Gesamtvolumen der Ratenkredite in Deutschland belief sich auf ungefähr 130 Milliarden Euro. Der Vortragende hatte daraus ein jährliches Neugeschäft von 40 Milliarden abgeleitet. Außerdem liefen rund 18 Milliarden Euro an Dispositionskrediten[29]. Für private Baufinanzierungen[29] wurden neue Abschlüsse von jährlich 100 Milliarden[80] Euro benannt.

Parallel blendete Markus eine zweite Präsentation auf. Die gleiche Veranstaltung, ein anderer Redner. Die Folie zeigte Schätzungen über Verdachtsfälle und nachgewiesene Ausfälle wegen Betrug in verschiedenen Produkten[81]. Die geringsten angegebenen Risiken gab es im Wertpapierbereich. Für Baufinanzierungen wurden 0,1-0,5% angegeben, dann stiegen die Werte über Kreditkarten, Girokonten, Ratenkredite und Autofinanzierungen bis auf 0,20-1% an[82]. Es folgten gesonderte Kategorien für Anlagekonten und Großschäden. Außerdem wurden Vergleichszahlen aus Großbritannien genannt, die in der gleichen Bandbreite lagen[30].

»Wow, klasse.« Genau das, was sie brauchte. »Mit den Zahlen können wir eine Rechnung aufmachen.« Sie trat ans Flipchart, schrieb die Zahlen auf und rechnete kurz im Kopf. »In Deutschland sind danach jährlich allein ein Ratenkreditvolumen von 260-650 Millionen[83] und Baufinanzierungen von 100-500 Millionen betrügerisch erschlichen worden. Beeindruckend.«

»Nicht ganz. Hier wird auch von Verdachtsfällen gesprochen, also muss es kein Ausfall sein. Außerdem ist es eine Frage der Definition, wie Du ja selbst festgestellt hast. Aber lass uns das mal für uns abschätzen.«

Markus stöberte in seinen E-Mails und öffnete schließlich den letzten Quartalsreport der Bank. »Wenn wir konservativ rechnen, kommen wir allein bei den Baufinanzierungen auf über 10 Millionen Euro Schaden in unserem jährlichen Neugeschäft. Und bei den Konsumentenkrediten[84] ist es mindestens genauso viel.«

---

80 Die Zeitreihen weisen ein Baufi-Neuvolumen von ca. 200 Mrd. Euro p.a. aus. Hier wird die Annahme getroffen, dass die Hälfte davon Prolongationen sind.
81 Für das Mengengeschäft sind Zahlen aus Deutschland rar. Unsere Schätzungen basieren auf eigenen Erfahrungen und Gesprächen mit Kollegen. Die große Bandbreite erklärt sich aus den sehr unterschiedlichen Produktprozessen und der nicht einheitlichen Betrugsdefinition.
82 Bei der Einführung neuer Produkte kommt es zeitweise zu höheren Ausfällen (Lernphase). Nach unserer Erfahrung setzt bei gesunden Prozessen spätestens ab 0,5% Ausfall im Neugeschäft ein Erkenntnisprozess ein, der zu Gegenmaßnahmen führt. Das Betrugsaufkommen wird dadurch in einen akzeptablen Bereich reduziert. Selten werden Produkte in diesem Stadium sogar aufgegeben, weil befürchtet wird, die Ausfälle nicht eindämmen zu können. Dies passiert häufiger, wenn die Ausfälle nicht als Betrug erkannt werden.
83 Ausgehend von 0,25-0,5%.
84 Kredite an private Haushalte ohne Baufinanzierungen und Leasing. Sprachlich werden innerhalb der Banken häufig Dispositionskredite, Autofinanzierungen und Point-of-Sale-Finanzierungen abgegrenzt.

Kaya trat vom Flipchart zu Markus und sah mit auf seinen Bildschirm. »Wieland hatte schon gemeint, dass die Zahlen deutlich höher sein müssten als von OpRisk angenommen. Aber die haben nur zwei große Fälle mit zusammen über sechs Millionen und sonst fast nichts.«

»Wieland?«, fragte Markus. »Ihr seid schon beim Du?«

»Sind wir. Das hat er mir angeboten.«

»Da kannst Du Dir was drauf einbilden. Der ist damit ziemlich zurückhaltend.« Markus hatte einen spitzbübischen Gesichtsausdruck. Einen Moment schien es so, als würde er noch einen Kommentar bringen, doch dann wurde er wieder ernst. »Nach der Präsentation ist das hier nur das übliche Grundrauschen, Großschäden sind getrennt angesetzt.«

»Dann ist die Frage, warum unsere 20 Millionen nirgends auftauchen.«

Die beiden schwiegen.

»Weißt Du«, eröffnete Markus neu, »unsere Hochrechnung ist ja ganz nett. Sie nützt uns nur nicht viel. Wir brauchen belastbare Zahlen für unser Haus. Mit nationalen Durchschnittswerten werden wir von jedem Gremium abgebügelt. Alle werden meinen, unsere Prozesse seien einfach besser als die der Konkurrenz und unsere Schäden deshalb geringer. Wir müssen etwas auf unseren eigenen Daten aufbauen. Aber warte mal!«

Markus griff zum Telefonhörer. »Gib mir noch eine Minute.«

Er wählte eine gespeicherte Rufnummer. »Hallo Sören, Markus hier. Nur eine schnelle Frage. Wir versuchen, belastbare Zahlen zum Thema Fraud bei Ratenkrediten und Baufinanzierungen zu ermitteln. Kannst Du uns da weiterhelfen?«

Nach einem kurzen Gespräch verabschiedete sich Markus und legte auf. »Sören kennt auch niemanden. Er meint, Betrugsanalyse im Mengengeschäft sei mehr im Online-Handel gängig. Aber er meldet sich bei Dir, wenn ihm etwas einfällt.«

Sie diskutierten noch eine Weile, wie man vorgehen könnte. Dann verabschiedete Markus Kaya mit der Bitte, einen einfachen Business Case zu entwerfen. Und er betonte, dass er wirklich einfach meinte. Für manche Kollegen konnten Wirtschaftlichkeitsbetrachtungen nicht ausführlich genug sein. Im Laufe von Projekten wucherten die Excel-Sheets manchmal wie Blätter im

Regenwald[85]. Aber das war hier zum Glück nicht gefragt und damit war eines von zwei Problemen schon einmal gut zu lösen. Die schwierigere Frage war, wie sie die dazugehörigen Zahlen berechnen sollte. Sie brauchte etwas Handfestes. Wieder im Büro rief sie kurzentschlossen Kurt an.

Bereits beim ersten Läuten meldete sich eine sonore Stimme.

»Katholische Partnervermittlung, Beichtmann am Apparat.«

Kaya brauchte einen Moment, um zu reagieren. »Kurt!«

Er lachte. »Ja, der ist zu haben. Rufst Du wegen des Abendessens an?«

Das hatte Kaya glatt vergessen. »Nicht direkt. Aber vielleicht können wir das mit einem anderen Gegendienst kombinieren?«

In der Stimme schien etwas Enttäuschung mitzuschwingen. »Was kann ich denn für Dich tun?«

Kaya schilderte ihr Problem mit dem Business Case.

»Da hab ich eine Idee. Kann ich Dich morgen zurückrufen?« Kurts professioneller Ton war wieder zurück.

»Natürlich.«

»Alles klar. Ich habe hier gerade einen Berater im Haus, den versuche ich für eine halbe Stunde loszueisen. Das Gespräch wird dann allerdings auf Englisch sein.«

In ihrem Lebenslauf hatte Kaya stehen, dass sie Englisch verhandlungssicher beherrschte. Und den kannte Kurt aus dem Projekt. Ihr Englisch war auch nicht ganz schlecht, aber für so ein Gespräch vielleicht etwas eingerostet, und es fehlte ihr das Fachvokabular. Kurt wischte ihre Einwände beiseite, indem er meinte, die Engländer wären alle froh, dass wir ihre Sprache sprechen würden. Entsprechend würden sie sich an das Sprachniveau anpassen.

Nach der Verabschiedung setzte Kaya sich wieder an den Rechner. Ein paar Minuten später kam eine Einladung zu einer Telefonkonferenz um zehn Uhr am folgenden Tag.

---

85 U. M. nach haben überbordende Business Case-Berechnungen selten eine hohe Qualität, da durch die Menge häufig die zugrunde liegenden Annahmen verschleiert werden und eine quasi-wissenschaftliche Scheingenauigkeit entsteht. Wir empfehlen sehr einfache Business Cases einzusetzen und stattdessen mit Unsicherheitsaufschlägen nicht unter 10% zu arbeiten. Siehe auch Facheinschub Business Case.

Als sie am nächsten Tag aufwachte und auf den Wecker blickte, war es bereits acht Uhr. Sie hatte verschlafen! Kaya sprang auf, verzichtete auf die Dusche und hetzte ins Büro. Dann ging sie direkt zu Markus, um sich zu entschuldigen. Aber der brühte nur lachend einen doppelten Espresso und beruhigte sie. Bei Gleitzeit könne man auch mal später kommen.

Als Sie den Rechner endlich hochgefahren hatte, waren es nur noch 30 Minuten bis zum Telefonat und sie war nicht vorbereitet. Und dann das Gespräch auf Englisch. Sollte sie absagen? Nein, das war nicht ihre Art. Sie schrieb sich einige Fragen auf und suchte im Internet noch eine Seite mit Small-Talk-Floskeln. Leo ließ sie vorsichtshalber gleich offen[86]. Dann war es zehn Uhr.

Sie waren nur zu dritt in der Konferenzschaltung. Kurt moderierte das Gespräch. Das Telefonat dauerte nicht lang, war aber anstrengend und aufschlussreich. In Großbritannien war das Thema Fraud schon über 20 Jahre ein Beratungsstandard. Das Problem des Betrugs im Mengengeschäft war dort entweder größer oder vielleicht auch nur früher bemerkt worden. Auf jeden Fall tauschten sich die meisten Banken und einige andere Unternehmen schon seit den 90er Jahren weitgehend über Betrugsfälle aus. Viele Unternehmen hatten spezielle Systeme zur Betrugserkennung im Einsatz. Und alle hatten ihre Aktivitäten mit einer Individualanalyse gestartet.

Der Berater empfahl ihr, zuerst eine Dunkelfeldanalyse durchzuführen. Er hatte darauf hingewiesen, dass typischerweise die meisten Fälle gar nicht entdeckt würden. Er erklärte ihr kurz, wie sie die Analyse angehen sollte und versprach, ihr Material zu senden.

Insgesamt war es viel besser gelaufen, als Kaya es sich vorgestellt hatte. Und das nach diesem verkorksten Tagesstart. Eine halbe Stunde nach dem Telefonat erhielt sie eine E-Mail. Wie besprochen schickte ihr der Berater ein kurzes Dokument als Anleitung und eine Liste von Variablen[87], die für eine erste Analyse von Bankdaten hilfreich sein konnten. Natürlich bot er ihr an, sie bei Bedarf zu unterstützen.

Kaya begann mit der Übersetzung der Datenfelder. Längst nicht bei allen war ihr die Bedeutung für die Betrugserkennung klar. Dennoch schickte sie die komplette Liste an die IT und forderte pauschal alle Neuanträge und Kontoeröffnungen der letzten 18 Monate an.

---

86 www.leo.org
87 Siehe Anhang.

Sie sah auf die Uhr. Kurz nach fünf. Die ersten Kollegen machten Feierabend. Keine schlechte Idee. Vielleicht sollte sie jetzt einmal einen ihrer vielen Pläne durchführen, die sie für den Fall gemacht hatte, dass sie einmal fest an einem Ort lebte. Ein Tanzkurs. Oder eine Meditationsgruppe. Oder eine Therapie. Kaya kicherte leise.

Etwas Zeit blieb noch, sich ein paar Gedanken um ihre Analyse zu machen. Es war sowieso sinnvoll, die Informationen strukturiert aufzuschreiben, bevor sie die Details vergaß.

Dunkelfeldanalyse

Das Dunkelfeld ist die Gesamtheit aller Straftaten. Das Hellfeld bezeichnet den Teil der Betrugsfälle[88], der bereits erkannt worden ist. Durch Einsatz einer umfassenden und einheitlichen Fraud-Definition kann regelmäßig das Hellfeld ausgeweitet werden.

Betrug ist ein Ermittlungsdelikt, d. h. bei gezielter Suche wird mehr Betrug entdeckt.

Ausgangspunkt der Analyse sollte eine Schadens- und Verdachtsfalldatenbank sein, dies ist das Hellfeld. Diese muss zumindest rudimentäre Daten wie Kundenstammdaten, Produkt, Verlusthöhe usw. enthalten. Hilfreich sind außerdem Informationen zum Modus Operandi oder eine Klassifizierung der Straftat und ein Hinweis, ob es sich um Verdacht oder erfolgten Betrug handelt.

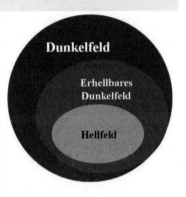

Abbildung 8 – Dunkelfeldanalyse

Zur Ermittlung des Dunkelfelds werden auf Basis der Fraud-Definition weiche Regeln definiert.

Ein Beispiel für Konsumentenkredite: Annahme sei, dass bei einem Großteil aller Kredite, die im Verlauf der ersten sechs Zahlungen ausfallen[89], bei der Herauslage Irrtümer bestanden[90], denn bei einer korrekten Prüfung sollten zumindest die ersten sechs Monate absehbar sein. Alle Kredite, die sechs Monate nach Vergabe zumindest 90 Tage im Rückstand waren, werden als potentielle Betrugsfälle markiert.

---

88 Versuchter und vollendeter Betrug.
89 Und eine Laufzeit von mehr als 18 Monaten haben.
90 Siehe Facheinschub Betrugsdefinition.

Dieses Portfolio wird um andere ausgefallene Engagements ausgeweitet, die kritische Merkmale enthalten, z. B. erfolglose Adressermittlungen, Hinweise aus der Beitreibung[91] oder von anderen Instituten[92]. Auf Basis von Datenvergleichen[93] werden Referenzregeln definiert, die mit einer hohen Wahrscheinlichkeit die gleiche Person oder das gleiche Objekt bestimmen. Zeigen diese eine Verbindung eines Antrags oder Ausfalls zu einem erkannten Fraud- oder Verdachtsfall, wird der Referenzantrag ebenfalls als potentieller Betrug markiert.

Sofern diese nicht als Verdacht bereits im Hellfeld aufgenommen worden sind, werden auch abgelehnte Anträge markiert, wenn die Ablehnung nicht auf der Bonität des Kunden beruht[94].

Wirtschaftliche Verschlechterungen sind natürlich nicht immer vorhersehbar (Krankheit, Tod, Arbeitslosigkeit) und als Fehler enthalten. Diese sollten jedoch gegenüber dem gesamten Portfolio in einem angemessenen Verhältnis stehen. Eindeutig nicht-betrügerische Fälle werden aus dem Datensatz entfernt.

Alle nun markierten Anträge bilden das erhellte Dunkelfeld. Dieses kann in Stichproben manuell untersucht werden, um die echte Betrugsquote abzuschätzen[95].

Deckt das erhellte Dunkelfeld das Hellfeld (die bekannten Betrugsfälle) nicht ab, erfassen die Selektionsregeln den Betrug nicht ausreichend und müssen ergänzt werden. Dafür sollten je nach Produkt getrennte Indikatoren aufgebaut werden.

Die Annahme, dass Betrüger keine oder wenige Raten zurückzahlen, muss überprüft werden, wenn eine hohe Zahl betrügerischer Ausfälle mit anfänglichen Zahlungen[96] vorhanden sind. Bei besicherten Finanzierungen bieten sich hohe Abweichungen des

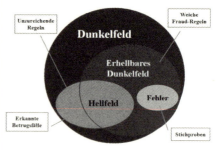

Abbildung 9 – Dunkelfeldanalyse 2

---

91 Kein Kontakt zum Schuldner ist ein vielversprechender Indikator.
92 Siehe auch Facheinschub Warndateien und Datenaustausch.
93 Unter verschiedenen Bezeichnungen: Matching, Referenzierung, Pattern Views, für eine detaillierte Erläuterung siehe Facheinschub Regeln zur automatisierten Detektion.
94 Z. B. Postrückläufer, fehlende Unterlageneinreichung.
95 Quoten sind sehr stark vom Geschäftsmodell, vom Produkt und der Prozessqualität abhängig. Mit einer Annahme von 80% Betrugsanteil im erhellten Dunkelfeld unterschätzen wir bewusst das übliche Ergebnis von Stichproben.
96 Bust-out-Fraud: Betrügerische Konten oder Kredite mit mehr als 3 bis 6 Monaten korrekter Kontoführung.

realisierten Sicherheitswertes zu der Schätzung bei Herauslage an[97]. Charge-Backs[98], Rücklastschriften – überall, wo Geld verloren geht, ergeben sich Ansatzpunkte für ergänzende Defini-tionen. Diese müssen einzeln auf ihre Trennschärfe überprüft werden.

Abgewehrte Betrugsfälle finden sich auch vermehrt im Portfolio genehmigungsfähiger Kredite, die nach Auflagen im Genehmigungsprozess nicht in Anspruch genommen wurden.

Die ideale Dunkelfeldanalyse wäre der Einsatz eines kompletten Detektionssystems. Unterschiedliche Prozesse und Kundenzielgruppen verfälschen allerdings die Ergebnisse, so dass eine Übertragung der Methoden zwischen Prozessen und Produkten nicht ohne Überprüfung möglich ist. Außerdem hilft eine Dunkelfeldanalyse häufig, das Schadenspotential des eigenen Hauses besser zu ermitteln. Sie wird damit zur Basis für einen Business Case für weitere Projekte. Die Analyse sollte bei dieser Zielstellung möglichst schlank gehalten werden[99].

Das erhellte Dunkelfeld stellt regelmäßig eine wesentlich bessere Ausgangslage für nachfolgende Analysen und Wirtschaftlichkeitsbetrachtungen dar[100].

Facheinschub 9: Hell- und Dunkelfeldanalyse

Kaya war zufrieden. Das Thema war eingängig und der Text war ihr leicht von der Hand gegangen. Ein neuer Blick auf die Uhr, viertel vor zehn. Eindeutig zu spät für einen Tanzkurs.

---

97 Die Marktentwicklung muss berücksichtigt werden.
98 Rückgabe von Kreditkartenumsätzen. Dies gilt im US-amerikanischen Markt als hauptsächlicher Betrugsindikator im E-Commerce (2).
99 Es sollten z. B. keine komplexen Referenz- oder Profilregeln verwendet werden, da dies die Eintrittsschwelle zu sehr erhöht und die Anzahl fälschlich ausgewiesener Fraud-Fälle steigt.
100 Die Ergebnisse von Dunkelfeldanalysen sind oft überraschend: In Projekten waren bei gleichen Produkten und gleicher Betrugsdefinition zwischen fast keinen (unter 5%) und nahezu allen (über 90%) der Fälle vorher als Betrug erkannt worden.

8. Abschalten unmöglich – Business Case

Die Daten ließen auf sich warten. Damit blieb Kaya Zeit für die Sichtung von Fachliteratur. Sie war schließlich nicht die erste, die sich mit Betrug beschäftigte. Zum Thema Bonitätsbewertung gab es Tonnen von Material, für das Thema Betrugserkennung war es dagegen mehr als übersichtlich. Die neueren deutschen Bücher beschrieben vor allem rechtliche Änderungen, die Gefährdungsanalyse[31] und den Umgang mit internem Betrug[32]. Kaya las Einführungen zu Wirtschaftsspionage, Korruption und Untreue, aber die Überschneidungen mit ihrem Thema waren gering. Einige Werke enthielten Fallanalysen und gaben Hinweise zur Untersuchung[33], [34]. Ein beeindruckend dicker, blauer Schinken brachte es auf mehr als tausend Seiten. Doch trotz eines 40 Seiten starken Kapitels zur Analytik fand sie kaum Inhalte, die ihr weiterhalfen. Kaya verbrachte einen halben Tag in der Unibibliothek, um sich durch Zugriff auf internationale Fachzeitschriften einen Überblick zu verschaffen. Die beschäftigten sich vor allem mit dem Thema Online-Betrug. Das Problem mit Kreditkarten war vor einigen Jahren sehr präsent, schien jedoch mit der Einführung von 3D-Secure[35] etwas zurückgedrängt worden zu sein. Im Online-Handel wurden zwar etwas andere Methoden eingesetzt, der Tenor blieb aber gleich. Es ging um das Wiedererkennen von Kunden, das Prüfen von nicht plausiblem Verhalten und die analytische Ableitung von Täter- und Tatbestandsprofilen[2].

Zum Schluss blieben immerhin noch eine Handvoll Artikel und zwei englische Bücher zu speziellen Untersuchungsmethoden. Sie las erst einmal die Artikel, da diese online verfügbar waren. Scoring war immer wieder ein Thema, außerdem fielen Begriffe wie neuronale Netze, Fuzzy und Support Vector Machines. Vielleicht hatte sie später mehr Zeit, sich mit diesen Verfahren auseinanderzusetzen.

Gab es so wenig Material, weil nicht alles öffentlich zugänglich war? Die Polizei beschäftigte sich doch bestimmt schon ewig mit diesem Thema. Sie schob auch diesen Gedanken erst einmal zu Seite.

Am dritten Tag nach der Datenanforderung lud Markus sie am späten Nachmittag zu einem Espresso in sein Büro ein.

»Wir haben ein kleines Problem. Du weißt doch noch, welche Argumentation ich damals zu Deiner Einstellung angeführt hatte?«

»Du meinst die soziale Komponente?«

Markus lächelte dieses Mal nicht. »Dass wir eine Projektleiterin für übergreifende Projekte brauchen und dass Du für das gesamte Risikocontrolling zur Verfügung stehen sollst.«

Das hatte sie damals sehr charmant gefunden. »Und?«

»Herr Liebmann hat gerade in der Abteilungsleiterrunde einen Projektplan vorgestellt. Ihn drückt der Schuh in Sachen Notfallplanung. Er meint, wir wären auf Katastrophen wie Lehman[101] und Griechenland[102] nicht ausreichend vorbereitet.«

Kaya wurde mulmig. »Und jetzt hat er mich gebucht?«

1Das ist seine Idee. Du sollst Dich darum kümmern, die Notfallplanung der Bank zu validieren und zu verbessern.«

Sie sah das Problem. Notfallplanung war ein riesiges Projekt und würde ihre Zeit komplett in Anspruch nehmen. Abgesehen vom reinen Arbeitsumfang war es auch ein undankbares Thema. Sich auf mögliche Krisen vorzubereiten war notwendig, kostete aber wertvolle Arbeitszeit. Und jeder der Beteiligten hatte einen vollen Schreibtisch. Mit einem solchen Projekt konnte sie leicht zum Buhmann werden. Auf der anderen Seite war es eine gute Chance. Notfallplanung betraf alle Abteilungen und bot damit die Möglichkeit, sich gut zu vernetzen.

»Vor drei Wochen wäre ich noch voll auf diese Idee angesprungen. Aber jetzt bin ich am Betrug dran.«

»Etwas Detektiv, etwas Datenanalyse, ein starker Business Case. Ich verstehe Dich schon.« Markus verzog leidend den Mundwinkel.

»Markus, da ist Potential drin.« Kaya ignorierte den Mitleid heischenden Blick.

---

101   Die Lehman-Pleite in 2008 war Auslöser für den Crash des weltweiten Finanzsystems.
102   Der Finanzkrise folgend entstand, ausgelöst durch Refinanzierungsprobleme, eine Staatsfinanzkrise, im Rahmen derer Griechenland seine Schulden nicht mehr bedienen konnte. Viele Banken mit Anlagen in griechischen Anleihen kamen daraufhin in Schwierigkeiten.

»Entschuldige, aber ich hab die Situation falsch eingeschätzt. Ich wollte erst Deinen Business Case abwarten und dann das Projekt festmachen. Nun war Herr Liebmann schneller. Er hat mich vor der Sitzung auch nicht eingeweiht. Fair wäre es gewesen, mich vorher zu fragen.« Er klang ehrlich geknickt.

»Und jetzt muss ich bei Herrn Liebmann ran?« Sie unterdrückte ihren aufkommenden Ärger.

»Erst einmal ja. Den Rest der Woche hast Du noch Zeit für Deine Wirtschaftlichkeitsbetrachtung. Aber nächsten Montag sollst Du Dich bei ihm melden.«

Kaya ging in ihr Büro. Da Liebmann das Thema ohne Rücksprache mit Markus oder ihr vorgebracht hatte, war die Notfallplanung wohl als Fehdehandschuh zu sehen. Und es wirkte nicht so, als wollte der Lehnsherr Markus Lang für die Prinzessin Kaya ins Feld ziehen. Liebmann konnte sie in dem Projekt gnadenlos unter Druck setzen. Und Kaya war sich sehr bewusst, dass sie noch einige Monate in der Probezeit war.

Hermann Liebmann hatte den Zwischenfall mit dem Ordner ohne Zweifel ernster genommen als Markus.

Ohne die Daten konnte sie nicht wirklich etwas machen. Heute war es zu spät, um noch etwas zu erreichen, doch morgen früh musste sie die IT auf Trab bringen. Oder sich etwas anderes einfallen lassen. Sie beschloss, Feierabend zu machen und erst einmal ihren Ärger und ihre Befürchtungen zu verarbeiten.

Auf dem Nachhauseweg war Kaya schon mehrmals ein Fitnessstudio für Frauen aufgefallen. Was sie auf keinen Fall gebrauchen konnte, waren Sprüche von Kerlen in schweißtriefenden Trainingsklamotten, aber etwas Sport in einem Ambiente nur für Frauen passte heute Abend bestens. Ihre Trainingssachen hatte sie schon vor ein paar Tagen mit zur Arbeit genommen.

Das Eingangsfoyer wirkte freundlich, war aber recht eng. Geradeaus saß hinter einem Tresen eine ältere, freundlich wirkende Dame. Links daneben füllte die lebensgroße Pappfigur einer muskelbepackten Frau eine Ecke. Werbung für irgendein Muskelaufbaupräparat. Rechts neben dem Tresen führte eine Tür zu den Umkleidekabinen.

Die Werbung versprach großzügige Rabatte bei einem festen Eintritt. Kaya meldete sich dennoch erst einmal für ein Probetraining an.

Der Sportraum war nicht sonderlich groß und mit Geräten vollgestopft, von denen etwas mehr als die Hälfte besetzt war. Die meisten Besucherinnen waren etwas älter als Kaya. An der rechten Seite vor einer Glasfront standen vier Laufbänder, von denen eines frei war. Sie begann, mit Schwung zu laufen. Neben ihr tratschten lautstark zwei der wenigen jungen Frauen. Das Gerede störte sie, ihren Rhythmus zu finden, einen MP3-Player hatte sie aber nicht mitgenommen. Erst drehte sich das Gespräch um Freundinnen und deren Freunde, dann hörte Kaya den Namen ihrer Bank, Herstadt. Sie wurde aufmerksam. Die beiden erzählten von einem Bekannten, der immer knapp bei Kasse war. Anscheinend hatte er jetzt einen Weg gefunden, einfach an Geld zu kommen.

Fallbeschreibung

Ein Neukunde beantragt online ein neues Girokonto. Das Institut nutzt zur Identifikation des Kunden das PostIdent-Verfahren[103]*. Der Antragsteller legt bei der Post oder dem Partnershop einen gefälschten Ausweis zur Legitimation vor. Auch ge- oder verfälschte*[104] *Einkommensnachweise werden mit eingereicht.*

Der Betrüger erhält mit der Kontoeröffnung einen Dispositionskredit und kurz darauf ec- und Kreditkarte. Selbst bei der mittlerweile üblichen online-Disposition können pro Konto zwischen 1.000 und 5.000 Euro verfügt werden.

Die Software zur Fälschung von Ausweisen und Gehaltsabrechnungen ist im Internet einfach zu beziehen. Auch zur Fälschung von Kontoauszügen gibt es Standardsoftware. Häufig werden ausländische Ausweise vorgelegt, da eine Prüfung dieser Papiere schwieriger ist[105]*. Ein Risiko besteht für den Betrüger kaum, da dieser bei Entdeckung regelmäßig nur abgewiesen wird.*

---

103 PostIdent ist ein Service der Deutschen Post, der nach eigenen Angaben die einwandfreie Identifizierung von Empfängern und Kunden ermöglicht. Dieser Service ist für viele Direktbanken die gängige Option, der Pflicht zur Legitimationsprüfung nachzukommen. Gemäß Quelle (68) beträgt die Fehlerquote 1,1%.
104 Früher waren es Tipp-Ex oder Kopierverfälschungen, heute werden die Originale meist gescannt und dann am Computer verändert. Auffällig sind abweichende Schrifttypen und Inkonsistenzen.
105 Im erstaunlichen Gegensatz zu diesem banküblichen Erfahrungswert steht die Erfahrung von Spezialisten aus dem Bereich Urkundenfälschung der Polizei, die im persönlichen Gespräch mitteilten, dass hauptsächlich deutsche Ausweise gefälscht würden. Die Annahme war hier, dass ein bekanntes Ausweisformat weniger Aufmerksamkeit auf sich zieht und daher weniger gut geprüft wird.

In Varianten dieses Vorgehens werden PostIdent-Formulare gefälscht oder aus Postfilialen gestohlen und am heimischen Computer ausgefüllt[106]. Die Formulare werden dann der Bank direkt zugesandt. Dieses Vorgehen ist durch sich verändernde Prozesse der Banken und Rückmeldungen der Post zu durchgeführten PostIdents erschwert, kommt jedoch immer noch vor.

Fallbeschreibung 1: Eröffnung Girokonto mit gefälschtem Ausweis

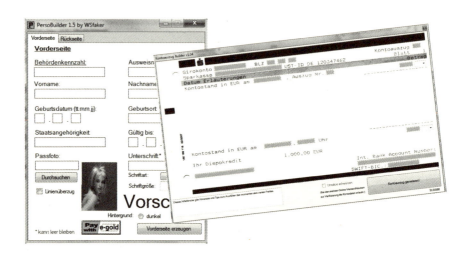

Abbildung 10: Software zur Fälschung von deutschen Personalausweisen und Kontoauszügen

Der Puls schlug laut in ihren Ohren. Sie war ihr Training zu schnell angegangen. Kaya konnte sich nicht mehr auf das Gespräch konzentrieren und lief langsam aus. Doch auch die Frauen hörten auf zu laufen.

»Jetzt ist Gregor ein interessanteres Date. Zumindest kann er ja zahlen.«

Lachend marschierten die beiden zu den Steppern.

Kaya wäre gern hinterhergegangen, aber das erschien ihr zu auffällig. Sie fühlte sich wie in einem Krimi.

---

106 Die Post verwendet einen UV-Eindruck in den Originalformularen. Der Einsatz einer UV-Lampe bei der Eingangsprüfung filtert einfache Betrugsversuche. Vereinzelt wird inzwischen wohl auch der UV-Eindruck gefälscht. Da die Post immer noch Nadeldrucker verwendet (Stand 03.2013), können Originale auch am Durchschlag der Druckernadeln erfühlt werden. Einzelne Formulare können per Rückfrage überprüft werden.

Als sie nach Hause kam, war sie hundemüde. Der Sport hatte trotzdem gutgetan. Nur das Gespräch ließ sie nicht mehr los. Beim Einschlafen kreisten ihre Gedanken darum. In der Nacht schreckte sie hoch. Sie brauchte einen Augenblick, um sich zu orientieren und beruhigt festzustellen, dass sie zu Hause und nicht in einem Hotel war. Sie hatte geträumt. Irgendetwas von wiederkehrenden Mustern. Sie machte sich ein paar Notizen und fiel zurück in den Schlaf. Dieses Mal schlief sie tief und fest.

Am nächsten Morgen nahm Kaya den krakeligen Zettel mit ins Büro: Neukunde, PostIdent, Kartenverfügung direkt nach Kartenerhalt und kein Zahlungseingang. Das war doch schon eine passable Regel. Noch vor ihrem ersten Kaffee rief sie die Kollegen in der IT an. Die angeforderten Daten würden bis zum Nachmittag zur Verfügung stehen. Die Transaktionsdaten zu diesen Konten würden sie heute nicht mehr zuspielen können, das würde länger dauern. Aber es war wenigstens ein Anfang. Dann gönnte sie sich einen Cappuccino in der Cafeteria.

Den Rest des Vormittags dachte sie über Regeln nach. Die Verhaltensregel war nicht schlecht zum Aufspüren von vorhandenen Fällen bei Girokonten. Bei allen länger laufenden Krediten könnte man davon ausgehen, dass die Kunden bei Herauslage zumindest die nächsten Monate überblicken konnten. Die Konsequenz wäre, dass die meisten der Kunden, die nur wenige Raten zahlten, schon bei Herauslage eine schlechte Bonität hatten oder gar nicht zahlungswillig waren.

Kaya sah sich noch einmal die Variablenliste und die Hinweise von dem englischen Berater an. Unter den wenigen Variablen zum Verhalten waren auch ›Maximal drei Zahlungen‹ und ›Erste Verfügung in bar‹. Das ging genau in ihre Richtung und würde für eine kleine Analyse auf jeden Fall reichen.

Dann kam die ersehnte E-Mail von der IT mit einem Link zu einem Serververzeichnis. Dort stand ihr Datenabzug bereit. Sie startete den Download und wartete, erst zehn Minuten, dann weitere zwanzig. Schließlich erschien die Statusmeldung: ‚Download abgeschlossen'. Kaya atmete auf und öffnete das Verzeichnis. Es lagen mehrere Dateien darin, auch eine Textdatei mit Erklärungen. Die Kollegen empfahlen ihr den Bau einer kleinen Datenbank. Nicht gerade ihr Lieblingsfach, aber das würde schon klappen. Mit einem Blick auf die anderen Dateien war klar, dass Excel mit dieser Datenmenge wohl nicht fertigwerden würde.

Kaya kannte sich ein bisschen aus, aber dieser Datensatz war wirklich eine Herausforderung. Dauernd fand sie Fehler in den Daten – das konnte doch nicht sein! Namen, wo Adressen stehen sollten, fehlende Pflichtfelder, Nummern in Textfeldern. Selbst die Telefonnummern waren nicht einheitlich. Mal war die Vorwahl in Klammern geschrieben, dann durch ein Minus oder einen Schrägstrich abgetrennt. Ein kurioser Eintrag wies hinter der Telefonnummer die Bemerkung auf: ›Bitte erst nach 19 Uhr anrufen‹. Anscheinend war das Feld für die Telefonnummer als Freitext definiert. Und dabei hatte sie erst einmal nur die Girokonten und Konsumentenkredite eingepflegt. Bei diesen Produkten wusste sie zumindest, was in den Feldern stehe sollte[107].

Kurz vor zehn hatte sie alle Datensätze in die Datenbank eingepflegt. Es war Zeit für den ersten Test. Um halb zwölf gab sie auf. Das Programm brach laufend wieder ab und irgendetwas schien an ihren Abfragen auch nicht zu stimmen. Kaya konnte nicht mehr klar denken.

Es hatte der gleiche Wachmann die Nachtschicht wie an den Vortagen.

»Nun aber ab nach Haus!«, er öffnete ihr die bereits abgeschlossene Eingangstür. Kaya bedankte sich und wünschte geistesabwesend einen angenehmen Dienst.

---

[107] Siehe Facheinschub Datenqualität.

Freitag. Nun musste sie Ergebnisse produzieren, wenn sie dem Projekt mit Liebmann entkommen wollte. Kaya startete um halb acht mit einem mitgebrachten Latte Macchiato. Um neun rief sie in der IT-Abteilung an und versprach jemandem, den sie nicht kannte, ein spektakuläres Frühstück für einen dringenden Besuch.

Der Kollege freute sich tatsächlich über die Brötchen aus der Cafeteria. Leider konnte er auch nicht helfen. Immer wieder brachen die Abfragen ab. Der Kollege aus der IT runzelte die Stirn.

»Hast Du die Daten normalisiert?«

Kaya war mit Oleg nach der zweiten falschen Aussprache seines Nachnamens zum Du übergegangen.

»Nein, wieso?« Sie sehnte sich nach einem neuen Kaffee.

»Diese Daten stammen aus verschiedenen Datenbanken mit sehr unterschiedlicher Qualität. Eine Bereinigung bügelt auch diese Zeichen aus.« Er zeigte auf die Sonderzeichen im Text auf den Bildschirm.

»Da müssten eigentlich Umlaute stehen.« Sie hatte schon beim Einspielen der Daten Dutzende von diesen Fehlern gesehen.

Oleg sah sie leicht irritiert an »Ich glaube, irgendwo ist etwas aktiver Code[108]. Das zerschießt Dir die Abfrage. Bereinige die Ursprungsdateien und dann wird's laufen.«

»Haben wir dafür nicht ein Programm?« Kaya blickte herzerweichend. Ihr war zum Heulen zumute. Das würde sie nie bis Montag schaffen.

»Leider nicht.« Oleg sah sie mitleidig an. »Ich habe ein kleines Hilfsprogramm, das schicke ich Dir. Aber die Denkarbeit musst Du selbst erledigen. Ich habe von diesen Daten keine Ahnung, daher weiß ich nicht, was sinnvoll ist und was nicht.«

Er erklärte ihr kurz, wie sie vorgehen sollte, lud das versprochene Hilfsprogramm auf ihren Rechner und verabschiedete sich.

Kaya begann mit den Daten der Kontoeröffnungen, da sie diese brauchen würde, um ihre ersten Regeln auszuprobieren. Olegs kleiner Helfer war Gold wert. Kaya las die Bezeichnungen der Daten ein, dann formulierte sie eine Regel, wie der Inhalt aussehen durfte und das Programm korrigierte die Datei. Sie ersetzte Spalte für Spalte, korrigierte Umlaute und Sonderzeichen, warf

---

108 Text, der von einem Programm als Ausführungsanweisung anstatt als Inhalt interpretiert wird.

Text aus Nummernfeldern und fand schließlich ein Feld, das sich nicht korrigieren ließ und bei dem der Inhalt nach Computercode aussah. Noch am Anfang der Hauptdatei, in einem Textfeld. Sie notierte sich die Kontonummer und löschte den ganzen Datensatz. Kurz vor vier hatte sie alles überarbeitet.

Ob Markus noch da war? Sie huschte zu seinem Büro.

»Hi Kaya. Komm rein. Geht's schnell? Ich muss heute eher gehen.« Markus wirkte angespannt. »Lass mich noch schnell einen Anruf machen. Dann komme ich rüber und Du kannst erzählen. Aber spätestens um halb fünf will ich los.«

Kurz darauf war er bei ihr. 1Hast Du was gefunden?«

Markus hatte ihr beim letzten Treffen gesagt, was seine Optionen waren: Aussitzen oder etwas Spektakuläres finden. So groß, dass es niemand ohne Weiteres ignorieren konnte.

Kaya schüttelte den Kopf: »Aber ich bin dran«. Sie erzählte von dem Treffen im Fitnessstudio und den Regeln.

Auch Markus schüttelte den Kopf. »Das reicht nicht, Kaya. Selbst wenn Du Auffälligkeiten findest, das sind alles alte Ausfälle. Die sind bereits einkalkuliert. Die kleine Ersparnis, weil wir mal so ein Konto etwas früher dicht machen, wird nicht helfen. Du hast es selbst gesagt: Alle erfüllen ihre Ziele. Niemand ist daran interessiert, dass im Ausfall plötzlich viel mehr Betrug zu erkennen ist. Es sei denn, wir können den verhindern.« Markus sah auf die Uhr. »Tut mir leid, aber ich muss heute wirklich los. Wenn Du etwas findest, dann ruf mich unter meiner Privatnummer an. Wir sehen uns Montag früh, okay?«

Kaya verzog freudlos den Mund »Wird schon.«

»Wo wohnt denn Gregor, der Kontoschänder, eigentlich?«

Kaya musste wider Willen lachen. »Haben die beiden Ladies im Fitnessstudio leider nicht erwähnt.«

»Aber seine Karten hat er doch nicht in der Filiale abgeholt, oder?« Markus ließ die Tür hinter sich zufallen.

Kaya spürte, wie mit dem Schließgeräusch der Tür ihre Gedanken an die richtige Stelle fielen. Sie traute sich für einen Moment nicht, sich zu bewegen, aus Angst, die Idee wieder zu verlieren. Dann rastete eine Erkenntnis in ihrem Bewusstsein ein. Es war so offensichtlich, so klar, dass keiner der Autoren der Bücher und Artikel es für nötig gehalten hatte, es ausdrücklich zu erwähnen.

Auch Gregor brauchte einen Ort, um die Kontounterlagen und die Karten in Empfang zu nehmen. Natürlich war ein Namensschild an einem toten Briefkasten nicht gerade schwierig anzubringen, aber trotzdem bedeutete es Aufwand und war vielleicht auch ein Risiko.

Kaya versuchte, sich in die Betrüger hineinzuversetzen. An deren Stelle würde sie alles wieder benutzen. Warum neue Ausweise besorgen, wenn die alten noch zu gebrauchen waren? Es war schließlich teuer und nicht ungefährlich, sich diese Dokumente zu besorgen. Ebenso würde sie Adressen, Telefonnummern und Einkommensnachweise[109] wieder verwenden.

Die OpRisk-Datenbank und der Auszug aus den Ausfällen waren nur Startpunkte. Von diesen ausgehend musste sie weitere Betrugsfälle in den Anträgen finden. Das ging entweder über mathematische Algorithmen oder einfache Vergleichsregeln. Gegen das mathematische Vorgehen sprach vor allem, dass sie sich in der statistischen Analyse von Daten nicht gut auskannte. Einfache Vergleichsregeln dagegen könnte sie schon programmieren. Für die Prävention brauchte sie die Regeln nur im Antragsprozess einzusetzen. Damit hätte sie auch ihren Business Case.

Außerdem waren die eingeschränkten Ressourcen der Betrüger die persönlichen Daten, die in der statistischen Analyse nicht genutzt wurden. Sie vertiefte sich in ihre Arbeit, bis sie um elf Uhr nachts das Gebäude verließ. Der Wachmann am Ausgang war ihr nicht bekannt. Er öffnete ihr auch nicht die Tür.

Das Wochenende verbrachte sie vor ihrem Rechner. Am Sonntagmorgen unterbrach Kaya die Arbeit kurz, um Markus anzurufen. Zum Abendessen bestellte sie sich eine Pizza in die Bank.

---

109 Neben gefälschten Unterlagen sind auch die Betrugsmuster an sich als Ressource der Betrüger anzusehen.

Der Montagmorgen war schreiend hell. Kaya blinzelte in die Morgensonne. Dann begann ihr Handywecker, in die Kakophonie des Radioweckers mit einzustimmen. Sie hatte das Mobiltelefon extra weit vom Bett weg gelegt. Zwanzig Minuten und eine kalte Dusche später war sie auf dem Weg in die Bank.

»Wie viel?« Markus blickte sie ungläubig an.

»15 Millionen Euro. Und davon hätten wir wahrscheinlich mehr als 10 Millionen verhindern können, wenn die Benchmarks stimmen[110]. Wir waren mit unserer Schätzung gar nicht so schlecht.«

»Das ist fast ein Fünftel unserer Ausfälle in diesen Produkten.«

»Das ist mir bewusst. Aber ich kann allein in den Konsumentenkrediten nachweisen, dass wir 2,8 Millionen Euro hätten verhindern können, statt nur 400.000. Und ich habe erst angefangen. Willst Du es Dir anschauen? Um halb zehn muss ich mich bei Herrn Liebmann melden.2 Kaya stand freudestrahlend in Markus Büro.

»Na klar.« Er erwiderte ihren Blick »Deine ›Du-kommst-aus-dem-Gefängnis-frei‹-Karte?«

Die nächste Stunde erklärte Kaya ihr Vorgehen und die Ergebnisse. Nachdem der Groschen gefallen war, war es eine Fleißarbeit gewesen. Ausgehend von den ausgefallenen Krediten hatte sie erst einmal alle Never-Payer[111] gefiltert. Dann hatte sie alle Kredite mit höchstens drei Ratenzahlungen markiert, anschließend alle Girokonten mit einem Ausfallmerkmal innerhalb von sechs Monaten nach Kontoeröffnung. Dazu hatte sie noch einige weitere Indikatoren genutzt[112]. Der Abgleich mit der Datenbank von OpRisk bestätigte ihr Ergebnis: Bei den Girokonten und Ratenkrediten fehlten in ihrer Dunkelfeldanalyse nur ein paar von den internen Fällen. Alle anderen Betrugskonten waren in ihrer Datei enthalten. Endlich hatte sie ihr erhelltes Dunkelfeld und das war größer als die Schäden, die in der OpRisk-Datenbank notiert waren. Viel größer.

---

110 Wir sind aufgrund der Fallkonstellation von einer künftigen Aufdeckungsquote im ersten Jahr von 64% (Konsumentenkredite) und 80% (Baufinanzierungen) ausgegangen. Benchmarks liegen bei über 80% (Konsumentenkredite) und über 90% (Baufinanzierungen). Dies wäre jedoch beim Start eines solchen Projektes nicht zu erwarten (Lernphase), daher die niedrigeren Annahmen. Sollten Sie Langeweile haben und einmal nachrechnen wollen, schreiben Sie uns. Wir senden Ihnen gerne die kompletten Annahmen zu.
111 Konten, bei denen keine einzige Rate gezahlt wird.
112 Siehe Facheinschub Dunkelfeldanalyse.

Auf diesem Portfolio hatte sie ihre Analyse aufgebaut und dabei hatte sich der wirkliche Wert des Materials des englischen Beraters gezeigt: Die Unterlagen enthielten einige Benchmarks zu Betrugsabwehr.

Das war der einfache Teil gewesen. Für ein Projekt musste sie zumindest im Ansatz zeigen, dass diese Betrugsfälle überhaupt zu vermeiden gewesen wären. Und dafür wollte sie Gregor nutzen. Mit einer Suchregel auf Girokonto, Eröffnung online und der Identifizierung durch das PostIdent fand sie in ihrer Datei allein 62 Konten, davon 28 in Frankfurt. Nur acht waren als Betrug markiert. Gregor.

Die nächsten Merkmale waren nach einem Blick auf die sortierten Daten sofort klar gewesen. Wie erwartet hatte Gregor längst nicht alle Daten jedes Mal geändert. Er verwendete nur ein halbes Dutzend Adressen und nur vier verschiedene Mobiltelefonnummern. Bei den Online-Passworten konnte Kaya zwar nur einen verschlüsselten Wert sehen, aber 18 Fälle teilten sich nur zwei Passworte. Vor- und Nachnamen waren teilweise mehrfach vertreten und das Geburtsdatum war bei diesen Fällen nur leicht verändert. Gregor optimierte anscheinend die Benutzung seiner gefälschten Ausweise. Von den 28 Fällen in Frankfurt konnte sie so 26 verbinden.

Anschließend hatte Kaya Regeln erstellt, um wiederverwendete Daten in der gesamten Datenbank zu erkennen: Gleiche Personen[113], gleiche Ausweisnummern, Kontonummern zum Rateneinzug oder gleiche Mobiltelefonnummern waren eindeutige Treffer. Dann kamen unscharfe Regeln: Gleiche Postleitzahl und Hausnummer, bei denen die Straßen mit dem gleichen Buchstaben anfingen. Gleiche Nachnahmen mit ähnlichem Geburtsdatum und gleichem Wohnort. Gedrehte Vor- und Nachnamen. Der Samstag war wie ein Rausch gewesen, denn fast jede Regel brachte neue Verbindungen zum Vorschein. Einige Datensätze waren wegen der schlechten Datenqualität nicht brauchbar, aber es blieb immer noch genug. Dann fiel ihr Blick bei einem Fall auf das Ausstellungsdatum eines Ausweises. Es war ihr letztjähriger Geburtstag. Kaya hatte im letzten Jahr gefeiert, weil ihr Geburtstag auf einen Sonntag gefallen war. An Wochenenden wurden aber keine Ausweise ausgestellt. Die Regel ›keine Ausweise an Wochenenden‹[114] kostete sie fast eine Stunde und brachte mehr als zwanzig Treffer. Auch der 01. Januar war anscheinend ein

---

113 Siehe Facheinschub Regeln zur automatisierten Detektion.
114 Den Autoren ist ein rechtmäßiger Fall bekannt, bei dem das Ausstellungsdatum eines Personalausweises auf einen Samstag datiert wurde.

Datum, an dem ganz besonders viele Kinder geboren wurden. Ihr kamen immer mehr Ideen für die Prüfung von Plausibilitäten. Kaya musste sich zwingen, sich von den Inkonsistenzen abzuwenden und wieder nach realen Verbindungen zu suchen.

Meist waren zwei oder drei Fälle miteinander zu einer Serie verbunden. Sie fand noch mehrere größere Serien, aber Gregor war bis jetzt eine Ausnahme. Vielleicht würde sie in Zukunft mehr identifizieren können, wenn sie die passenden Verbindungsregeln dazu fand.

Sie erweiterte ihre Datenbank um die abgelehnten Anträge und stellte fest, dass eine Serie meist mit abgelehnten Anträgen begann. Die abgelehnten Kunden ›verbesserten‹ anscheinend ihre Unterlagen und versuchten es erneut.

Zum Schluss waren 399 der insgesamt 1.197 Konten in der Verdachtsdatei über Regeln verbunden und als Betrug markiert.

»Warum fällt das bei der Eröffnung nicht auf?« Markus schrieb einige Zahlen auf.

Kaya öffnete die Datenbank mit den Rohdaten und startete eine Abfrage, die ihr ein paar Treffer lieferte »Hier, das ist typisch. Der Nachname ist ›Schweder‹, einmal als ›Georg‹ und einmal als ›Siegfried‹. Er schreibt die Straße hier mit ›ß‹, dann kürzt er auf ›Str‹«, sie deutete auf die Datensätze. »In den Telefonnummern sind immer Sonderzeichen drin, mal ein Minus, dann ein Leerzeichen. Aber die prüfen wir sowieso nicht. Alles in allem sind die Datensätze so verschieden, dass wir ihn zumindest in diesen Fällen nicht wiedererkannt haben.«

»In diesen Fällen?« Markus sah auf.

»Ja. Wir haben noch einige Versuche in den abgelehnten Konten. Alle aus dem letzten Jahr. Wenn Du mich fragst, dann hat Gregor erst einmal geübt.«

Markus ließ sich erstaunlich schwer überzeugen »Aber schau mal hier, da sind markierte Konten mit normalen Ausfällen verbunden. Und hier, das soll sogar die gleiche Person sein? Das hätten wir doch gesehen. Das kann nicht richtig sein«.

»Hätten wir sollen, haben wir aber nicht gekonnt. Wieland sprach davon, dass wir ausgefallene Objekte auch nicht wiedererkennen. Und dies«, Kaya zeigte auf eine Zeile auf dem Bildschirm, »sind zwei verschiedene Produkte. Einmal ist es ein Girokonto und einmal ein Ratenkredit. Aber Markus, was ist denn los? Ich serviere Dir hier gerade eine Einsparung von etlichen Millionen auf dem Silbertablett. Wo ist das Problem?«

Er erwiderte ihren Blick »Das müssen wir gut verkaufen, Kaya. Wenn Deine Analyse stimmt, dann wird das der beste Case, den ich kenne. Bei der Summe ist es ziemlich unerheblich, wie viel der Aufbau von Präventionsmaßnahmen kostet. Das muss wasserdicht sein und dazu müssen wir es überprüfen.« Er machte eine Pause.

»Heute Abend treffe ich mich mit Sören. Komm doch einfach mit. Dann sprechen wir drüber. Aber jetzt melde Dich erst einmal bei Herrn Liebmann.«

Kaya war immer noch aufgeregt, als sie das Büro von Markus verließ. Das war eine Goldmine, die man nur noch erschließen musste. Die Notfallplanung dagegen war nur harte Arbeit. Aber es half nichts. In ihrem Büro griff sie zum Telefon.

»Hallo Frau Cazadora.« meldete sich eine Frauenstimme.

Kaya stutzte kurz. »Hallo Frau Schulze. Ich wollte eigentlich Herrn Liebmann sprechen.«

»Der Chef ist krank. Er ist heute leider nicht im Büro.«

»Das ist aber schade.« Hoffentlich hatte Frau Schulze ihren Unterton nicht bemerkt. »Ich dachte, wir starten heute mit der Notfallplanung.«

»Notfallplanung?« Frau Schulze schien erstaunt. »Davon weiß ich nichts. Was sollen wir denn da machen?«

»Das weiß ich auch noch nicht. Herr Liebmann hat mich dafür angefordert.«

»Ich habe noch nicht mit ihm telefoniert, werde aber gleich mal nachfragen. Ich melde mich dann bei Ihnen, okay?« Sie klang heute ausgesprochen freundlich.

»Ja gern. Bis später.« Kaya war erleichtert.

Sie begann, an ihrem Business Case zu arbeiten. Das war Handwerk. Früher hatte sie laufend Wirtschaftlichkeitsbetrachtungen machen müssen.

Kayas Annahme für den Business Case war einfach: Anträge, die Plausibilitätsfehler enthielten, konnten sie sofort aussteuern und damit den Betrug erkennen. Bei den anderen Regeln würde der erste Antrag einer Serie durchrutschen, da noch keine Referenz vorhanden war. Die folgenden Anträge könnten abgewehrt werden.

Business Cases Betrugsprävention

Ein Business Case ist die Wirtschaftlichkeitsbetrachtung[115] einer Investition. Im besten Fall dient er zur Entscheidungsfindung, manchmal auch zur Entscheidungsrechtfertigung.

Ein Business Case enthält zumindest die einmaligen Investitionskosten, laufende Kosten und die erwarteten monetären Vorteile und Risiken. Darüber hinaus ist eine Risikobetrachtung eine sinnvolle Ergänzung. Bei der Erstellung sollten einige Fehler bzw. Probleme vermieden werden, die häufig auftreten:

- *Undurchschaubare Überdimensionierung:* Ein Business Case wird zu groß gestaltet, alle Unwägbarkeiten sollen von vornherein ausgeschlossen werden. Durch die Verwendung einer Vielzahl von Variablen mit hohem Schätzanteil entstehen Scheingenauigkeiten, die Folgerungen werden schwer nachvollziehbar und wesentliche Unsicherheiten werden verdeckt.

- *Keine Validierung von Schätzungen:* Aufwands- und Ertragsschätzungen erden nicht ausreichend validiert.

- *Keine Betrachtung von Risiken/Abhängigkeiten:* Erkennbare Risiken, Erfahrungen aus früheren Projekten und/oder Auswirkungen auf andere Projekte oder die Reputation werden nicht berücksichtigt.

- *Vernachlässigung des IST-Zustands:* Es wird der absolute Erfolg gemessen. In der Regel sind aber bereits Maßnahmen vorhanden, so dass nur die Verbesserung durch neue Maßnahmen relevant ist[116].

Aufbau

Vor der Erstellung müssen Zielgrößen geklärt werden.

- Ist der Geldfluss entscheidend oder soll ein Modell erstellt werden, das auch Abschreibungen berücksichtigt?

- Soll eine Amortisationsrechnung erstellt oder muss auch der Return on Investment[117] berechnet werden?

- Welche Zeitspanne ist relevant? Typisch sind ein Jahr (Budgetneutralität), drei oder fünf Jahre.

---

115 Auch Kosten-Nutzen-Analyse, Investitionsrechnung.
116 Häufig werden z. B. der existente Beitreibungserfolg oder die Veränderung der Prozesse nicht berücksichtigt.
117 Kapitalverzinsung.

Sinnvoll ist eine Aufteilung in die eigentliche Berechnung, eine Variablentabelle mit allen änderbaren Werten[118], Annahmen und Risiken.

Eine weitere Aufteilung der Variablen nach Kosten, Erträgen und weiteren Faktoren kann sinnvoll sein und hängt von den Anforderungen der Entscheider ab.

	Variable	
Anträge	Anträge pro Jahr	Anzahl
	Geplante Steigerung p.a.	Prozent
	davon abgelehnt oder nicht aufgenommen	Prozent
	davon abgelehnt wegen Betrugsverdacht	Anzahl
	Abgeschlossene Verträge	Anzahl
	Durchschnittliche Herauslage	Euro
Betrug	Angenommene Betrugsfälle, Hellfeld	Anzahl
	Angenommene Betrugsfälle, erhelltes Dunkelfeld	Anzahl
	Angenommene Betrugsfälle, gesamt	Anzahl
	Quote betrügerischer Anträge	Prozent
	Durchschnittliche Herauslage netto (Betrugsfälle)	Euro
	Identifizierter Ausfall wg. Betrug (Hellfeld)	Euro
Bearbeitung	Anzahl der wg. Betrugsverdacht geprüften Verträge	Anzahl
	Aussteuerungsquote	Prozent
	Aktuelle False-/Positive der Aussteuerung	Anzahl
	Aktuelle Aufdeckungsquote	Prozent
	Bearbeitungszeit / Verdachtsfall	Minuten
	Bearbeitungszeit / Betrugsfall	Minuten
Ertragskomponenten	Reduzierung der angenommenen Betrugsfälle	Prozent
	Künftige Aufdeckungsquote	Prozent
	Reduzierung der durchschnittlichen Herauslage bei Betrug	Euro
	False-/Positive	Anzahl
	Aussteuerungsquote	Prozent
	Veränderung Bearbeitungszeit / Verdachtsfall	Minuten
	Veränderung Bearbeitungszeit / Betrugsfall	Minuten

Abbildung 11 – Ausschnitt Variablentabelle

Berechnung des Aufwands

Der Aufwand enthält die verdichteten Anschaffungskosten für Sachmittel/Hardware, einmalige und regelmäßige Lizenzkosten für Software, Installation, Anpassung, Pflege und notwendige Beratung[119]. Die Unterscheidung nach internen und externen Kosten ist hilfreich, da interne Ressourcen häufig schon durch eine veränderte Priorisierung verfügbar werden, die rechne-rischen Kosten für den Entscheider aber zweitrangig sind. Eine Veränderung des Personalaufwands für den laufenden Betrieb ist ein kritischer Faktor.

Alle Kosten sollten validiert werden. Dazu gehört auch die Prüfung von Erfahrungswerten. Die Abweichung von der Planung in früheren Projekten kann als Unsicherheitsfaktor angesetzt werden.

---

118 Die Trennung lässt leicht erkennen, was direkt änderbar ist.
119 Fachliche Beratung, Training, Projektmanagement usw.

Berechnung der Erträge

Bei Investitionen in die Betrugsprävention geht es in der Regel um die direkte Einsparung von Ausfällen. Die Einsparung von Bearbeitungszeit in der Investigation kann als zweites Ziel aufgenommen werden, wird jedoch häufig durch die Aussteuerung von mehr oder komplexeren Fällen überkompensiert.

Neben den als Betrug markierten Ausfällen sollten die zahlungsgestörten Engagements und die abgelehnten Anträge in die Ermittlung mit aufgenommen werden. Die Nutzung der Ergebnisse einer einfachen Dunkelfeldanalyse[120] verbessern nicht nur die Wirtschaftlichkeitsbetrachtung, sie sind auch realistischer[121].

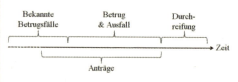

Abbildung 12 – Daten zur Ertragsbestimmung

---

120 Siehe Facheinschub Dunkelfeldanalyse.
121 Im Anhang ist die Abgrenzung der Vorteilsermittlung von Bonitätsscorekarten zum Betrugsscoring tiefer ausgeführt.

Wegen möglicher saisonaler Schwankungen ist die Prüfung eines kompletten Jahres von Vorteil[122]. Die Stichprobe muss durchreift[123] sein.

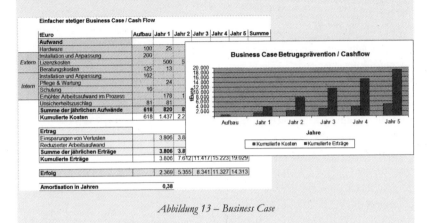

Abbildung 13 – Business Case

Die Berechnung des Business Case selbst sollte übersichtlich und grafisch aufbereitet präsentiert werden.

Facheinschub 10: Business Case

An vielen Stellen waren Annahmen zu treffen. Insbesondere betraf das die Kosten für den Aufbau der notwendigen IT-Systeme und die externe Unterstützung. Eine grobe Vorstellung hatte Kaya aufgrund ihrer früheren Projekte. Letztendlich war der Kostenblock aber zweitrangig. Die Einsparungen waren so hoch, dass die Investition nur noch bestimmte, in welcher Zeit sich das Projekt amortisierte. Selbst mit sehr konservativen Annahmen würde sich der Aufbau im ersten Jahr rechnen.

Am Ende des Tages war Kaya mit ihrer Arbeit zufrieden. Die Berechnung war einfach strukturiert, gut zu verstehen und hatte genügend Puffer.

Als Markus in der Tür erschien, schreckte Kaya hoch. »Herr Liebmann ist krank. Ich habe die Zeit genutzt, den Business Case auszuarbeiten. Schau mal, Markus. Mein Projekt amortisiert sich in einem halben Jahr.«

---

[122] Besonders bei Point-of-Sale-Finanzierungen treten starke saisonale Schwankungen auf. Auch Betrüger scheinen bevorzugt im Sommer in den Urlaub zu gehen. Außerdem tritt Betrug häufig in Wellen auf.

[123] Die Zeit vom Antrag bzw. von der Herauslage bis zur Markierung als Betrugsfall (Durchreifung) ist stark produkt- und prozessabhängig, üblich sind 3 bis 9 Monate. Längere Durchreifungszeiten haben beispielsweise Mantelbetrug und Baufinanzierungen.

Markus blickte ihr über die Schulter. »Das sieht gut aus. Ich schaue noch genauer drauf, aber nicht mehr heute und auch morgen nicht. Ich muss auf eine Dienstreise. Ich wollte Dich auch nur loseisen. Kommst Du jetzt mit? Sören wartet schon.«

»Gern«, entgegnete Kaya. »Ich will nur noch schnell eine E-Mail schreiben, dann komme ich.«

Sie schickte ihre Datei mit den Konten von Gregor und einer kurzen Beschreibung an Birgit Müller aus Compliance. Kaya bat sie, sich die Fälle einmal anzusehen. Wieland setzte sie in Kopie. Dann war Feierabend.

9. Pizza mit Folgen – Struktur von Präventionsmethoden

Die drei hatten sich in einer italienischen Pizzeria verabredet. Das Restaurant war nicht groß. Etwa zehn Tische, hinter einer Theke stand ein großer Pizzaofen. Es war nicht die Speisekarte, weshalb die Gäste kamen. Spektakulär war der ältere, übergewichtige, italienische Küchenchef, der jeden Pizzaboden mit artistischem Geschick in die Luft warf, hinter dem Rücken auffing, dann über den Arm rollte und erneut in die Luft warf. Es war sicherlich mehr Show als Notwendigkeit, aber am Ende war jeder Pizzaboden perfekt.

Nachdem sie bestellt hatten, erklärte Markus Sören den Stand ihrer Analysen und was sie bereits mit einfachen Regeln rausgefunden hatten. Obwohl Markus keine absoluten Zahlen genannt hatte, war Sören begeistert. Er hatte sich bisher nur mit der Bearbeitung von Einzelfällen beschäftigt. Die Anwendung von Portfolioanalysen zur systematischen Betrugssuche im Mengengeschäft war für ihn neu. Bei der Ermittlung von internem Betrug wurden hauptsächlich Plausibilitätsregeln genutzt, da die Verwendung von Mitarbeiterdaten in Vergleichen spätestens seit den Skandalen der Bahn[124] ein schwieriges Thema war.

Beim Essen erzählte Kaya von ihren Regeln. Markus und Sören brachten die Überlegung ein, das diese sich auf wenige Grundmuster zurückführen ließen. Die Beziehungen zwischen den persönlichen Daten, wie zum Beispiel eine gleiche Telefonnummer, weitete erst einmal die für eine Untersuchung verfügbaren Daten aus. Bei einem Treffer standen auch die Daten von verbundenen Kunden zur Verfügung. War dieser schon einmal negativ aufgefallen, hatte Kaya einen direkten Treffer. Diese direkten Verbindungen waren das erste Muster. Das zweite waren Regeln, die zeigten, dass Daten nicht plausibel waren. Die dritte Kategorie waren Profile, wie das Muster, welches sich bei Gregor gezeigt hatte.

Obwohl sie weit über Espresso und Grappa hinaus diskutierten, fielen ihnen keine Methoden ein, die sich nicht in dieses Schema integrieren ließen. Kaya hatte schon bei der Pizza einen Block herausgeholt und machte sich Notizen.

---

124 Die Medien berichteten ab Januar 2009, u. a. wurden auch Mitarbeiterdaten gegen interne und externe Datenquellen abgeglichen (69).

Grundlagen automatisierter Detektion

Eine robuste Betrugsprävention basiert auf der Validierung der Kundenidentität, der Verifizierung der Kundenangaben und dem Erkennen von Betrugsmustern.

Im Nachhinein scheint es, dass viele Betrugsfälle einfach zu vermeiden gewesen wären. Ein Rückruf beim Arbeitgeber, die Anfrage bei einer zusätzlichen Auskunftei, die Überprüfung einer Sicherheit, ein paar Kontoauszüge oder auch nur eine kurze Recherche im eigenen Datenbestand hätten für die Aufdeckung ausgereicht. Auch vor Gericht wird die Karte einer Mitschuld der geschädigten Unternehmen durch ungenügende Prüfung gespielt.

Diese Sichtweise vernachlässigt, dass Banken Geschäfte im Vertrauen auf die Korrektheit der gemachten Angaben abschließen. Bei Krediten[125] werden Unterlagen in erster Linie geprüft, um mögliche Fehler zu korrigieren und aufsichtsrechtliche Auflagen zu erfüllen. Eine komplette Prüfung aller Kundenangaben kann bei einem risikoreichen Produkt sinnvoll sein, ist aufgrund des Zusatzaufwands im Mengengeschäft jedoch kaum durchzusetzen und den ehrlichen Kunden nicht zuzumuten.

Detektionsmethoden sollen effizient gefährdete Geschäfte zu einer erweiterten Prüfung aussteuern und dabei das laufende Geschäft möglichst wenig belasten. Am einfachsten ist dies, wenn Hinweise auf Fehler und Auffälligkeiten von Partnern, Mitarbeitern oder Dritten ausgewertet werden[126]. Dieser passive Weg kann gestützt werden, z. B. durch die bequeme und risikolose Meldung[127] oder auch durch Schulungen.

---

125 Kredit von lateinisch credere = glauben und creditum = das auf Treu und Glauben Anvertraute.
126 Bis zu 50% aller Betrugsstraftaten werden auf diesem Weg entdeckt (70), (71).
127 Whistleblower können arbeitsrechtlich geschützt werden, eine externe Hotline vermittelt auf den Begriff »Betrug« hin einen kompetenten Ansprechpartner usw.

Aktiv werden

- Plausibilitäten[128] geprüft,
- Hinweise aus direkten und indirekten Beziehungen zu positiven (Whitelist) und negativen Referenzdaten (Blacklist) genutzt

und

- Profile[129] verglichen[(36)].

Qualitätsmaßstab der Methoden ist die False-/Positive-Rate[130]. Zum einen, da Treffer regelmäßig manuell überprüft werden, zum anderen, weil bei einer Entscheidung die False-/Positive-Rate bestimmt, wie viele gute Kunden ungewollt beauflagt werden.

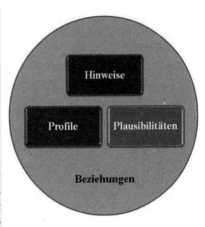

Abbildung 14 – Regelarten der Betrugsprävention

Der Automatisierungsgrad ist sehr unterschiedlich. Ob sich eine maschinelle Prüfung lohnt, ist abhängig von der Gefährdung, dem Produkt und dem notwendigen Implementierungsaufwand. Profile und Inkonsistenzen in Daten können vielfach systembasiert geprüft werden. Auch Hinweise auf Beziehungen zu guten oder schlechten Kunden können bei einer zentralen Datenhaltung oder in separaten Systemen einfach maschinell durchgeführt werden[131], wobei die zur Verfügung stehende Zeit ein limitierender Faktor ist[132]. Die abschließende Beurteilung erfolgt fast immer manuell in der Investigation.

Alle automatisierten Methoden müssen laufend überwacht werden. Zumindest organisierte Betrüger reagieren dynamisch auf die Anpassung von Präventionsstrategien, so dass einzelne Regeln und (Investigations-)Methoden schnell an Trennschärfe verlieren können[133].

---

128 Sprachlich hier gleich: Inkonsistenzen. Auf die Methoden wird im folgenden Facheinschub näher eingegangen.
129 Unter den Profilen werden hier neben ›einfachen‹ Regeln auch Scorekarten und andere analytische Methoden verstanden.
130 Anzahl der fehlerhaft ausgesteuerten guten Kunden auf einen korrekt ausgesteuerten Betrugsfall. Siehe (72), (73).
131 In Datentests zeigen sich dennoch immer wieder vermeidbare Kundendubletten, viele Institute nehmen die Prüfung auch noch teilmanuell vor.
132 Wir sprechen hier von Sekunden oder Minuten.
133 Der weiten Verbreitung des Arbeitgeberrückrufs begegnen Betrüger, indem sie Webseiten aufbauen oder Firmen in Telefonbücher eintragen lassen und den Anruf selbst entgegennehmen. Die verstärkte Prüfung von Oberklasse-Fahrzeugen führte zu einer Verschiebung der Betrugsversuche in das mittlere Preissegment.

Mit der Überwachung nicht mehr trennscharfer Detektionsregeln und Warndateien kann ein **Fraud-Gedächtnis** aufgebaut werden, mit dem wiederkehrende Betrugsmuster erkannt werden. Den Regeln wird ihr Einfluss auf die Aussteuerung genommen, sie werden jedoch weiterhin überwacht.

Auf Basis von Referenzregeln können Verbindungen von Kunden zueinander in Beziehungsnetzen sichtbar gemacht werden. Die Methode dient bei der Investigation zur Verdeutlichung von organisierten Verbrechensstrukturen. Für die Detektion sind die Verbindungen zu Schadensfällen/abgelehnten Anträgen und die Aufdeckung von Plausibilitätsfehlern interessant. Angeboten wird auch die Berechnung von Betrugswahrscheinlichkeiten in diesen sozialen Netzen[134]. Die Nutzung von Profilen zur Abbildung von Beziehungsstrukturen ist theoretisch möglich, u. W. aber nicht im Einsatz.

Scorekarten[135] und neuronale Netze haben sich besonders beim Einsatz auf Verhaltensdaten als trennscharf und stabil gezeigt. Eine weitere Stufe sind übergreifende Identity-Scores, welche die Authentizität[136] einer Person klären sollen[(37)].

Vereinzelt werden neuronale Netze, Fuzzy-Logiken, Support Vector Machines und andere mathematische Verfahren zur Generierung von Regeln für die Detektion angeboten[137].

Facheinschub 11: Grundlagen automatisierter Detektion

Irgendwann waren sie die letzten Gäste im Restaurant. Der Wirt stand hinter seinem Tresen und hatte sich mit seinen Armen darauf abgestützt. Gelangweilt beobachtete er den einzigen besetzten Tisch. Auch Kaya war müde. Das durchgearbeitete Wochenende machte sich bemerkbar.

Kaya wollte die Rechnung übernehmen, aber Sören hatte heimlich schon bezahlt. Sie gönnte sich ein Taxi und lag zwanzig Minuten später in ihrem Bett.

---

134 Nicht zu verwechseln mit den sozialen Netzen in Internet.
135 Siehe Anhang Methodendiskussion Scoring.
136 Existiert die Person/entspricht die auftretende der existenten Person?
137 Siehe Facheinschub Data Mining.

10. Einstieg in Analytik – Regeln systembasierter Erkennung

Kaya erwachte kurz nach sechs und fühlte sich wie gerädert. Die Diskussion beim Italiener hatte sie die Nacht über nicht losgelassen. Sie hatte von Regeln und Betrugserkennung geträumt. Während die Macchinetta sich schnaufend bemühte, den ersten Kaffee zu produzieren, überflog sie noch einmal das Inhaltsverzeichnis von Dobelli, aber der konnte ihr heute nicht helfen. Dann nahm sie eine ausführliche Dusche.

Eine halbe Stunde später schlürfte sie den zweiten Kaffee und nahm das Handy von der Ladestation. Kaya hatte von ihrem Arbeitgeber ein Smartphone erhalten, das mit ihrem E-Mail-Konto verbunden war. Früher war das noch ein Statussymbol gewesen. Heute hingegen war es bestenfalls ein normaler Gebrauchsgegenstand. Sie kannte mehrere Kollegen, die sich sogar weigerten, die »Fußfessel« mit in den Feierabend zu nehmen. Kaya liebte es, die Informationen zeitnah zu lesen. Es verband sie etwas mehr mit der Außenwelt. Fühlte sie sich allein, gab ihr das nächste Summen das Gefühl, dort draußen wären andere Menschen in der gleichen Situation.

Prompt meldete sich das Telefon. Da war jemand schon früh bei der Arbeit. Die kurze E-Mail kam von Frau Schulze. Herr Liebmann würde erst morgen wieder im Hause sein, Kaya solle dann bitte um neun vorbeikommen. Heute hatte ihr die Fußfessel also die Freiheit geschenkt! Kurz entschlossen schrieb sie eine E-Mail an Markus, dass sie den Tag in der Unibibliothek verbringen würde. Er würde sich schon melden, wenn etwas Wichtiges anstünde.

Als sie kurz nach acht ankam, rief sie die gespeicherten Ergebnisse ihrer Suche über ihr Bibliothekskonto auf. Eines der Bücher über Betrugsanalysen sollte verfügbar sein. Nach kurzem Suchen fand sie das englische Buch[38] und begann zu lesen. Auf dem mitgebrachten Laptop machte sie sich Notizen. Der Autor schrieb typisch amerikanisch: unterhaltsam, mit vielen Beispielen, überschaubarem Inhalt und vielen Wiederholungen. Die Beispiele kamen nur selten aus dem Bankbereich, daher suchte sie in den Artikeln nach passenden Hinweisen.

Regeln zur automatischen Detektion

Regeln zur Prüfung der Plausibilität werden auf Basis von Expertenwissen oder Prüfalgorithmen erstellt. Sie verifizieren Kundendaten. Mit den Regeln werden unwahrscheinliche, unmögliche oder unstimmige Daten markiert. Erste Plausibilitäten werden bereits bei der Dateneingabe oder direkt im Anschluss geprüft.

Allgemein	Prüfung auf Sonderzeichen, Aufbau entspricht dem Datenfeld
Ausweis	Prüfziffern, Behördenkennzahl zu ausstellender Behörde, Ausstellungsdatum Arbeitstag
Adressen	Existenz der Adresse in Adressverzeichnissen, Adresse ist ein öffentliches Gebäude
Konten	Prüfziffern
Metadaten[138]	Eingebender Mitarbeiter ist im Urlaub, Eingabeuhrzeit liegt bei einem Vermittler deutlich außerhalb der Arbeitszeit
Kombinationen aus Daten	Gehalt ist branchenunüblich, Brutto- und Nettoeinkommen sind nicht plausibel

Tabelle 1 – Beispiele für Plausibilitätsprüfungen auf Antragsdaten

Plausibilitätsprüfungen auf Basis von Antragsdaten bringen in erster Linie Ansätze zur Verbesserung der Datenqualität. Fast alle Auffälligkeiten sind schlicht Fehler in der Erfassung und sollten nicht überbewertet werden[139].

Neben Antragsdaten können auch Verhaltensdaten auf Plausibilität geprüft werden.

Transaktionen	Zwei aufeinanderfolgende Verfügungen sind faktisch nicht möglich, z. B. innerhalb einer Stunde Hamburg/Johannisburg unter Vorlage der Kreditkarte
Antragsversionen	Veränderung von Personendaten wie Kinderzahl, Einkommen, Miete usw. von der ersten Antragsversion zur aktuellen Version
Mehrfache Anträge	Mehrfache Anträge eines Kunden zum gleichen Produkt in verschiedenen Filialen

Tabelle 2 – Beispiele für die Plausibilisierung von Verhaltensdaten

---

138 Metadaten enthalten Informationen über andere Merkmale, nicht aber die Daten selbst. Beispiele sind Eingabedatum/-uhrzeit, Herkunft eines Kunden im Internet, Bewegungsdaten auf einer Internetseite.
139 Siehe Facheinschub Datenqualität.

Die automatisierte Plausibilitätsprüfung ist teilweise sinnvoll, so bei der Prüfung von Feldinhalten und Prüfziffern oder Verhaltensauffälligkeiten. Die auto-matisierte Unterlagenprüfung ist aktuell in einer rasanten Entwicklung, großteils aber noch nicht ausgereift. Ausweise können bereits maschinell geprüft werden, wenn das Original vorliegt[140]. Da die Geräte jedoch teuer sind, lohnt sich der Einsatz bisher nur begrenzt[141]. Die systemgesteuerte Prüfung von Einkommensnachweisen befindet sich in der Entwicklung, ist mangels eines einheit-lichen Standards der Unterlagen jedoch schwierig[142]. Vorgelegte Kontoauszüge werden durch Mitarbeiter auch inhaltlich kontrolliert, erste Ansätze einer maschinellen Prüfung auf Basis eines Online-Zugriffs auf das Konto der Antragsteller sind im skandinavischen Raum im Einsatz.

Nicht automatisierbare Prüfungen werden manuell vorgenommen. Einer der großen Vorteile bei einer Prüfung durch einen Menschen ist, dass ein aufmerksamer Bearbeiter verschiedene Informationen unbewusst verknüpft. Erfahrene Prüfer entwickeln ein hervorragendes Bauchgefühl, das nicht unterschätzt werden sollte.

Die **Nutzung von Referenzregeln**[143] meint, Personen oder Objekte wieder zu erkennen.

Klassisch werden vorhandene Datenquellen mit harten Suchalgorithmen geprüft. Bei einem exakten Treffer von Nachnamen, Vornamen, Geburtsdatum und ggf. Adressdaten wird eine Person als bereits bekannt eingestuft und die vorhandenen Informationen zur weiteren Prüfung herangezogen.

Diese Funktion ist in praktisch allen Unternehmen vorhanden, um doppelte Kundenanlagen zu vermeiden und Kunden mit negativer Zahlungshistorie zu markieren. In der Praxis verändern gewiefte Betrüger ihre Daten durch ge- und verfälschte Unterlagen und die Herbeiführung fehlerhafter Erfassungen[144]. Häufig ist die Beihilfe von Vermittlern: Kunden, bei denen eine negative Historie bekannt ist, werden nicht richtig erfasst, um die Abschlusswahrscheinlichkeit zu erhöhen. Informationsbestandteile werden zwar wiederver-

---

140 Automatisierte Prüfungen auf Basis eines Ausweisscans werden angeboten, beschränken sich aber Stand 1. Quartal 2013 noch auf Prüfziffern und Datenabgleiche.
141 Entsprechende Geräte sind z. B. bei Autovermietern flächendeckend im Einsatz.
142 Mehrere Unternehmen arbeiten an Lösungen, eingescannte Unterlagen zu untersuchen. Die Ansätze reichen dabei vom Abgleich des Zeichenabstands und der Schriftarten bis zur Plausibilisierung verschiedener Angaben.
143 Auch Matching, Pattern Views, soziale Netze.
144 So ist bei vielen ausländischen Ausweisen schwer zu erkennen, was der Vor- und was der Nachname des Kunden ist. Die Erfassung des korrekten Namens erfolgt auf Basis der Kundenauskunft.

wendet, doch reichen die Abweichungen aus, um eine harte Suche auf reinen Personendaten auszuhebeln. Auskunfteien begegnen diesem Problem mit komplexen Such-algorithmen. Der Erfolg ist beschränkt, da Anfragen nur mit wenigen Personendaten vorgenommen werden und bei Privatpersonen ein eindeutiger Treffer zurückgeliefert werden muss.

Auch ein Betrüger verfügt nur über eingeschränkte Ressourcen. Gefälschte Ausweise kosten Geld, Telefonnummern müssen beschafft werden, Adressen stehen nur befristet zur Verfügung, es wird immer der gleiche Computer benutzt usw. Auf der Annahme, dass auch ein Betrüger diese Ressourcen ökonomisch nutzt, beruhen Methoden, die Beziehungsnetze knüpfen, visualisieren und analysieren.

Bestenfalls werden alle Daten berücksichtigt, mit denen eine Person wiedererkannt werden kann. Eine Mobiltelefonnummer identifiziert sehr zuverlässig, eine Bankverbindung trifft in der Regel maximal zwei Kontoinhaber. Computer und Smartphones können über Client-Device-Identification[145] identifiziert werden. Adressen werden nach einer Normalisierung über Adressverzeichnisse verglichen oder in Geolokationsdaten zum Abgleich übersetzt. Bei besonders geschützten Daten[146] ist der Abgleich auf Basis verschlüsselter Daten möglich[147]. Sicherungsobjekte besitzen meist eindeutige Identifikationscodes.

Komplex ist vor allem die eindeutige Zuordnung anhand der Personen- und Adressdaten. Die Möglichkeiten zur Verfälschung, ohne die Postzustellung zu gefährden[148] und notfalls als Fehler durchzugehen, sind vielfältig. Jede der nachfolgenden Schreibweisen würde sicher ihren Empfänger erreichen.

Nr.	Nach-name	Vorname	Geburts-datum	Straße + Hausnummer		Postleit-zahl
1	Mayer	Sebastian	20.10.1968	Huskater Bruch	3	21335
2	Meyer	S.	20.10.1968	Huuskaterbruch	3	21335
3	Maier	Sebastian	20.10.1968	Hußkater Bruch	5	21335
4	Meier	Sebastien René	02.10.1968	Huußkaterbruch	5	21335
5	Maier	Rene	20.01.1968	Husskater Bruch	3	21335

Tabelle 3 – Beispiele für Veränderungen in Personen- und Adressdaten

---

145 Dies bezeichnet eine Sammlung von Methoden zur Identifizierung von elektronischen Geräten, auch Device-Fingerpint.
146 Z. B. Mitarbeiterdaten (in Absprache mit dem Betriebsrat), Kundenpasswörter.
147 Das ist zwar nur eine harte Suche, aber immerhin. Bisher werden besonders geschützte Daten meist nicht berücksichtigt.
148 Die bei vielen Betrugsdelikten wesentlicher Bestandteil ist.

Bewährt haben sich für die Identifizierung zusätzliche weiche Regeln, die Teile der normalisierten Daten kombinieren und damit zu einer ausreichend genauen Identifizierung kommen. Unscharfe Suchalgorithmen[149] liefern in der Praxis allein oft nicht ausreichende False-/Positive-Raten, können aber ergänzend eingesetzt werden.

Regeln: Übereinstimmung des Suchdatensatzes zum Vergleichsdatensatz	Treffer
Vorname und Geburtsdatum und Postleitzahl	2: 1, 3
Geburtsdatum und Straße auf Basis Adressverzeichnis (Huskater Bruch)	3: 1, 2, 3
Vorname und Quersumme Geburtsdatum und Straße auf Basis Adressverzeichnis (Huskater Bruch)	4: 1, 3, 4 und 4, 5

Tabelle 4 – Beispiele für weiche Identifizierungsregeln

Neben Negativlisten und Bestandskundendaten sind für die Suche historische Antragsdaten interessant.

Datenquellen	Art der Daten (nicht abschließend)
Anträge: Angenommen, abgelehnt, nicht in Anspruch genommen[150]	Antragsdaten, beteiligte Personen[151], Auskunfteidaten, Metadaten
Bestandskunden	Aktuelle und frühere Stammdaten, Transaktionsdaten, Metadaten[152]
Negativdaten	Bekannte Betrugsversuche, Verträge mit Zahlungsstörungen, Ausfall- und Inkassodaten[153]
Externe Datenquellen	Auskünfte, gestohlene/verlorene Ausweise, öffentliche Adressen

Tabelle 5 – Datenquellen für Präventionsregeln

Durch die Treffer können erkannte negative Kunden direkt markiert werden. Außerdem stehen in dem erweiterten Datenkranz mehr Daten zur Prüfung von Plausibilitäten und Profilen zur Verfügung.

---

149 Z. B. Fuzzy-Logic, Bool'sche Suchen, phonetische Suchen, Damerau-Levenshtein.
150 Auch not-taken-ups (NTU).
151 Z. B. Geschäftsführer, Bürgen, in einer Kreditnehmereinheit verknüpfte Personen.
152 Veränderungen/Veränderungshäufigkeit von Anschrift, Telefonnummer und E-Mail-Adresse.
153 Hier ist vor allem interessant, ob der Kunde kontaktiert werden konnte (kein Kontakt als Betrugsmerkmal) und ob Zahlungsvereinbarungen getroffen und eingehalten werden (Betrugsausschluss).

Telefon	Gleiche Telefonnummer bei unterschiedlichem Namen/Adresse
Ausweis	Ausweisnummer ist bereits vorhanden, Name abweichend
Adressen	Adresse wird mehrfach in einem kurzem Zeitraum für Anträge auf verschiedene Namen verwendet
Konten	Das Konto ist bekannt und lautet auf eine andere Person
Metadaten	Mehrfachverwendung von IP-Adressen bei Anträgen in kurzer Abfolge

Tabelle 6 – Beispiele für Plausibilitätsregeln auf Basis von Referenzdaten

Die akzeptable Höhe der False-/Positive-Rate ist zuerst abhängig vom Risiko: Bei der Prüfung einer Immobilienfinanzierung darf ein Prüfaufwand höher sein als bei einem Kleinkredit zum Kauf eines Computers.

Grenzwerte werden auch durch die nachfolgende Aktion bedingt. Wird die Herauslage nur automatisiert beauflagt, z. B. durch die Anfrage weiterer Unterlagen, können höhere Quoten genutzt werden. Üblich ist eine manuelle Prüfung ausgesteuerter Anträge. Da die Aufmerksamkeitsschwelle eines Sachbearbeiters eine natürliche Grenze hat, sollte die False-/Positive-Rate unabhängig von dem wirtschaftlichen Sinn einer Prüfung begrenzt werden. Schlägt eine Regel immer wieder fehlerhaft an, übergeht der Mitarbeiter diese irgendwann. Übliche Quoten für die manuelle Bearbeitung liegen produktspezifisch bei 1 zu 5 bis 1 zu 50[154].

Unter Profilregeln verstehen wir alle Methoden, die Betrüger nach Klassen oder Typologien identifizieren. Darunter fallen auch statistisch-mathematische Methoden wie das Scoring. Im Unterschied zu Plausibilitätsregeln sind die ausgesteuerten Fälle nicht zwingend unplausibel, sondern nur überdurchschnittlich stark mit Betrug behaftet.

Hinweise auf Betrugsmuster können direkt in Profilregeln umgesetzt werden.

Beispiel für ein Profil

Eine Betrügerbande kauft in Berlin hochwertige elektronische Artikel und lässt diese finanzieren.

Vorgelegt werden vorläufige deutsche Ausweise ausgestellt in Fürth und ein Einkommensnachweis der Firma Dübel Express GmbH.

Die Firma existiert nicht.

---

[154] Die Aussteuerungsquoten sind viel beachtet, jedoch aufgrund des hohen Potentials nicht wirklich relevant. Im Bereich E-Commerce sind es durchschnittlich 25% (Cybersource 2013 Online Fraud Report), was für deutsche Finanzdienstleister indiskutabel (hoch) ist. Die durchschnittliche Bearbeitungszeit im E-Commerce schwankt zwischen 4 und 15 Minuten, in Banken gelten typische Benchmarks im standardisierten Mengengeschäft von 10 bis 15 Minuten. Besondere Segmente, wie z. B. die Baufinanzierung oder Firmenkundenfinanzierungen, haben teilweise erheblich höhere akzeptierte Prüfzeiten.

Bei der statistischen Analyse wird bei allen Kundenmerkmalen untersucht, wie hoch die Quote der Betrugs- und Verdachtsfälle ist. Sinnvoll ist die Prüfung in Zeitscheiben und der Abgleich mit Marketingaktionen und Veränderungen im Ankaufsprozess.

Die Prüfung von Merkmalskombinationen bis hin zur Entwicklung von statistischen Scorekarten ist bei einer ausreichenden Datenmenge möglich[155]. Scorekarten und andere mathematische Modelle zeigen gute Ergebnisse, wenn das Datenaufkommen[156] hoch ist, die Daten nur eingeschränkt durch den Betrüger beeinflusst werden können[157] und Betrugsmuster stabil bleiben[158].

Bei Verhaltensanalysen werden neuronale Netze eingesetzt, da die große Datenmenge einen Einsatz erlaubt und die notwendige laufende Kalibrierung mit anderen Methoden nur schwer möglich ist. Regelbildende Methoden sind Fuzzy, Entscheidungsbäume, Clusteranalysen oder Support Vector Machines. Mit speziellen Verfahren zur Analyse von Anomalien können vor allem neue Betrugsmuster schneller erkannt werden[(39)].

Fachliche Regeln, Scores oder Ergebnisse anderer Methoden können selbst als Variablen in einer übergeordneten Methode genutzt werden. Durch den höheren Abstraktionsgrad und die Nutzung von Grenzwerten statt der Zuordnung von Wahrscheinlichkeiten sind diese stabiler als Standard-Scorekarten und leichter zu administrieren[159].

Facheinschub 12: Regeln zur automatisierten Detektion

Als sie die fertige Zusammenfassung speicherte, hatte sie das Gefühl, das grundsätzliche Prinzip verstanden zu haben. Etwas wirklich Neues hatte sie für die Wirtschaftlichkeitsbetrachtung nicht gefunden, aber es war ein gutes Gefühl, die Arbeit für diesen Moment sauber abzuschließen. Außerdem waren da einige neue Regeln, die sie ausprobieren wollte.

Auf dem Heimweg nahm sie sich Nudeln von einem Italiener mit und entschied sich für einen ruhigen Abend. Mitten in der Nacht wachte sie vor dem laufenden Fernseher wieder auf. Die Talkshow, bei der sie hängengeblieben war, war längst vorbei. Sie zog ins Bett um und war nach wenigen Minuten wieder eingeschlafen.

---

155 Eine Größenordnung von 200-400 Fällen in 12-24 Monaten ist eine akzeptable Ausgangslage.
156 Z. B. Payment/Kreditkartengeschäft.
157 Im Bereich Zahlungsverkehr sind dies z. B. Metadaten.
158 Siehe Anhang Methodendiskussion Scoring.
159 Siehe Facheinschub Probability of Fraud.

11. Statistik verstehen – Fraud Score

Am Mittwochmorgen stand Kaya pünktlich vor Hermann Liebmanns Büro. Die Bürotür war verschlossen. Vielleicht war er noch krank? Sie konnte seinen Terminkalender nicht direkt einsehen, auf ihrem Smartphone wurden aber durch Termine geblockte Zeiten angezeigt. Er sollte also da sein. Sein Vormittag war komplett gebucht, erst um 17:30 Uhr gab es wieder einen freien Termin. Sie schickte ihm eine Besprechungsanfrage. Damit hatte sie wieder einen Tag gewonnen, den sie für ihr Thema verwenden konnte. Markus war wie angekündigt unterwegs.

Die Regelbildung hatte sie leidlich verstanden. Sie war aber immer wieder über mathematische Methoden gestolpert, die je nach Autor und vor allem bei den Anbietern von Fraud Präventionssoftware wahre Wunder bewirken sollten. In ihrem Studium hatte sie die Pflichtkurse in Statistik mit Mühe durchgehalten. Vielleicht reichte ihr Wissen für einen Einstieg. Sicher wäre es hilfreich, einen guten Mathematiker um Rat zu fragen. Die bankeigenen Statistiker, die für Entwicklung und Pflege der Risikomodelle zuständig waren, hatten auf sie keinen besonders aufgeschlossenen Eindruck gemacht. Vielleicht war ein externes Gespräch einfacher. Kaya griff zum Headset.

»Hi Sören, hier ist Kaya.«

»Hi Kaya. Wie geht's Dir? Bist Du am Montag gut nach Hause gekommen?«

»Ich hatte mir ein Taxi gegönnt. Du, Sören, eine kurze Frage. Ich suche einen guten Ökonometriker, dem ich ein paar Löcher in den Bauch fragen will. Kennst Du jemanden?«

Sören dachte einen Moment nach. »Ich habe da eine Idee. Ruf mal den› Langen Kurz' an. Den kenne ich schon seit ein paar Jahren. Er war mein erster Mentor, als in meinem Institut Projekte zur Modellierung von Kreditrisiken entwickelt wurden. Wir haben uns immer in der Raucherecke getroffen. Der Platz war damals eine Institution. Eine verglaste Überführung von einem in ein anderes Gebäude. Die einen haben geraucht, alle anderen Kaffee getrunken oder einfach nur so dabei gestanden und gequatscht. Für eine intellektuelle Diskussion ist er sicherlich zu haben. Ich suche Dir die Kontaktdaten raus.«

»Danke. Und warum ‚Langer Kurz'?« fragte Kaya.

»Wirst schon sehen.« antwortete Sören.

Ein paar Minuten später kam die E-Mail mit den Kontaktdaten von Matthias Kurz. Kaya wählte die Mobiltelefonnummer. Es klingelte fünfmal, sechsmal, noch länger. Kein Anrufbeantworter. Dann eine tiefe Stimme. »Kurz.«

»Hallo Herr Kurz. Mein Name ist Kaya Cazadora. Ich soll Ihnen viele Grüße von Sören Feldmann ausrichten.«

»Na, das ist aber schön. Vielen Dank.« entgegnete die Stimme lachend. Der Mann klang herzlich und Kaya stellte sich einen freundlichen, kleinen Mann mit vielen Lachfalten und einem kleinen Bauch vor.

»Ich arbeite bei einer Bank und habe eine Frage. Sören meinte, für einen Gedankenaustausch dürfte ich Sie ruhig mal anrufen.«

Kaya hörte wieder das leise, tiefe Lachen, fast schon ein Brummen.

»Immer gern. Wenn der Sören mich empfohlen hat, kann ich nur hoffen, dass ich Ihren Anforderungen auch gerecht werde. Darf ich Sie zurückrufen?«

Kurze Zeit später hatte sie ihn wieder am Telefon. Sie schilderte ihr Thema, erzählte von ihrem regelgebundenen Ansatz und erwähnte den interessanten Business Case. Matthias Kurz hörte aufmerksam zu.

»Wenn ich Sie richtig verstehe, Frau Cazadora, möchten Sie also einen Score bauen und diesen nicht auf Ausfall, sondern auf Betrug kalibrieren[160]?«

»Ganz ehrlich, Herr Kurz, das weiß ich noch nicht. Es ist aber eine Möglichkeit, der ich gern nachgehen möchte.«

»Interessant. Interessant.« Dabei zog er die Worte etwas auseinander. Der Akzent erinnerte Kaya an einen Kollegen aus Karlsruhe.

»Was meinen Sie dazu, wenn wir uns persönlich treffen?«

»Sehr gern, Herr Kurz. Wann hätten Sie denn Zeit?«

»Heute Mittag? Ganz spontan?«

Volltreffer. Dass er auch noch in der Stadt war und sich Zeit nahm, war einfach perfekt. Und wer weiß, wann sie wieder Zeit hätte. Sie schob den Gedanken an die Notfallplanung noch einmal zur Seite.

---

160 Kalibrieren bezeichnet hier die Ausrichtung einer Scorekarte auf ein Ziel (Schlechtdefinition). Bonitätsscorekarten können z. B. auf Konten mit einem Verzug größer 90 Tage kalibriert werden, was den aufsichtsrechtlichen Ausfall eines Kontos bedeutet.

Kaya hatte sich mit Herrn Kurz vor der Kantine der Bank verabredet. Als sie zum Treffpunkt kam, erkannte sie ihn sofort. Es war überdeutlich, wie er zu seinem Spitznamen gekommen war. Matthias Kurz war mindestens zwei Meter zehn, eine eindrucksvolle Statur mit breiten Schultern. ›Ein Mann, um sich hinter ihm zu verstecken‹, dachte Kaya. Dann ging Sie auf den Riesen zu. »Herr Kurz?«

»Frau Cazadora. Freut mich, Sie kennenzulernen.«

»Ganz meinerseits«, antwortete Kaya. »Wirklich klasse, dass Sie sich so schnell Zeit genommen haben. Darf ich Sie zum Essen einladen? Ich kenne hier in der Nähe ein gutes portugiesisches Restaurant.«

Herr Kurz schien zu zögern. »Also wissen Sie, die Einladung kann ich nicht ausschlagen. Aber lassen Sie uns doch in Ihre Kantine gehen. Da war ich schon lange nicht mehr.«

Einfach nett, dachte Kaya. »Sie waren schon mal hier? Dann werden Sie die Kantine genauso wiederfinden.«

»Vor Jahren hatte ich mal ein kleines Projekt in Ihrem Haus. Damals hieß es, dass die Cafeteria komplett renoviert werden sollte«, entgegnete Herr Kurz.

»Und dann kam die Finanzkrise.«

»Ach ja, die Finanzkrise. Hat uns allen ja irgendwie zu schaffen gemacht. Und da sieht man auch, mit welch wunderbaren Waffen wir kämpfen. Trotz aller Statistik und Baseler Ausschüssen hat es doch keiner vorhergesehen.« Er ließ wieder sein leises, brummiges Lachen hören, dass sie schon vom Telefon kannte.

Während des Essens berichtete Kaya ausführlicher: Von Rossi, der Gefährdungsanalyse, von ihrer Dunkelfeldanalyse und ihren ersten Profilregeln.

»Wie viele Datensätze von Betrügern haben Sie denn zusammen?«, fragte ihr Gegenüber.

Kaya zögerte. Sie hatte einem Externen gegenüber zugegeben, dass ihr Institut mit betrogen wurde. Für viele Kollegen war das Thema immer noch mit einem Tabu belegt und man sprach lieber nicht darüber. Markus schien bei Sören wenig Bedenken zu haben, andererseits kannte sie den Langen Kurz nicht wirklich. Und wenn sie sich richtig erinnerte, hatte auch Markus bisher keine Schadenszahlen ausgeplaudert.

Herr Kurz schien ihr Unbehagen zu fühlen. »Kein Problem. Das müssen Sie mir nicht erzählen. Ich weiß schon, dass es da immer Vorbehalte gibt. Ich frage einfach andersherum. Wenn Sie Statistik betreiben wollen, brauchen Sie eine hinreichend große Datenmenge mit Schlechtfällen. Ich vermute mal, dass man so mit 200 Stück starten könnte. Haben Sie dafür eine ausreichende Datenbasis?«

Kaya nickte.

»Der Anteil der Betrugsfälle an der Gesamtanzahl aller Datensätze sollte auch nicht zu klein sein. Da muss die Mischung passen. Sie haben mir von Betrug im Mengengeschäft, also bei Kontoeröffnungen, Ratenkrediten und Baufinanzierungen erzählt. Vielleicht kümmern Sie sich auch um Kartenbetrug. Ich müsste mir die Daten anschauen, um eine qualifizierte Meinung abgeben zu können. Es ist immer gut, zunächst mal möglichst viele Informationen in die Analyse einzubeziehen. Da sind die Antragsdaten des Kunden einfach nicht ausreichend. Ich glaube, Sie müssen auch die produktspezifischen Parameter einbeziehen. Passen die 200 auch noch für jedes Produkt?«

»Zumindest für eines unserer Kreditprodukte«, meinte Kaya. Bei den Girokonten und den Konsumentenkrediten war das mit dem Ergebnis der Dunkelfeldanalyse kein Problem.

»Fein, dann lassen Sie mich noch ein paar wichtige Punkte aufführen. Einen Score können Sie immer dann anwenden, wenn Sie ein stabiles Muster identifizieren wollen. Die Kreditausfälle beispielsweise, die für die Modellierung der PD[161] das Zielmerkmal sind, folgen seit Jahren gut erklärbaren Mustern. Hier funktionieren Scoringverfahren auf Basis linearer oder eher noch logistischer Regressionen sehr gut. Bei Ihrem Betrugsthema bin ich mir allerdings noch nicht so sicher. So, wie ich Sie verstehe, werden einzelne Muster vielleicht nur vorübergehend auftauchen. Zum einen können Sie also nicht genügend historische Fälle aufbauen, um diese in einer Kalibrierung zu berücksichtigen. Zum anderen wird das Muster vielleicht nicht mehr genutzt, wenn Sie den Score schließlich im Einsatz haben.«

Kaya überlegte kurz. Daran hatte sie bisher noch nicht gedacht. »Sie meinen also, ein Scoring wäre nicht anwendbar?«

---

161 Probability of Default, Ausfallwahrscheinlichkeit.

Der große Mann strahlte sie an. »Auf keinen Fall, Frau Cazadora! Scoring wird durchaus für die Betrugserkennung eingesetzt, vor allem im Payment. Was Sie vorhaben, ist hochspannend. Ich möchte nur, dass Sie genau hinterfragen, wann Sie ein bestimmtes statistisches Modell nutzen und wann besser nicht. Dann noch etwas: Wie viel Betrug ist für Sie denn akzeptabel?«

Kaya dachte einen Moment, er würde einen Witz machen, aber Herr Kurz verzog nicht einen Gesichtsmuskel.

»Wie meinen Sie das? Wir habe eine Null-Toleranz-Politik.«

»Ja, das ist die offizielle Aussage. Aber dann würde Ihre Bank ja jedes Engagement genau prüfen. Die Frage ist, wie viel Sie in eine manuelle Prüfung aussteuern dürfen. Oder sogar automatisiert ablehnen. Gibt es bei Ihnen dazu eine Strategie oder Ziele?«

Jetzt verstand Kaya »Ich wüsste nicht, dass es dazu eine offizielle Strategie gibt. Ich bin im Business Case erst einmal davon ausgegangen, dass eine Aussteuerung ökonomisch sinnvoll sein sollte und habe die aktuellen Prüfkosten berücksichtigt.«

»Sehr schön, das sollte für den Anfang reichen. Zurück zum Scoring. Ich habe Ihnen ein kurzes Dokument zum Thema mitgebracht.« Er wühlte in seiner Tasche und holte zwei zusammengefaltete Seiten Papier hervor. Sie hatten schon Eselsohren an den Seiten. Kaya musste grinsen und er erwiderte ihr Lächeln.

»Platz ist in der kleinsten Tasche. Sorry, dass es geknickt ist. Tut aber dem Inhalt keinen Abbruch. Schauen Sie mal rein. Es sind auch ein paar Referenzen für weitergehende Literatur dabei. Ich versuche immer, mir einen kurzen Absatz zu einem Thema zu erstellen. Dieser hier ist schon etwas älter, aber trotzdem nicht schlecht.«

»Erstaunlich, das mache ich genauso.« Das Treffen neigte sich dem Ende zu und Kaya wollte noch einen Punkt anbringen, der ihr unbehaglich war. »Ich muss Ihnen aber noch etwas sagen. Leider habe ich aktuell kein Budget, um Sie für ein Projekt zu buchen.«

»Gar kein Problem, darauf bin ich heute nicht aus. Sören meinte, es würde sich lohnen, mit Ihnen zu diskutieren. Sie habe einen guten Ansatz. Machen Sie etwas draus.«

Die beiden hatten sich also vor dem Treffen ausgetauscht.

»Ich schicke Ihnen nachher auch noch in PDF von einem Softwarehaus. Die haben zu dem Thema analytische Betrugsprävention eine Zusammenfassung geschrieben. Vielleicht finden sich da ja auch noch ein paar hilfreiche Ideen[162]. Wenn Sie Fragen haben, rufen Sie gern an. Und wenn Sie tatsächlich Budget bekommen, dann denken Sie vielleicht an mich. Auf so ein Projekt hätte ich schon Lust.«

»Das mache ich, Herr Kurz. Sie haben mir ja einen Denkzettel verpasst.« Sie wedelte kurz mit dem verknickten Zweiseiter. »Damit habe ich die beste Gedächtnisstütze. Herzlichen Dank!«

Regressionsbasierte Scoringverfahren

Ein Score ist eine quantitative Maßzahl, die auf Basis einer statistischen Analyse erstellt wird. Der Scorewert repräsentiert dabei die Bewertung eines Sachverhalts, indem vergleichbar mit einem Benotungssystem auf Basis von verschiedenen Merkmalen Punkte vergeben werden.

Scoringmodelle können überall dort eingesetzt werden, wo eine Bewertung von Entscheidungsalternativen auf Basis von umfangreichen Daten notwendig ist. Sie dienen der Prognose eines zukünftigen Verhaltens[163] oder aber der Bewertung eines aktuellen Ereignisses. Die Aussagekraft eines Scoringmodells bleibt konstant, solange die abgebildeten Muster im Zeitablauf stabil bleiben.

In der Betrugsbekämpfung bewertet ein Scoringmodell die Ähnlichkeit eines aktuellen Falls mit bekannten Betrugsfällen und drückt dies mit einer Wahrscheinlichkeit aus.

Scoringmodelle werden oftmals mithilfe von **Regressionsverfahren** erstellt. Diese gehören zum Standardrepertoire der Risikomodellierung und eignen sich hervorragend als Einstieg in die Welt statistischer Analysen[40]. Sie sind gut erforscht, in der Regel sehr robust und einfach anwendbar. Eine Regression sucht Zusammenhänge (Korrelationen) zwischen einer abhängigen (z. B. Fraud) und mindestens einer unabhängigen Variablen (z. B. Alter, Einkommen oder Art des Finanzierungsobjekts). Die Kombination der Ausprägungen der Variablen bilden dann bestimmte Muster und Profile ab (z. B. 20 Jahre alt mit einem Nettoeinkommen von mehr als 4.000 Euro). Ursächliche Abhängigkeiten (Kausalitäten) können hingegen nicht belegt werden.

---

162 Siehe Anhang 30.3.
163 Ein Beispiel ist die Probability of Default, die angibt, mit welcher Wahrscheinlichkeit ein Kunde innerhalb des kommenden Jahres ausfallen wird.

Vor der Entwicklung eines regressionsbasierten Scoringverfahrens ist mit Praktikern eine **Zieldefinition** zu finden. In der Betrugsbekämpfung ist das die Schlechtdefinition »Fraud«. Darauf aufbauend werden verfügbare und zur Analyse sinnvoll erscheinende Daten zusammengetragen. Die Qualität der Daten sollte geprüft sein.

Im zweiten Schritt ist ein Modell zu entwickeln. Verschiedene Modellarten sind auf jeweils bestimmte Eigenschaften der zu analysierenden Variablen zugeschnitten.

Im einfachsten Fall sind die Variablen stetig und normalverteilt[164], dann kann das Verfahren der **linearen Regression**[165] in der folgenden Form angewendet werden:

Abhängige Variable
= Vorhergesage aus unabhängiger Variable 1 + ...2 + ...n + Unerklärter Anteil

Mathematisch sieht das so aus:

$$= \alpha + \beta_1 Var_1 + \beta_2 Var_2 + ... + \beta_n Var_n + \varepsilon$$

Die geschätzten Gewichte (β_i) können dabei sowohl ein positives als auch ein negatives Vorzeichen aufweisen und damit ent- bzw. belastend wirken. Der Rest (ε) kann nicht durch die Daten erklärt werden und macht die Unschärfe aus. Ist dieser Rest sehr klein, ist die Erklärkraft des Modells hoch. Die unabhängigen Variablen erklären dann weitgehend die Ausprägung der abhängigen Variablen[166].

Bei vielen Scorings fragt man jedoch, ob ein Zustand wahr oder falsch ist. Man spricht hier von einer dichotomen Zielvariablen (z. B. Fraud/Non Fraud, Ausfall/kein Ausfall). Oftmals sind auch die unabhängigen Variablen nominal- (z. B. Eigentumswohnung/Reihenhaus/Einfamilienhaus) oder ordinal-skaliert (z. B. Ja/Vielleicht/Nein). Dann funktioniert eine lineare Regression in der

---

164 Eine stetige Variable kann jeden beliebigen Wert innerhalb eines definierten Intervalls der reellen Zahlen annehmen, z. B. Größen- oder Gewichtsangaben, Einkommen. Die Normalverteilung unterstellt eine symmetrische Verteilungsform und findet häufig bei großen Grundgesamtheiten Anwendung.
165 Die bekannteste Methode ist die der Kleinsten Quadrate von Gauß (47).
166 Ein typisches Einsatzgebiet sind die Sozialwissenschaften oder die Ökonomie zur Erklärung eines Zusammenhangs beispielsweise zwischen Arbeitslosigkeit und Entwicklung des Bruttosozialproduktes.

Regel nicht. Stattdessen kann eine **Logistische Regression** genutzt werden[167]. Die Statistik dahinter ist deutlich komplexer als bei einer linearen Regression. Auch eine Reihe von Restriktionen ist zu beachten[168]. Als Ergebnis der logistischen Regression erhält man analog zum linearen Regressionsmodell eine Gleichung, anhand derer man eine Eintrittswahrscheinlichkeit ermitteln kann[169].

Die Anwendung mehrerer Prüf- und Testverfahren ist üblich, um in einer **Validierung**[81] die Qualität des ermittelten Modells festzustellen. Sie sollte auf jeden Fall periodisch stattfinden, kann aber auch bei starken Veränderungen der Datenbasis (als Richtwert gelten 20%) oder auch bei einer Veränderung in der abhängigen Variablen notwendig werden, wenn beispielsweise die zu schätzende Variable ihren Wert um mehr als 10% verändert.

Bei der Entwicklung eines Prognoseverfahrens wird üblicherweise der Gini-Koeffizient[170] als Gütekriterium verwendet. Dann gilt: Je höher, desto besser.

In der Betrugsbekämpfung, also der Ermittlung eines Ist-Zustands, ist die False-/Positive-Rate ein besserer Indikator. Diese gibt das Verhältnis von fälschlicherweise zu korrekt ausgesteuerten Betrugsfällen an und ist damit ein direkter Indikator der erfolgreichen Identifizierung innerhalb der Prüfmenge.

Würdigung

Das Scoring ist als automatisiertes Verfahren sehr gut geeignet, ergänzende Informationen für die Entscheidungsfindung bereitzustellen. Scoringmodelle können einfach als Rechenkern in die existierende IT Landschaft eingebunden werden. Die Methode kann dabei auch gut als Frühwarnsystem genutzt werden. Mit diesem Wissen können Handlungsalternativen in Entscheidungsprozessen gesteuert werden, z. B. manuelle Aussteuerung vs. maschinelle Bearbeitung.

Facheinschub 13: Matthias Kurz – Scoring

---

167 Es gibt unterschiedliche Meinungsströmungen zur Anwendbarkeit einer linearen Regression bei dieser Variablenkonstellation.
168 So dürfen beispielsweise keine hohen Korrelationen zwischen den Variablen vorherrschen.
169 Eine für Nicht-Statistiker verständliche Schritt-für-Schritt-Anleitung der Modellgestaltung findet sich in (74).
170 Der Gini-Koeffizient ist ein Maß auf einer Skala von 0-1 und zeigt an, wie trennscharf ein Modell gut von schlecht, im Beispiel Fraud von Non-Fraud unterscheiden kann. Gute Fraud-Scorekarten können einen Gini von 80% erreichen.

Die beiden hatten fast drei Stunden zusammen gesessen. Kaya verabschiedete sich und lief ins Büro.

In ihrem Posteingang hatte sie eine E-Mail von Markus mit der Nachricht, dass er wieder da sei. Sie verzichtete darauf, die restlichen E-Mails zu lesen, die nach den Überschriften aus dem üblichen Sammelsurium eines Großkonzerns aussahen. Einen Moment später hatte sie zwei Kaffee organisiert und ging zu ihrem Chef.

»Hallo Markus. Das war aber ein kurzer Ausflug.« Sie reichte ihm einen Becher.

»Danke sehr. Ja, es war nur ein Meeting. Dafür war die Fahrt eigentlich schon zu lang. Ich bin vorhin in Deinem Büro gewesen und wollte Dich zum Mittagessen abholen. Da war wohl jemand schneller?«

»Ich hatte ein interessantes Gespräch über Scoring. Vielleicht ist das ein guter Ansatz.«

»Mit wem denn?«

»Mit einem Bekannten von Sören. Matthias Kurz.«

»Mit Matze, alles klar. Der stellt mich natürlich in den Schatten.« Er schob die Unterlippe nach vorn und parodierte damit Kayas aufgesetzt schmollenden Gesichtsausdruck.

»Markus, da kann ein Vogel drauf landen und pickt Dir dann in die Nase. Das hat mein großer Bruder immer zu mir gesagt.«

»Nicht schlecht. Das akzeptiere ich trotz meiner großartigen Gesichtsakrobatik als unentschieden.« Er nippte an seinem Kaffee und begann von Projekten zu erzählen, bei denen auch der Lange Kurz dabei gewesen war. Dann gab er Kaya Namen von weiteren früheren Kollegen, die sie fragen konnte und bat Kaya, die Unterlagen zum Business Case zu mailen.

Fünf vor halb sechs meldete sich Kayas Smartphone. Der Termin mit Liebmann stand an.

Kaya lief die Treppen zu seinem Büro. Aus dem 14. in den 25. Stock. Vielleicht machte es einen besseren Eindruck, wenn sie außer Atem ankam.

Herrn Liebmanns Bürotür stand offen.

»Na so was. Die Frau Cazadora. Sie kommen also doch noch?« Hermann Liebmann wirkte sauer. »Warum waren Sie nicht heute früh da? Frau Schulze hatte Ihnen doch mitgeteilt, dass ich ab heute wieder im Büro bin.«

»Hallo Herr Liebmann«, entgegnete Kaya. »Ich war heute früh bei Ihnen am Büro. Sie waren leider nicht da, und dieser Termin war die erste freie Zeit in Ihrem Kalender. Den habe ich geblockt, damit wir uns heute noch zusammensetzen können.« Das sollte Liebmann doch besänftigen. Doch so einfach ließ er sie nicht davonkommen.

»Nur damit das klar ist, Frau Cazadora.« Hermann Liebmanns Blick fixierte sie hart. »Hier wird nicht schlampig gearbeitet oder sich still weggeduckt. Ich bin der Chef und Sie machen, was ich sage. Sie hätten auch warten können, bis ich wieder da bin.«

Aber natürlich, dachte Kaya. Ewig vor einem verschlossenen Büro warten. Sie schwieg. Manchmal war das die bessere Option.

»Nehmen Sie Platz. Ich erzähle Ihnen, was ich erwarte.«

In den nächsten zwanzig Minuten erklärte Herr Liebmann sein Vorhaben. Das Notfallkonzept der Bank sollte geprüft und verbessert werden. Das Thema lag in seinem Verantwortungsbereich, hatte aber in der Vergangenheit keine Priorität. Es gab bereits eine Reihe von Unterlagen, in die sich Kaya einlesen sollte. Außerdem erwartete ihr neuer Chef, dass Kaya in ihr Beraternetzwerk horchen und herausfinden sollte, wie andere Banken in dem Bereich aufgestellt waren. Eine erste Marktübersicht sollte sie bis Freitag erstellen. Als sie sein Büro verlassen wollte, stand Herr Liebmann auf. Kaya streckte die Hand aus, doch statt des erwarteten Händedrucks legte er ihr seine dicklichen Finger auf den Arm und hielt kurz fest. Kaya erstarrte.

»Lassen Sie Ihr dummes Betrugsthema sein. Das hat keine Zukunft. Arbeiten Sie lieber mit mir. Auf der Notfallplanung liegt momentan viel Augenmerk.« Bevor Kaya reagieren konnte, hatte er sie schon wieder losgelassen und sich zu seinem Schreibtisch umgedreht. Sie war froh, endlich verschwinden zu können.

Das Meeting war alles andere als angenehm gewesen. Kaya entschied sich für einen frühen Feierabend. Sein Verhalten erschien ihr unangemessen, doch ihr fiel kein guter Weg ein, auf das Eindringen in ihre Intimsphäre im Nachhinein zu reagieren.

Dann machte sich Kaya auf den Weg ins Sportstudio.

12. Übernahme

Kaya war in genug Projekten unterwegs gewesen, um Liebmanns Anweisungen Folge zu leisten. Manchmal musste man sich von interessanten Dingen verabschieden und Jammern nützte schließlich nichts. Sie startete mit den vorhandenen Unterlagen. Es waren ältere White Paper[171] und Konzeptentwürfe von Unternehmensberatungen. In Abbildungen wurden Informationsketten und Ansprechpartner für bestimmte Notfälle benannt. Das Thema war komplex.

Am frühen Donnerstagmittag forderte Liebmann bereits das erste Mal eine Statusmeldung, nochmals Donnerstagabend. Freitagfrüh wollte er wissen, wie weit sie mit ihrem Netzwerk war. Kaya gab ihr Bestes. Sie hatte den Eindruck, dass ihre Bank sich bisher weitgehend darauf beschränkt hatte, Ideen von Unternehmensberatungen anzufordern. Gegen 16 Uhr rief sie Herrn Liebmann an, erreichte aber nur den Anrufbeantworter. Zum Feierabend schrieb sie eine E-Mail mit ihrem Arbeitsstand. Die Wettervorhersage für dieses Wochenende war gut. Vielleicht hatte sie neben dem Einkauf und dem dringend notwendigen Wohnungsputz noch etwas Zeit, sich die die Innenstadt anzuschauen. Auf jeden Fall würde sie für Hermann Liebmann nicht ihr Wochenende opfern, auch wenn die Notfallplanung doch interessant war.

Am Sonntagnachmittag fand sie sich am Deutschherrenufer wieder. Den Samstag hatte Kaya genutzt, um ihre Wohnung auf Hochglanz zu bringen und in Ruhe einzukaufen. Am Abend saß sie schlicht mit einem Roman in ihrer aufgeräumten Wohnung und genoss das Gefühl, sich langsam heimisch zu fühlen. Nun blickte sie auf die im Sonnenschein flanierenden Menschenmassen. Diese Stadt sollte jetzt ihre Heimat sein.

Sie wandte sich ihrem Laptop zu. Trotz des festen Vorsatzes, heute nicht zu arbeiten, hatte sie ihn nicht zu Hause lassen können. Während Kaya einen Grauburgunder trank, las sie eine E-Mail von Markus. Er hatte ein paar Verständnisfragen und die Zahlen bei der Investition deutlich erhöht. Außerdem war der Entwurf einer Präsentation angehängt, mit der er innerhalb der Bank für das Projekt werben wollte.

Neben den Einsparungen hatte Markus auch auf die rechtlichen Anforderungen verwiesen, der 25c KWG erforderte schließlich den Aufbau einer systembasierten Betrugsprävention. Außerdem wies er auf das Risiko von massiven Angriffen hin, die notfallähnliche Szenarien bedeuten konnten, wenn sie nicht frühzeitig erkannt würden. Das sah sehr nach einem dramaturgischen Kniff

---

171 Überblick zu Leistungen, Standards, Vor- und Nachteilen, häufig mit Anwenderbeispielen.

aus, um sie aus Liebmanns Fängen zu befreien. Aber inhaltlich richtig war es schon. Und dann war es ihm in der Präsentation auch gelungen, die Wichtigkeit von OpRisk herauszustellen, dabei aber klarzumachen, dass letztendlich Compliance zuständig war und die Umsetzung beim Risikocontrolling und den operativen Einheiten liegen sollte.

In der E-Mail erwähnte er auch, dass er die Präsentation mit Compliance abstimmen würde und den Leiter der Beitreibung, also den Chef von Wieland, schon informiert hatte. Markus sammelte Sponsoren für das Projekt. Hier lief das politische Spiel und Kaya war froh, dass sie auf diesem Parkett nicht tanzen musste. Sie prostete Markus in Gedanken zu, während sie seine Fragen beantwortete. Es kam halt vor allem auf das Miteinander an. Und da spielte Liebmann eher auf den Abstiegsplätzen der dritten Liga. Dann klappte sie den Laptop zu und das mitgebrachte Buch auf. Sie wollte sich von den Gedanken an einen schlechten Manager schließlich nicht den herrlichen Tag vermiesen lassen.

Die neue Woche begann mit weiteren Anweisungen von Liebmann. Auf ihren Arbeitsstatus ging er mit keinem Wort ein. Mittags bestellte er Kaya in sein Büro. Sie ging mit einem mulmigen Gefühl hin.

Wider Erwarten war er mit Kayas Ausarbeitungen zufrieden. Wie zur Belohnung der guten Arbeit übergab er ihr ein großes Aufgabenpaket, das Kaya mindestens eine Woche auslasten würde. Sie sollte das alte Konzeptpapier aktualisieren. Was einfach klang, bedeutete viele Gespräche mit den betroffenen Abteilungen. Am Dienstag und Mittwoch rief Herr Liebmann sie spontan zu Meetings dazu. Trotz ihrer Abneigung empfand sie zunehmend Respekt vor seiner Art der Gesprächsführung. Er setzte seine Anliegen gegenüber den verschiedenen Gesprächspartnern mit viel Geschick durch und verstand es unglaublich gut, sich den verschiedenen Persönlichkeiten anzupassen. Einen der legendären Wutausbrüche erlebte sie nicht. Kaya richtete ihre Aufmerksamkeit voll auf Liebmanns Projekt. Wenn Markus das Projekt durchbringen würde, umso besser. Wenn nicht, musste sie dieses als gute Alternative nutzen.

Am Mittwochabend wartete Kaya in ihrem Büro. Markus hatte sie informiert, dass er ihr Projekt vorstellen wollte. Die Besprechung dauerte deutlich länger als gewöhnlich.

Endlich schaute Markus durch die geöffnete Tür. »Hi, hast Du einen Moment Zeit?« Seine Miene verriet nichts.

»Aber klar, worauf warte ich wohl? Komm rein und erzähl.« forderte ihn Kaya auf.

»Es gibt gute und schlechte Nachrichten. Womit soll ich anfangen?«

»Bitte zuerst die Gute.«

»Okay. Die gute Nachricht ist, dass Dein Business Case gesessen hat. Es wird eine Vorstudie durchgeführt. Die Runde war sehr erstaunt, wie viel Betrug wir erkannt haben. Und dass wir eine Idee haben, diesen systematisch zu identifizieren. Es gab reichlich Ideen, wie wir die Methoden in die Systeme einbetten können und selbst der Vertrieb fand das Thema gut.« Der Enthusiasmus in Markus Stimme verflog. »Nur der liebe Herr Liebmann war ziemlich erbost. Er empfand es als Beleidigung, dass wir seine Arbeit und insbesondere die Vollständigkeit seiner OpRisk-Datenbank in Zweifel gezogen haben.«

»Das machen wir doch gar nicht«, unterbrach ihn Kaya. »Wir haben doch eine ganz andere Definition angesetzt als bisher üblich.«

»Das habe ich auch gesagt. Aber Hermann hat sich einfach nicht beruhigen können. Er hat sich wirklich aufgeregt. Hat mich angeschrien, dass das Thema in seinen Aufgabenbereich gehört und Dein Projekt zudem gar nicht notwendig ist. Allerdings kam er nicht gegen die 10 Millionen Euro an.« Markus rang sich ein kleines Lächeln ab. »Ich kenne doch meine Kollegen. Die Zahl hat sie beeindruckt. Dann hat Hermann versucht, die Vorstudie an Compliance abzuschieben. Mit denen hatte ich im Vorfeld gesprochen, woraufhin der Chef von Frau Müller mitgeteilt hat, dass wir die Studie in unserer Verantwortung durchführen sollten, da es in seinem Bereich kein Fachwissen zum Kreditprozess gibt. Hermann hat also schlucken müssen, dass es eine Vorstudie geben wird.«

»Hört sich aber an, als wäre es ein ziemlich schlimmer Auftritt gewesen. Warum kommt Herr Liebmann mit der Art durch?« Kaya konnte sich kaum vorstellen, dass die gestandenen Führungskräfte einen cholerischen Kollegen dulden würden.

»Unterschätz ihn nicht. Er ist politisch brillant und hat über die Jahre viele Allianzen geschmiedet. An seinen ›Stil‹ haben sich die Kollegen nach und nach gewöhnt. Die meisten ignorieren das einfach.«

»Okay. Und was ist die schlechte Nachricht?«

»Projektleiter wird Hermann sein. Betrug ist halt OpRisk. So wurde es mehrheitlich gesehen und ist auch nicht ganz falsch. Ich habe Dich nicht als Projektleiterin durchsetzen können. Da half alles Reden nicht.« Markus wirkte müde.

Ein cholerischer Projektleiter, der nichts von dem Projekt hielt, dass er leiten sollte. Warum wollte keiner sehen, dass das ein totes Pferd war? »Na ja, erst mal ist es doch gut, dass wir weitermachen können. Ich hoffe, Herr Liebmann torpediert das Projekt nicht.« Sie sahen sich einen Moment schweigend an.

Dann setzte Markus erneut an. »Die schlechte Nachricht geht leider noch etwas weiter. Die nächsten drei Wochen musst Du allein zurechtkommen. Ich bin ab Montag im Urlaub und die meiste Zeit nicht erreichbar. Versuch, Dich gut mit Hermann zu stellen. Er hat Einfluss in der Bank.«

»Und ich habe ihn verärgert«, stellte Kaya fest. »Dann werde ich mich wohl mal auf meinen Weg nach Canossa[172] aufmachen.« Nach einer kurzen Pause fragte sie. »Wo willst Du eigentlich im Urlaub hin? Gibt es noch einen Punkt auf der Erde, wo es keinen Handy-Empfang gibt?«

»Allerdings!« Markus entspannte sich sichtlich. »Ich will nach Nordwestkanada an den Yukon, immer der Fährte von Jack London[173] nach. Drei Wochen Kanu fahren und Wandern. Das ist ein alter Kindheitstraum von mir. Ich habe früher seine Bücher verschlungen. Selbst wenn ich telefonieren wollte: Die Wildnis ist da noch ein einziges Funkloch.«

Am nächsten Morgen führte Kayas erster Weg zu Herrn Liebmann. Die Tür zu seinem Büro war geschlossen, doch auf ihr Klopfen hörte sie wieder die gedämpfte Einladung. Herr Liebmann saß locker im Sessel, Frau Schulze aufrecht auf der Couch. Auf dem Tisch lag ein Stapel Unterlagen.

»Ach Sie! Ich habe keine Zeit.« Liebmann klang ärgerlich.

»Herr Lang hat mir berichtet, dass wir das Betrugsprojekt vorantreiben. Ich wollte nur nachfragen, wann wir uns zusammensetzen können, um Details zu klären.«

Hermann Liebmann fixierte sie, setzte sich aufrecht und holte Luft. Im Augenwinkel sah Kaya, dass Frau Schulze das Gesicht schmerzlich verzog. Sie deutete einen Biss auf die Unterlippe an. Noch bevor Herr Liebmann etwas sagen konnte, stand sie auf, merkte kurz an, dass sie später noch einmal wiederkommen würde und verließ den Raum. Die Tür schloss sie hinter sich.

Liebmann bot Kaya keinen Platz an.

»Was wollen Sie? Sich mit mir zusammensetzen? Erst tun Sie so, als ob Sie mit mir zusammenarbeiten wollen. Dann fallen Sie mir in den Rücken und nun kommen Sie angekrochen? Versucht doch der Lang, in der Abteilungsleiterrunde ein Projekt durchzuboxen. Und zwar nicht irgendein Projekt, sondern ein Betrugsprojekt. Als ob das seine Themenecke wäre.« Er holte wieder hörbar Luft. »Und dann schlägt er auch noch Sie als Projektleiterin vor!«

Liebmann zeigte mit dem Finger auf sie, stand auf und kam auf sie zu. »Was soll ich denn davon halten?«

---

172 Als erniedrigend empfundener Reue- oder Bittgang. Das geflügelte Wort basiert auf dem Bußgang von Heinrich IV 1077 zur Burg Canossa (Italien), den er antrat, um den vom Papst Gregor VII verhängten Kirchenbann zu lösen.
173 Amerikanischer Schriftsteller (1876-1916), der besonders durch seine Abenteuerromane bekannt geworden ist. Zu seinen Werken gehören »Wolfsblut« und »Ruf der Wildnis«.

»Herr Liebmann, ich...« Er baute sich vor ihr auf und Schnitt ihr das Wort ab.

»Meint das junge Fräulein etwa, mir die Richtung vorgeben zu können? Ich habe es schon mit ganz anderen Personen zu tun gehabt. Die dürfen heute höchstens noch den Postkarren schieben. Seien Sie also vorsichtig, sehr vorsichtig.« Der letzte Satz kam mit einer übertriebenen Schärfe. »Und jetzt raus. Ich habe Wichtigeres zu tun, als mich über Sie zu ärgern.«

Kaya kehrte in ihr Büro zurück und machte sich wieder an die Notfallplanung. Es fiel ihr schwer, sich zu konzentrieren. Zerstreut blätterte sie durch ihre Unterlagen.

Kurz vor dem Mittagessen kam Liebmann in ihr Büro.

»Ich muss mit Ihnen sprechen.« Er klang ruhiger. »Frau Cazadora. Ich bin enttäuscht von Ihnen. Sie fangen hier frisch in der Bank an. Ich hatte einen positiven Eindruck, besorge Ihnen ein tolles Projekt, stelle Ihnen wichtige Kollegen in der Bank vor.« Er hatte die Hände in die Seiten gestemmt.

»Und dann beißen Sie die Hand, die Sie füttert. Ihnen ist schon bewusst, dass Sie noch in Ihrer Probezeit sind?« Die zweite Drohung heute. »Wenn Sie noch eine Chance haben wollen, dann erfüllen Sie Ihre Aufgaben zu meiner Zufriedenheit! Wenn Sie nicht vollständig hinter mir stehen, kann ich mich nicht auf Sie verlassen. Dann kann ich mit Ihnen auch nichts anfangen.« Sein Blick schien sie aufzuspießen. »Sie werden mich über alle Ihre Schritte unterrichten. Niemand wird gefragt, ohne dass ich es weiß. Es werden keine Daten zusammengetragen, ohne dass ich meine Zustimmung gegeben habe. Es geht keine Präsentation raus, ohne dass ich diese vorher freigegeben habe. Haben wir uns verstanden?«

»Herr Liebmann, ich wollte zu keiner Zeit jemandem schaden.«

»Ich wollte nur wissen, ob wir uns verstanden haben«, kam es scharf zurück.

»Und mir ist es wichtig, dass wir dieses Missverständnis ausräumen.«

In seinem Blick zeigte sich das Erstaunen über ihren Widerspruch.

»Herr Liebmann, ich war frühzeitig bei Ihnen. Ich habe Ihnen erzählt, was ich in Sachen Betrug mache. Ich habe auch erklärt, dass ich eine neue Definition verwende, die von der bisherigen OpRisk-bezogenen Definition abweicht. Sie wussten auch von dem Business Case. Durch die abweichende Definition für Fraud wird niemand diskreditiert. Das ist doch für uns alle eine ausgezeichnete Perspektive. Mir schien auch, dass unsere Zusammenarbeit in Sachen Notfallplanung gut angelaufen ist.«

So ganz sauber war die Aktion mit der Abteilungsleiterrunde natürlich nicht gewesen. Markus hätte den Liebmann durchaus vorher einbinden können. Aber die Informationen standen ihm zur Verfügung und Markus hatte nur Liebmanns Methoden verwendet.

Eine Weile sahen sich die beiden stumm an. Schließlich begann Herr Liebmann etwas versöhnlicher. »Na gut. Versuchen wir es noch einmal. Die Notfallplanung hat Vorrang, verstanden? Die aktuellen Aufgaben schicke ich Ihnen gleich. Denken Sie daran, Sie berichten an mich. Rien ne va plus[174].«

Hermann Liebmann verließ das Büro. Kaya atmete durch und setzte sich wieder an die Notfallplanung. Das Betrugsthema musste warten.

---

174 Nichts geht mehr.

13. Auftrieb

Liebmann ließ Kaya spüren, dass sie einen Fehler gemacht hatte. Nach wie vor nahm er sie in Meetings mit, doch nutzte er seine rhetorischen Fähigkeiten jetzt, um sie zu diskreditieren. Er erwähnte, dass das Projekt Notfallplanung nur langsam voranginge. Er begründete fehlende Ergebnisse mit der notwendigen Überarbeitung von Kayas Ergebnissen. Fehlende Abstimmungen schob er ihr zu. Er benannte Kaya kurzfristig als Vertretung und schickte sie ohne Vorbereitung in schwierige Gespräche. Wollte sie eine Entscheidung, wehrte er diese mit dem Hinweis auf fehlende Details ab.

Sprach sie die Probleme an, lobte er sie als gute Mitarbeiterin – allerdings nur, wenn sie allein waren. Ihre Wahrnehmung sei wohl fehlerhaft. Immer gab es gute Begründungen für sein Verhalten und Kaya fand sich zunehmend in der Rolle einer mäßigen Sachbearbeiterin wieder.

Und seine Taktik ging auf. Nach zwei Wochen fühlte sich Kaya geistig und auch körperlich schlecht. Sie grübelte, wie es weitergehen sollte. Markus war weit weg und sie war Liebmann ausgeliefert. Ihre Probezeit war noch lang. Sie hatte noch keinen Job hingeschmissen. Jetzt überlegte sie, ob sie nicht ihre Kontakte aktivieren sollte, um schon einmal vorsichtig nach Alternativen zu suchen.

Die genehmigte Vorstudie zur Betrugsprävention hatte eine nachrangige Priorität erhalten. Liebmann hatte sie mit keinem Wort mehr erwähnt.

Kaya saß vor einer erkalteten Tasse Kaffee in ihrem Büro und starrte auf den Rechner, als plötzlich Wieland mit Frau Müller in ihrer Tür stand.

»Hallo Kaya, hast Du einen Moment Zeit für uns?« Wieland hielt eine blaue Umlaufmappe in der Hand und der Duft seines Pfeifentabaks drang zu ihr.

»Aber natürlich. Es ist schön, Euch zu sehen. Kommt doch rein. Ich kann etwas Ablenkung gut gebrauchen.«

»Wir wollen etwas mit Ihnen besprechen.« Frau Müller segelte an Wielands Seite in das Büro. Sie war beim Friseur gewesen und der neue Kurzhaarschnitt passte zu dem dezent blauen Hosenanzug und ihrem frischen Auftritt. Sie sah aus, als würde es ihr blendend gehen.

»Dann lassen Sie uns am besten in das Büro meines Chefs gehen. Dort haben wir mehr Platz. Er ist im Urlaub.« Mit einem Blick auf Wieland ergänzte sie: »Rauchen kannst Du da allerdings nicht.«

Wieland lächelte Kaya freundlich an. Auch er machte eine bessere Figur, aber vielleicht lag ihr Eindruck auch einfach daran, dass beide so freundlich waren, ihr so zugewandt wirkten.

»Das macht gar nichts. Das Gespräch an sich ist mir schon ein Vergnügen.«

Sie setzen sich an den kleinen Tisch und Frau Müller eröffnete das Gespräch. »Frau Cazadora, Sie haben Wieland und mir vor knapp vier Wochen Ihren Arbeitsstand zum Gregor-Fall geschickt. Wieland hat sich das angesehen und die Daten mit den aktuellen Kontoeröffnungen abgeglichen. Vorgestern gab es einen Treffer in Sachsenhausen-Nord. Eine bekannte Adresse und Telefonnummer bei einem komplett anderen Namen.« Frau Müller machte eine Pause.

Kaya wartete gespannt. Wieland saß neben ihr und öffnete die blaue Mappe. Der Aktendeckel zeigte zu ihr, so dass sie den Inhalt nicht sehen konnte.

»Das Konto war schon eröffnet«, fuhr die Kollegin fort, »und die Karten und Zugangsdaten für das Onlinebanking schon verschickt. Ich habe mit dem zuständigen Kundenberater gesprochen. Der Kollege war klasse. Er hat gefragt, ob wir glauben, dass Gregor wirklich Ahnung vom Bankgeschäft hat. Aufgrund Ihrer Beschreibung haben wir angenommen, dass er nicht vom Fach ist.« Wieland unterbrach sie mit einer Handbewegung und sah Kaya an. »Hast Du einen Kaffee für uns?«

Kaya schaute ihn irritiert an.

Wieland lachte schallend. »Nur ein Scherz, vielleicht später. Birgit, erzähl weiter.«

»Der Kollege hat den Kunden angerufen und ihm gesagt, dass er noch eine Unterschrift für den Dispositionskredit bräuchte. Und ob ihm denn das Starterlimit der Kreditkarte reichen würde oder ob sie das gleich anheben sollen.«

»Karl-Heinz ist einer der alten Ausbilder«, schaltete sich Wieland ein. »Die haben auch immer die Azubis veräppelt. Darin ist er wirklich gut. ›Hol mal den Zinsfuß aus dem Keller‹.« Er kicherte.

Noch einmal setzte Frau Müller an. »Er hat einen Termin vereinbart. Und der Kunde ist tatsächlich erschienen. Zwei Polizisten haben schon im Pausenraum gewartet. Wir haben Gregor heute Vormittag festnehmen lassen.«

Wieland Meier drehte die Mappe und schob sie zu ihr. Ein Ausschnitt aus einem Foto einer Überwachungskamera lag darin. Etwas pixelig zeigte es den Oberkörper eines gutgebauten, braungebrannten Mannes mit einer Baseballkappe. Das Gesicht konnte man wegen der Kappe nur teilweise erkennen.

»Herzlichen Glückwunsch zum ersten gefangenen Betrüger!« Die beiden strahlten sie an. Kaya starrte sprachlos auf das Foto des unbekannten Mannes.

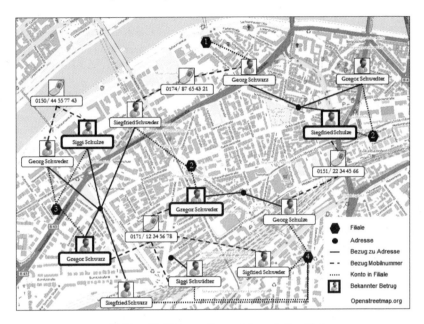

Abbildung 15- Einige von Gregors Adressen in Frankfurt

Die blaue Mappe enthielt noch mehr Unterlagen. Frau Müller hatte wie im Fall Rossi ein Beziehungsnetz gezeichnet. Da die meisten Fälle in Frankfurt lagen, hatte sie die Adressen in Rot auf einer Kopie eines Stadtplans markiert, auf der auch die Filialen eingezeichnet waren. Die Filialen waren mit Nummern markiert. Frau Müller erklärte, dass dies die Anzahl der getroffenen Konten war. Alle Fälle konzentrierten sich auf fünf Filialen. Wieland hatte sich wöchentlich die Kontoeröffnungsdaten dieser Geschäftsstellen geben lassen und dann die Adressen und Telefonnummern mit Kayas Liste abgeglichen.

Während Wieland Kaffee aus der Cafeteria holte, nahm sich die Compliance-Beauftragte Zeit, die Verhaftung und die folgenden Ereignisse zu schildern.

»Ich war bei der ersten Befragung dabei, deshalb kommen wir auch erst jetzt. Der Kerl hatte zum ersten Mal Handschellen an und war sofort sehr redselig. Insgesamt gehen auf ihn wohl um die zwanzig Fälle. Der Rest kommt von seinen Freunden. Das Vorgehen hat er auch von einem Bekannten, genauso wie die Ausweise. Und er war dumm genug, auch eines von den Handys zu kaufen, das ihm einer der Typen angeboten hat.«

»Dann haben wir also in ein Wespennest gestochen?« Kaya fühlte sich prächtig. Eine kleine Verhaftung am Nachmittag ließ den Tag in einem ganz anderen Licht erscheinen.

»Sieht so aus. Er hat auch anderen Leuten davon erzählt. Gregor ist wohl nicht besonders gut darin, den Mund zu halten.«

Birgit Müller hatte sich bei der Suche nach dem zuständigen Polizeirevier auch mit dem Bundeskriminalamt unterhalten. Das saß in der Nachbarstadt und tatsächlich halfen ihr die Beamten bei der Organisation der Verhaftung. Nach dem Verständnis des BKA war das Betrugsgeschäft arbeitsteilig organisiert. Es gab Spezialisten, die Unterlagen erstellten, von der Fälschung einer Gehaltsabrechnung bis hin zum Aufbau einer Scheinfirma. Internetseiten wurden von anderen erstellt, zur Aushebelung des Arbeitgeberrückrufs wurden Telefonnummern auf spezielle Call-Center geschaltet. Gregor war nur ein kleiner Fisch. Interessant war, woher er die Unterlagen bekommen hatte.

»Gregor hat anscheinend wenig selbst gemacht und auch die Ausweise gekauft. Zwar keine besonders gute Qualität, aber er hat die Legitimation über das PostIdent vorgenommen, dafür hat's gereicht. Die Filialzuordnung lag nur daran, dass die Adressen aus der gleichen Gegend kamen.«

Wieland war mit einem kleinen Tablett zurückgekehrt, hatte wortlos Kaffee und Muffins auf den Tisch gestellt und sich wieder zu ihnen gesetzt.

»Was kostet denn so ein Ausweis?« Kaya sah sich die Ausweiskopie an, die den Unterlagen beilag. Sie konnte nicht erkennen, warum dies eine Fälschung sein sollte. »Und danke, Wieland.« Sie nahm sich einen Becher.

»Je nach Qualität, aber deutlich unter tausend Euro. Es gibt auch ganze Pakete mit Ausweis, Meldebestätigung und bereits eröffnetem Konto. Nur abräumen muss man noch selbst. Aber der Ausweis hier stammt aus einer frei verfügbaren Software. Der ist auf jeden Fall weniger wert, als Gregor dafür bezahlt hat.«

Wieland stand wieder auf »Entschuldigt, aber ich muss noch zu einer Zwangsversteigerung. Habt Ihr heute Abend schon etwas vor?« Die beiden Frauen verneinten. »Wie wär's, wenn ich bei dem schönen Wetter heute Abend ein paar Würstchen auf den Grill schmeiße und Birgit erzählt dann etwas mehr?«

14. Modus Operandi – Erstattung einer Strafanzeige

Kaya konnte sich nicht mehr auf die Notfallplanung konzentrieren. Irgendwie erschien es ihr heute auch nicht wichtig und sie verabschiedete sich kurz nach fünf in den Feierabend. Zeit genug, um noch eine Flasche Wein zu besorgen. Um sieben stand sie vor einem kleinen, älteren Reihenhaus am Rande der Frankfurter Innenstadt.

Wieland öffnete die Tür. Er trug eine Küchenschürze. Musik und der Geruch nach Pfeifenrauch drangen ihr entgegen.»Willkommen! Birgit ist noch nicht da.«

Er führte sie durch einen kurzen Flur in ein helles Wohnzimmer. Das cremefarbene Sofa, der helle Teppich und die spärliche Einrichtung passten überhaupt nicht in das Bild, das Kaya sich von dem schnauzbärtigen Mann mit der Fastglatze gemacht hatte. Sie hatte irgendwie Eiche rustikal erwartet. Auf einem weißen Möbel stand ein großer Plattenspieler mit einem zentimeterdicken, durchsichtigen Abspielteller. Der Antriebsriemen führte zu einem getrennten Motor und dicke silberne Kabel führten zu kleinen Boxen auf hohen Ständern. Sie sah keinen Fernseher und das Sofa war zur Panoramascheibe hin aufgestellt. Die Tür zur Terrasse war geöffnet. Links öffnete sich der Raum über eine Stufe in eine Wohnküche mit Kücheninsel. Eine Wendeltreppe führte in den ersten Stock.

»Kann ich Dir die Jacke abnehmen?« Wieland nahm ihr den Kurzmantel aus der Hand und hängte ihn in einen eingelassenen Wandschrank. »Ich hoffe, Du magst Jazz. Kochen und Musik sind meine beiden Leidenschaften.«

Kaya überreichte Wieland ihr Mitbringsel und er musterte die Flasche.

»Danke. Die sieht sehr gut aus.« Die Haustürglocke läutete.

Eine halbe Stunde später saßen sie bei einem Glas Rotwein in der Abendsonne. Frau Müller hatte Kaya direkt nach ihrer Ankunft angeboten, sie zu duzen. Während sie mit Birgit anstieß, stand Wieland am Grill. In der Küche hatte er »nur eine Kleinigkeit« vorbereitet, die sich als verschiedene Vorspeisen und Appetithäppchen entpuppten. Auf dem Grill brutzelten Auberginen, Lammlachse und marinierte Spießchen.

Wieland nahm ihr Thema beim Essen wieder auf. »Was Birgit heute Nachmittag erzählt hat, ist nur die Spitze des Eisbergs. Die Spezialisierung der Betrüger geht noch weiter. Für Baufinanzierungen gibt es Akteure, die sich auf das Aufkaufen von Schrottimmobilien spezialisiert haben und diese dann weiterverkaufen. Da gibt es spezielle Notare, Vermittler und Call-Center für den Vertrieb. Manchmal sind die Kunden ahnungslos, bei vielen ist es finanziell eng. Die werden damit gelockt, dass mit der Baufi gleich auch die Ratenkredite günstig abgelöst werden. Ein kleines falsches Exposé oder ein Gutachten und schon liegt die Finanzierung mit allen Nebenkosten wieder unter hundert Prozent.«

»Und wie heuere ich so eine Betrugsmannschaft an?« Kaya war satt und zufrieden. Die Fachsimpelei bei gutem Essen half ihr über die letzten Wochen unter Liebmanns Knute hinweg. Wieland brachte Crème Brûlée und Espresso. Es war unglaublich, was er in der kurzen Zeit zustande gebracht hatte.

»Mannschaft ist wohl richtig. Die meisten Betrüger sind Männer[175].« Birgit trank Wasser und blickte in den kleinen Garten. »Es gibt einschlägige Foren im Internet, in denen sich Leute zusammenfinden oder Services austauschen. Bekannt ist das bei Lastschriftbetrug. Einer besorgt Kontodaten. Ein anderer kauft diese Daten und beginnt, von den Konten per Lastschrift kleine Beträge mit unauffälligen Verwendungszwecken einzuziehen. Das Geld wird dann ins Ausland weiterüberwiesen.«

Kaya dachte einen Augenblick nach »Wir sprechen dann hier aber schon über organisierte Kriminalität, oder?« Birgit nickte.

»Und beim Konsumentenkredit? Da werden ja Dokumente ausgetauscht.«

»Auch dafür gibt es im Internet zuverlässige Bestelldienste. Und natürlich freie Software. Aber die Betrüger behumsen sich auch untereinander. Wer einen gefälschten Ausweis bestellt, kann ja schlecht zur Polizei gehen, wenn nicht geliefert wird. Außerdem sprach ein Polizist von der Shisha-Connection. In einschlägigen Gaststätten werden Tipps und Unterlagen ausgetauscht. Nicht, dass da immer Wasserpfeife geraucht wird. Aber natürlich gibt es auch Einzelgänger, die alle Unterlagen selber herstellen.«

Wieland wischte sich den Mund mit einer Serviette ab und stieg wieder in das Gespräch ein. »Ich habe letztes Jahr zwei unabhängige Fälle abwickeln müssen, einen aus Hamburg, den anderen aus München. Es gab keine Zusammenhänge – bis auf die Gehaltsabrechnung. In beiden Abrechnungen waren die gleichen Fehler. Aber es waren ganz sicher verschiedene Fälle. Und diese Software für die Abrechnung ist auch nicht frei verfügbar. Der Kollege von der Bank, bei

---

175 Und wie immer gibt es Ausnahmen. Im Versandhandelsbetrug ist die Mehrzahl der Personen weiblich.

dem das Referenzkonto angegeben war, hatte auch gerade einen Fall auf dem Tisch, bei dem ein solcher Gehaltsnachweis im Spiel war. Ich habe dann mit dem Softwarehersteller telefoniert. Die kannten das Problem schon und meinten, dass jemand Abrechnungen erstellt und verkauft.«

»Moment, bitte«, unterbrach ihn Kaya. »Darfst Du mit den anderen Banken und dem Softwarehersteller reden? Was sagt denn da das Bankgeheimnis?«

Birgit Müller wirkte trotz des Wassers angeheitert. »Kaya, was ist denn das Bankgeheimnis? Rechtlich zieht hier der Vertrag zwischen Bank und Kunde und das Bundesdatenschutzgesetz. Und das gewährt bei strafbaren Handlungen schon ziemliche Spielräume. Der 25c Kreditwesengesetz erlaubt den Austausch im Einzelfall sowieso. Und außerdem«, sie blinzelte Wieland zu, »war schon alles mit mir abgestimmt.«

»Aber Du sprichst ein grundsätzliches Problem an.« Wieland schlürfte nachdenklich seinen Espresso. »Betrüger tauschen sich aus, Banken nicht. Obwohl es eigentlich kein datenschutzrechtliches Problem gibt, haben viele Häuser Angst um ihre Reputation. Oder Banken sehen den Schaden, den andere erleiden, als Wettbewerbsvorteil und geben deshalb keine Informationen raus. Wir haben hier also eine Informationsasymmetrie.«

Kaya dachte laut: »Jeder entdeckt mal einen Betrug und warnt die anderen. So profitieren alle. Das wäre doch technisch einfach zu machen.«

»Da sind wir einer Meinung«, antwortete Wieland. »Und bei vollendeten Betrugsfällen funktioniert das zumindest eingeschränkt. Die Verbände geben Daten weiter und der persönliche Austausch klappt ja auch. Aber zum einen fehlt die technische Unterstützung, zum anderen müsste sich der Austausch nicht nur auf vollendete Betrugsfälle beschränken.«

»Warum?«

»Weil die meisten Betrugsfälle auf Basis der Antragsdaten vermieden werden können. Mehrere Anträge über verschiedene Filialen oder Banken sind auffällig, am besten noch mit leicht abweichenden Daten. Der gleiche Kunde und ein anderer Arbeitgeber oder ein anderes Gehalt. Telekommunikationsunternehmen oder die Versicherungen haben für so etwas Auskunfteien. Banken nicht.«

Kaya erinnerte sich an ihre Diskussion zum Thema Strafanzeige mit Sören. Er hatte erzählt, dass Vorsatz nicht immer anerkannt würde. Auf Basis dieser Geschichte hatte sie ihre Fraud-Definition entwickelt[176]. Sie wandte sich Birgit zu.

---

176 Siehe Facheinschub Betrugsdefinition.

»Ich möchte noch mal zu Gregor zurückkommen. Wird der wegen organisiertem Betrug verurteilt?«

»Auf hoher See und vor Gericht sind wir in Gottes Hand. Das soll heißen, es kommt auf den Richter an. Immerhin werden wir bei der Staatsanwaltschaft Anzeige erstatten.«

»Warum bei der Staatsanwaltschaft? Ich dachte immer, die Polizei wäre dafür verantwortlich.«

»Manchmal ja, manchmal aber auch nicht. Die Zuständigkeiten bei den Behörden sind nicht immer intuitiv verständlich. Ich schicke Dir morgen einen neuen Artikel von einem Staatsanwalt, der Tipps zur Anzeigenerstattung gibt[177].«

»Danke«, antwortete Kaya.

Wer hat Angst vor dem Staatsanwalt – oder: Soll man Strafanzeige erstatten?

Der Ausdruck »Strafanzeige« ist nicht nur in der Umgangssprache geläufig, sondern wird ausdrücklich in der Strafprozessordnung genannt. Nach § 158 StPO kann eine Straftat bei der Polizei, der Staatsanwaltschaft oder bei Gericht angezeigt werden. Formvorschriften sieht die StPO ausdrücklich nicht vor; somit sind auch Anzeigen per E-Mail möglich.

Von der Strafanzeige zu unterscheiden ist der Strafantrag, der zur Verfolgung einiger, im Gesetz ausdrücklich genannter Delikte erforderlich ist: So werden z. B. Vermögensdelikte mit geringem Schaden (unter 50 €) oder zum Nachteil von Angehörigen nur auf Antrag verfolgt. Die Rücknahme eines solchen Strafantrags führt im Regelfall zur Einstellung des Verfahrens; bei der Strafanzeige ist das jedoch nicht der Fall. Wer eine Anzeige erstattet, muss sich darüber im Klaren sein, dass er behördliche Maßnahmen in Gang setzt, die er selbst nicht mehr stoppen kann. Die Formulierung, dass eine »Anzeige zurückgenommen wird« (z. B. weil man sich mit dem Täter auf Leistung von Schadensersatz geeinigt hat), kann allerdings dahingehend ausgelegt werden, dass der Geschädigte mit einer Einstellung wegen geringer Schuld, ggf. gegen Auflagen (§§ 153, 153 a StPO), einverstanden ist.

---

177 Wie auch im nachfolgenden Facheinschub erwähnt, möchten wir darauf hinweisen, dass eine Anzeige, sofern es sich nicht um ein schweres Verbrechen handelt, grundsätzlich im Ermessen des geschädigten Unternehmens liegt.

Aufgrund der Anzeige hat die Ermittlungsbehörde den Sachverhalt zu erforschen (§ 160 StPO), d. h. nicht nur gegen eine bestimmte Person zu ermitteln, sondern einen historischen Vorgang aufzuklären. Die Anzeige kann also nicht nur zu Nachteilen für den Angezeigten führen, sondern im Extremfall auch für den Anzeigenden selbst. So kann sich im Fall des Kreditbetruges herausstellen, dass die Verantwortlichen der Bank selbst gegen interne Vorschriften oder Gesetze (KWG) verstoßen haben und deshalb wegen Untreue strafbar sind.

Eine Anzeige bei der Polizei empfiehlt sich, wenn vorrangig Tatsachen zu ermitteln sind, die ohne gerichtliche Entscheidungen aufgeklärt werden können (Überprüfung der Echtheit von Ausweisen, Feststellung der Inhaber von Telefonnummern oder E-Mail-Adressen). Dagegen sollte man sich direkt an die Staatsanwaltschaft wenden, wenn Rechtsfragen im Vordergrund stehen oder schnell gerichtliche Entscheidungen zur Durchsuchung von Wohnungen, Sicherung von Daten bei Beschuldigten oder Beschlagnahme von Vermögen beantragt werden müssen. Wichtig ist in diesem Zusammenhang auch der Gesichtspunkt der **Strafverfolgungsverjährung**. Unabhängig von der Schadenshöhe ist die Verjährungsfrist bei Vermögensdelikten relativ kurz (5 Jahre) und beginnt nicht erst mit der Entdeckung, sondern bereits mit Beendigung der Tat (§ 78 a StGB). Die Staatsanwaltschaft hat die Möglichkeit, die Verjährung durch bestimmte Maßnahmen wie Vorladung des Beschuldigten oder Beantragung eines Durchsuchungsbeschlusses zu unterbrechen.

Auf die **örtliche Zuständigkeit** kann der Anzeigeerstatter keinen Einfluss nehmen. Da niemand seinem gesetzlichen Richter entzogen werden darf, ist der Gerichtsstand der StPO zu beachten. Zuständig kann die Justizbehörde am Wohnort des Täters oder am Tatort sein (sowohl dort, wo der Täter gehandelt hat als auch dort, wo der Schaden eingetreten ist). Bei überörtlich handelnden Tätern mit unbekanntem Aufenthalt kann es durchaus längere Kompetenzstreitigkeiten geben. Nicht zuletzt deshalb gibt es für die Bekämpfung der Wirtschaftskriminalität **Schwerpunktstaatsanwaltschaften**, deren örtliche Zuständigkeit sich über mehrere Landgerichtsbezirke erstreckt. Dort sind auch erweiterte personelle Kapazitäten für die Bearbeitung umfangreicher Verfahren vorhanden, insbesondere Wirtschaftsreferenten, d. h. Mitarbeiter mit wirtschaftswissenschaftlichem Hochschulabschluss. Die Entscheidung, ob ein Fall von der Schwerpunktabteilung bearbeitet wird, trifft der Leiter der Staatsanwaltschaft bzw. bei überörtlichen Fällen der Generalstaatsanwalt am Sitz des jeweiligen Oberlandesgerichts.

Im Strafverfahren kommt es stets auf die objektiven und subjektiven Verhältnisse **zur Tatzeit** an. Es empfiehlt sich deshalb, diese in der Anzeige genau zu schildern (welche internen Vorschriften und Kompetenzregelungen waren zu beachten?). Auch für die **Schadensberechnung**, die möglichst konkret zu erfolgen hat, sind die damaligen Verhältnisse entscheidend. Bei betrügerischer Erlangung von Darlehen ist der Wert der Forderung unter Berücksichtigung der gestellten Sicherheiten in gleicher Weise wie bei der Einzelwertberichtigung zu ermitteln (BVerfG NJW 2010, 3209 ff., BGH NJW 2012, 2370 f.).

Ermittlungsbehörden haben die Möglichkeit, Vermögenswerte bei Beschuldigten zu beschlagnahmen. Geschädigte werden dadurch aber nicht davon befreit, die Zwangsvollstreckung zu betreiben, denn nur so erhalten sie Zugriff auf Tätervermögen (§ 111 g StPO). Darum sollte man auch nach Anzeigeerstattung am Ball bleiben und sein Recht auf **Akteneinsicht** nutzen, das sich auch auf die ggf. beim Beschuldigten vorgefundenen **Beweismittel** erstreckt (§ 406 e StPO).

PRAXISTIPPS
- Im Schadensfall sollte möglichst frühzeitig Anzeige erstattet werden, das Ergebnis der Sicherheitenverwertung muss nicht abgewartet werden,
- Der durch eine Straftat verursachte Vermögensschaden ist in kaufmännischer Weise zu berechnen, aufgelaufene Zinsen und Kosten bleiben außer Betracht,
- die Verhältnisse zur Tatzeit sollten genau geschildert werden (Organigramm/Arbeitsanweisungen beifügen, Zeugen – mit Anschrift – benennen),
- Nach Möglichkeit sollte ein strafrechtlich versierter Rechtsanwalt eingeschaltet und ein Ansprechpartner im Unternehmen (Fraud/Compliance) benannt werden.

Facheinschub 14: Ekkehart Carl – Anzeigeerstattung

Wieland brachte Grappa, Birgit lehnte ab »Kaya, könnte man die Abbildung der Beziehungen nicht automatisiert erstellen?« Er deutete auf die Zeichnung von Birgit, die er auf den Tisch gelegt hatte.

»Bestimmt. Leider habe ich gerade keine Chance, mich um so etwas zu kümmern. Herr Liebmann bindet mich so stark in sein Notfallkonzept-Thema ein, dass ich kaum Zeit zum Atmen habe.«

Wieland schaute sie eindringlich an. »Da stimmt doch etwas nicht. Die Vorstudie wurde doch schon vor zwei Wochen genehmigt. Oder hat ein anderer das übernommen?«

»Nicht, dass ich wüsste.« Kaya starrte auf ihr Glas. Sie wurde ungern an ihre aktuelle Arbeitssituation erinnert.

»Setzt er Dich unter Druck?« Wieland war sehr ernst.

Sie warf einen Blick zu Birgit. Dann berichtete sie über die Ereignisse der letzten Zeit mit Liebmann.

»Mistkerl.« Birgit war sichtlich angeekelt. »Aber leider nur Politik und ein ätzender Führungsstil. Da kommen wir von der Compliance-Seite aus nicht ran.«

Wieland gab Kaya einen Rat. »Unterrichte ihn von unserem Gespräch über Gregor. Erzähl ihm, dass Compliance die Initiative ergriffen hat. Mich musst Du nicht unbedingt erwähnen. Ansonsten spiel lieber offen. Nicht, dass Du auch in der Beitreibung endest.« Er lächelte.

Kaya war nicht überrascht »Ihr hattet in der Vergangenheit Ärger?«

Wieland holte Luft. »Das ist Schnee von gestern. Denk nicht, dass ich unglücklich bin. Ich schätze meine Arbeit und meine Kollegen. Aber Hermann hat Einfluss. Jeder hat irgendwelche Leichen im Keller.« Er zündete seine Pfeife an.

Birgit fragte Kaya, welche Analysen sie noch gemacht hatte und während die Sonne unterging, diskutierten sie angeregt über mögliche Regeln, mit denen sie andere Betrugsszenarien erfassen könnten.

Am nächsten Morgen setzte Kaya eine neutral gehaltene E-Mail an Herrn Liebmann auf. Sie stellte kurz den Sachverhalt zum Fall Gregor dar und berichtete von der Verhaftung. Wieland erwähnte sie nicht.

15. Heldin ohne Aufgabe

Am Nachmittag desselben Tages meldete sich Liebmann per Telefon. Er beorderte Kaya in sein Büro. Dieses Mal entschied sie sich, den Aufzug zu nehmen. Als sie hereinkam, wirkte er entspannt.

»Hallo Frau Cazadora. Bitte nehmen Sie Platz.« Kaya ging zum Sofa und setzte sich. Liebmann mühte sich auf. »Möchten Sie einen Espresso?«

»Ja, gern, Herr Liebmann« Es war das erste Mal, dass er ihr einen Kaffee anbot. Vom Summen der Espressomaschine begleitet, begann er zu reden. »Heute früh haben Sie mir einen sehr interessanten Fall gesendet. Sicher ein Zufallsfund, aber sehr schön.«

Kaya konnte die ungewohnte Freundlichkeit von Liebmann nicht einschätzen »Compliance hat dort recherchiert und schließlich einen Serientäter festgenommen.«

»Ja genau.« Liebmanns Augen schienen zu leuchten, als er die Espressotasse auf den Couchtisch stellte. Dann setzte er sich wieder in seinen Sessel. »Nun seien Sie mal nicht so zurückhaltend. Schließlich geht der Erfolg auf Ihr Konto.«

»Vielen Dank für den Espresso.« Kaya blieb vorsichtig. Sie kannte mittlerweile die Gesprächsstrategien von Liebmann.

»Compliance hat viel Wind gemacht und eine große Rundmail an das Senior Management der Bank geschickt.«

Die Tasse in Kayas Hand klapperte und sie stellte sie zurück, bevor sie herunterfiel. Sie hatte nicht gedacht, dass ihre Arbeit so große Wellen schlug.

»Ich habe dann direkt mit unserem Risikovorstand gesprochen. Er hat sich ausdrücklich für die sehr gute Arbeit des OpRisk-Teams bedankt, auch wenn das ein reiner Zufallsfund war.«

Zufallsfund. Sie hätte am liebsten die Tasse fallen lassen. Sie sah es richtig vor sich, wie schön der braune Kaffeefleck auf Liebmanns Teppich ausschauen würde.

Liebmann fuhr sanft fort. »Bitte erzählen Sie mir doch die Einzelheiten Ihrer Analyse.«

Kaya berichtete von ihrer Analyse. Besonders an den Methoden und den einzelnen Regeln war Liebmann interessiert. Kaya führte aus, welche Daten sie benutzte und mit welchen Regeln sie diese verknüpft hatte.

Ihr Projektleiter hakte ein und machte Vorschläge. Zu Kayas Überraschung war er wirklich konstruktiv. Um Kollusion auszuschließen bat er sie, die Daten der Mitarbeiter einfließen zu lassen und zeigte ihr, wo sie diese auf dem Server finden konnte. Vielleicht wollte er sich mit ihren Ergebnissen schmücken und brauchte deshalb die Einzelheiten zu den Analysen. Nach fast einer Stunde bat er sie abschließend, ihm ihre nächsten Ergebnisse zu schicken.

»Herr Liebmann, es freut mich, dass Sie meine Arbeit schätzen. Wie wollen wir denn nun weitermachen in Sachen Betrug?« Kaya witterte ihre Chance.

Er hob die Schultern, bevor er antwortete. »Priorität hat das Notfallkonzept.«

Sie sah ihn erstaunt an. Hatte er denn nicht verstanden, was sie ihm erzählt hatte?

»Das Betrugsthema läuft ja nicht davon.« Er sah ihr in die Augen. »Es läuft nicht davon. Wir verstehen uns doch?«

Kaya hielt dem Blick stand. »Natürlich, Herr Liebmann.«

»Fein. Dann lassen Sie uns über Ihre Arbeit reden.«

Kaya musste nun Workshops organisieren, Unterlagen vorbereiten, die Treffen dokumentieren und nachbereiten. So gern Kaya auch gewollt hätte, es blieb keine Zeit für weitere Analysen in der Betrugsprävention. Viele Kollegen, mit denen sie sprach, wollten erst überzeugt werden. Das Konzept war Mehrarbeit für jeden, besonders aber für Kaya. Sie arbeitete abends lange und nahm Aufgaben über das Wochenende mit. Liebmann fiel wieder in sein schizophrenes Verhalten zwischen Nörgelei und Anerkennung. Immerhin machte er sie nicht mehr vor anderen Kollegen schlecht. Der Fall Gregor hatte sich schnell herumgesprochen. Kaya war fast so etwas wie eine kleine Heldin geworden.

16. Hilfestellung

Markus war schon wieder eine Woche im Haus, ohne dass sie wirklich Zeit gehabt hatte, mit ihm zu reden. Am Mittwochabend stand er in ihrer Tür. Kaya schaute von ihrer Arbeit auf. Er war braungebrannt aus dem Urlaub zurückgekehrt, auf der Stirn die Reste eines Sonnenbrandes. Die Lippen waren spröde und eingerissen. Er war glatt rasiert, doch man konnte gut erkennen, dass er sich in der Wildnis einen Bart hatte wachsen lassen.

»Hallo Kaya, Lust auf einen Espresso? Komm doch mal rüber.« Markus pfiff eine Melodie[178] und verschwand.

Kaya beendete ihre Arbeit, klappte den Rechner zu und folgte ihm. Markus erzählte kurz von seinem Urlaub. Dann wollte er wissen, wie es Kaya so ergangen war. Sie schilderte ihre Zusammenarbeit mit Liebmann, von seinem Wutausbruch am Anfang und den abfälligen Bemerkungen. Inzwischen hatte sie genug Abstand, um die Situation sachlich zu schildern. Markus hörte ruhig zu.

»Ich habe mir Feedback von Kollegen eingeholt. Deine Arbeit wird ziemlich positiv gesehen. Außerdem hast Du einen dicken Bonus durch den aufgedeckten Betrugsfall. Dazu überhaupt erst einmal herzlichen Glückwunsch! Du brauchst überhaupt keine Angst zu haben.«

»Ziemlich positiv?« fragte Kaya.

Markus schmunzelte, was in dem zweifarbigen Gesicht skurril wirkte. »Na klar. Mach Dir nichts draus. Es gibt immer Kollegen, die nicht zufrieden sind. Du sorgst mit dem Notfallkonzept für Mehrarbeit. Doch wie läuft es jetzt in Sachen Betrug?«

»Da läuft gar nichts.« Kaya schüttelte resigniert den Kopf. »Liebmann schüttet mich mit Arbeit zu. Er hat ein großes Dankeschön von unserem Risikovorstand für die tolle Arbeit bekommen und das war's. Priorität hat das Notfallkonzept.«

»So schlecht ist das gar nicht«, entgegnete Markus. »Dein Thema bekommt langsam mehr Aufmerksamkeit. Ich habe heute in der Abteilungsleiterrunde darüber gesprochen.«

Kaya sah ihn erstaunt an.

---

178 *Ingrid Peters*, Komm doch mal rüber, 1976.

»Ich habe Dir doch versprochen, dass ich Dich da raushole. Steter Tropfen höhlt den Stein.«

»Hast Du denn etwas erreichen können?«

»Nichts Endgültiges. Aber mit seiner Ansicht, dass es ein glücklicher Zufallsfund gewesen sei, steht Hermann ziemlich allein da. Lass uns mal schauen, wenn Du mit dem Notfallkonzept weiter bist. Vielleicht in zwei oder drei Wochen.«

Aus drei Wochen wurden vier, dann fünf. Kaya ging inzwischen regelmäßig ins Fitness-Center. Die beiden Freundinnen von Gregor waren nicht wieder erschienen.

17. Alte Geschichten

Hermann Liebmann saß an seinem Schreibtisch, die Füße auf dem Tisch. Der Kaffee in seiner Tasse duftete und zufrieden sog er die Crema durch seine Lippen. Die letzten zwei Monate waren anstrengend gewesen. Die Geschichte hätte unschön ausgehen können, aber nun sah alles gut aus.

Er dachte an den Beginn seiner Karriere. Unmittelbar nach der Wende hatte er in Leipzig begonnen, wo das Geschäft mit der Immobilienfinanzierung florierte. Schon in seiner Ausbildung in Köln hatte ihn die Baufinanzierung am meisten interessiert und mit einem Wechsel in den Osten konnte er direkt Finanzierungsberater für private und gewerbliche Objekte werden. Der Grundstein war wie immer harte Arbeit gewesen. Innerhalb kurzer Zeit hatte er sich einen Ruf als kompetenter Fachmann erarbeitet. Und er verdiente gutes Geld für die Bank.

Mit der Filialleitung kamen größere Bonuszahlungen. Bereits mit der »Buschzulage«, die er als ausgebildeter Bankkaufmann aus dem Westen bekam, hatte er sich an einen angemessenen Lebensstil gewöhnt. Die sanierte Wohnung in der Innenstadt war auch voll finanziert immer noch ein Schnäppchen und ein wenig auch das Dankeschön eines befreundeten Maklers.

Hermann Liebmann machte sich einen weiteren Espresso, verschloss die nur angelehnte Tür und nahm eine Flasche und ein Glas aus der linken Tür des Sideboards. Er goss sich einen Whisky ein. Ein Vergnügen, dass er sich in der Bank nur selten gönnte.

Aber es war nicht immer rund gelaufen. Hermann Liebmann wusste, dass er zum Spielen neigte. Das Kartenspiel um Pfennigbeträge hatte ihm bald keinen Spaß mehr gemacht. Die ersten Spielschulden kamen mit dem Backgammon, das Pokern wurde teurer. Und seine Gläubiger ungemütlicher.

Doch dann bekam er seine Chance, und er wäre nicht Hermann Friedrich Liebmann gewesen, wenn er die nicht genutzt hätte! Einer der Mitspieler hatte ein größeres Immobilienpaket zu verkaufen. Er hatte nie nachgeforscht, woher die Objekte kamen, war aber sicher, dass auch dies einer von den »Unter-der-Treuhand-Verkäufen« war.

Die alten Netzwerke funktionierten kurz nach der Wende noch ausgezeichnet. Viele Leute bekamen Immobilien, bei denen sich die Nachfahren der enteigneten, ursprünglichen Eigentümer nicht gemeldet hatten, gegen eine kleine Aufwandsentschädigung zu einem Spottpreis. Tauchten unerwartet doch noch

Besitzer oder Erben auf, bekamen diese nur den Verkaufspreis. Sein guter Ruf als Banker kam nicht zuletzt von seinem Geschick, solche Immobilien zu finanzieren und das eine oder andere Mal die Fragen der ursprünglichen Eigentümer abzuwehren. Meist waren die aber schlicht zufrieden, denn es war ja immer unerwartetes Geld.

Er kannte kaum einen Kommunalpolitiker, der nicht ein paar Häuser oder Grundstücke auf diese Weise billig erworben hatte. Auch in der Polizei und der Staatsanwaltschaft hatte er einige Kunden. Wie man mit dem Bauamt umgehen musste, hatte er schon in Köln gelernt[41], [42]. Das half besonders bei den als Denkmal geschützten Objekten.

Der Mitspieler wollte dann mit seinen Immobilien Kasse machen. Die beiden Straßenzüge mit über fünfzig kleinen Häusern waren innerhalb von acht Wochen verkauft. Die Finanzierungen hatte natürlich er besorgt. Und das alles neben seinem normalen Job. Was für eine Leistung! Hermann Liebmann prostete sich anerkennend zu. Das sollte ihm einmal einer von den jungen Schnöseln nachmachen! Die Provisionen hatten für seine Spielschulden gereicht. Und es war der Ausgangspunkt einer sehr lukrativen Verbindung gewesen.

Damals hatte er auch das erste Mal mit Wieland Meier zu tun. Der Saubermann. Ob nun die Immobilien zu billig eingekauft oder zu teuer verkauft wurden, immer stellte er dumme Fragen. Natürlich lag das bei einem Mann aus der Revision nahe, aber seine direkten Kollegen drückten da schon mal beide Augen zu. Allein das Geschäft aus der Pokerrunde bedeutete die halbe Zielerfüllung seiner Filiale.

Aber jeder hatte eine Schwäche und Wieland war auf den ältesten Trick der Welt reingefallen. Das Gerücht, dass zwischen Wieland und einer verheirateten Filialleiterin in Leipzig etwas lief, machte schon eine ganze Weile die Runde. Über die Pokerrunde hatte er einen Tipp bekommen, wer schmutzige Fotos machen konnte. Den Umschlag mit der Frankfurter Stellenausschreibung, garniert mit ein paar Fotos, hatte Wieland dann doch sehr gut verstanden. Der einzige Fehler war gewesen, dass er sich später die Anspielungen nicht hatte verkneifen können. Sonst hätte Wieland Meier noch heute keine Ahnung, wer seinen Wechsel damals arrangiert hatte. Aber der Triumph war einfach zu groß gewesen, um ihn nicht auszukosten.

Ein paar Jahre später war er dann selbst nach Frankfurt gegangen. Ein guter Schritt, denn Leipzig lief nicht mehr. Außerdem nannte er inzwischen ein paar Immobilien sein Eigen. Man soll ja immer Schluss machen, wenn es am schönsten ist.

Seine Spielleidenschaft jedoch war er nicht mehr losgeworden. Als er noch in der Baufinanzierung als Leiter arbeitete, war immer ein ausreichender Nebenverdienst drin, außerdem waren die Bonuszahlungen gut. Aber seitdem er vor zwei Jahren die Leitung von OpRisk übernommen hatte, gingen ihm die Kontakte aus. Vor einem halben Jahr wurde ihm klar, dass er die letzten drei Häuser in Leipzig verkaufen musste. Aber der Markt war schlecht. Zum Glück hatte er noch die alten Kollegen. Jörg makelte noch immer, und die Objekte wurden auf dem Papier an Freunde verkauft. Dann noch einmal und noch einmal. Bei jedem Weiterverkauf wurden die Immobilien teurer. Damit hatten sie eine Wertsteigerung von immerhin 80 Prozent hingekriegt. Mit flotten Hinweisen auf Steuersparmodelle hatten sie schließlich Käufer gefunden. Das Eigenkapital stammte entweder aus Schwarzgeld oder die Käufer waren finanziell etwas schwach auf der Brust und man musste bei der Finanzierung nachhelfen. Plötzlich kam die Cazadora mit ihrem Betrugsprojekt um die Ecke. Das konnte er nun wirklich nicht gebrauchen. Natürlich betrog er hier niemanden, denn alle Beteiligten waren zufrieden. Aber von außen könnte das schon etwas unschön aussehen. Wirbel war nie gut.

Heute Abend nun würde er drei Dinge feiern. Der Verkauf einer seiner Immobilien war durch. Die Finanzierung war durch seine Bank zuerst mit der Begründung abgelehnt worden, dass der Preis marktunüblich sei. Jörg hatte kurzerhand ein paar von seinen anderen Immobilien auf das Internetportal eingestellt, das die Abteilung für ihre Vergleiche benutzte, und die Preise etwas angepasst. Beim zweiten Versuch war die Finanzierung glatt durchgegangen. Nun war völlig klar, dass die Cazadora mit ihren dummen Regeln hier wohl kaum etwas finden würde. Ihm fiel zumindest kein Ansatz ein, bei dem einer der Anträge auffallen würde. Die Daten der Baufinanzierungen hatte sie noch nicht einmal eingebunden. Und nicht zuletzt würde er das Notfallkonzept vorstellen. Da hatte die Cazadora wirklich gute Arbeit geleistet. Natürlich würde er sie dann für die Umsetzung brauchen. Da war sie dann auch bis auf Weiteres beschäftigt.

Und zur Not hatte er ja noch ein Ass im Ärmel.

18. Politik

Hermann Liebmann präsentierte das neue Notfallkonzept. Die Ausarbeitungen von Kaya waren gut nachvollziehbar und geradezu brillant in Folien gegossen. Er schloss mit dem Vorschlag zur Umsetzung.

Markus Lang meldete sich als erster zu Wort. »Hermann, ich finde es beeindrucken, wie Ihr die Herausforderungen gelöst habt. Du und Frau Cazadora, Ihr habt wirklich tolle Arbeit geleistet.«

Liebmann sah ihn nachdenklich an. »Danke, Markus. Ich denke, wir können zufrieden sein.«

Markus hakte nach. »Demnach hat sich Frau Cazadora also gut etabliert?«

Der Urlaub hatte ihm gutgetan und er schien vor positiver Energie überzuquellen. »Zumindest hört sich das nach Deinem Bericht und den Kommentaren der Kollegen so an.«

Liebmann verzog das Gesicht zu einem freudlosen Lächeln »Ja, ihre Arbeit ist ganz brauchbar.«

»Dann sollte sie jetzt das Betrugsprojekt übernehmen. Ich möchte daran erinnern, wie stark der Business Case ist. Jeder Tag, den wir zögern und das Projekt verschieben, kostet uns bares Geld.«

Markus war klar gewesen, dass Herman Liebmann die Betrugsprävention unter anderen Projekten begraben wollte. Und deshalb hatte er dieses Treffen gut vorbereitet. Zu seiner Überraschung hatte Hermann mit den anderen Abteilungsleitern im Vorweg nicht gesprochen. Der alte Fuchs schien sich seiner Sache sehr sicher zu sein.

Und Hermann biss an. »Du hast nicht Unrecht mit dem, was Du sagst. Ich muss nur die einzelnen Projekte koordinieren. Es ist eine Ressourcenfrage. Wir werden das Thema natürlich bearbeiten. Aber ich kann mich nicht um alles auf einmal kümmern.«

Einige Kollegen in der Runde nickten. Markus hatte leider nicht mit allen sprechen können. »Ich habe einen Vorschlag. Hermann soll sein neues Projekt durchführen. Wie er das skizziert hat, ist es so wichtig, dass wir ihn unterstützen müssen. Dafür braucht er Ressourcen.«

Damit war es auch für die klar, die er nicht hatte abholen können, dass hier etwas im Busch war. Niemand in dieser Runde würde ohne konkretes Ziel eine solche Äußerung von sich geben.

»Wir entlasten Dich, lieber Hermann. Du konzentrierst Dich voll auf die Umsetzung des Notfallkonzepts. Das Risikomanagement kümmert sich um das Thema Betrug. Wir brauchen natürlich die Frau Cazadora, aber die weiteren Ressourcen stellen wir.«

Jetzt war es raus. Die Kollegen verfolgten den Schlagabtausch gespannt.

Es verschlug Hermann Liebmann kurz die Sprache. Dann polterte er los. »Betrug ist OpRisk! Wie oft soll ich das noch sagen?« Er lief rot an und ballte die Fäuste, als wolle er etwas zerquetschen.

»Unser CRO[179] hat das Projekt priorisiert. Und Frau Cazadora haben wir für Projektleitungstätigkeiten eingekauft. Du hast gerade klargestellt, dass die notwendigen Ressourcen in OpRisk leider nicht vorhanden sind. Wir sind näher an den operativen Einheiten und können die technische Umsetzung der Betrugsprävention in den technischen Systemen direkt durchführen.« Markus machte eine kurze Pause, fuhr aber fort, als Liebmann den Mund öffnete. »Natürlich berichten wir OpRisk, Compliance und Geldwäsche laufend den Stand. Letztendlich ist doch nur wichtig, dass wir das Projekt erfolgreich durchführen und nicht, wer sich in Zuständigkeiten durchsetzt, oder?«

Liebmann verlor die Kontrolle über sich. »Das ist mein Thema, mein Projekt, meine Kompetenz! Markus, auch Du wirst mir da nicht reinpfuschen! Nicht Du! Schon gar nicht Du!« Er schlug mit der Faust auf den Tisch.

Markus Vorschlag wurde mit einer Gegenstimme angenommen.

---

179 Chief Risk Officer, Risikovorstand.

19. Komplexität verstehen – Data Mining

Markus trat locker in Kayas Büro und setzte sich kurzerhand auf ihren Schreibtisch. »Ab morgen gilt Folgendes: Du wirst das Betrugsprojekt Vollzeit weiterführen. Du bekommst auch die Projektleitung. Und um das Bild abzurunden, werde ich Dich coachen. Du bist bei OpRisk raus.« Er strahlte sie an.

In Kaya stieg Freude hoch. »Wunderbar! Ich könnte Dich umarmen!« Tatsächlich sprang sie auf.

»Lass mal gut sein«, meinte Markus abwehrend. »Du hast es Dir verdient. Ich habe nur ein bisschen den Weg geebnet. Du kümmerst Dich jetzt erst einmal um die Vervollständigung des Methodensets.«

Dann erzählte er ihr von dem Treffen der Abteilungsleiter. Als er wieder gegangen war, machte sich Kaya mit neuem Elan an die Arbeit. Sie arbeitete noch am selben Abend den Plan für die Umsetzung aus, den Liebmann angefordert hatte. Außerdem einen kurzen Abschlussbericht. Mit jedem Satz wurde es ihr leichter ums Herz, als würde sie die Sorgen der letzten Wochen auf das Papier übertragen. Als sie ihre Tür hinter sich schloss, hatte sie die Quälerei unter Liebmanns Führung schon weit hinter sich gelassen.

Am nächsten Morgen las sie ihre Notizen zur Betrugsprävention und dachte über die nächsten Schritte nach. Für die Detektion benötigte sie möglichst trennscharfe Identifizierungsmethoden. Das Prinzip der Regeln war ihr klar, der Aufbau eines Scorings auch. Alle anderen Begriffe, unter denen sie sich wenig oder nichts vorstellen konnte, schrieb sie auf eine Liste und begann dann mit einer Internetrecherche.

Sie fand Ansätze für neuronale Netze, Clusteranalysen und soziale Netzstrukturen. Meist waren es nur die Schlagworte, die in den Produktflyern von Softwareanbietern genannt wurden. Irgendwann stieß sie auf das Programm einer Data Mining Konferenz in Frankfurt in der darauffolgenden Woche. Das Programm enthielt viele Themen aus ihrer Liste, war allerdings mit fast 1.500 Euro für zwei Tage auch ziemlich teuer. Unter den Sponsoren war ihr ehemaliger Arbeitgeber. Kaya griff zum Telefon und bekam unproblematisch eine Gastkarte. Dann öffnete sie das nächste Dokument. Es würde sicher nicht schaden, wenn sie verstehen könnte, wovon die Leute auf der Konferenz sprachen.

Am Donnerstag traf sie sich zum Mittagessen mit Birgit und Wieland. Beide hatten schon von Liebmanns Auftritt gehört. Birgit Müller freute sich diebisch und inhalierte förmlich die Einzelheiten zum Treffen, die Kaya von Markus erfahren hatte. Wieland drehte seine Pfeife wie einen seltsamen Talisman in der Hand.

»Sei vorsichtig, Kaya. Das lässt der nicht einfach auf sich sitzen.« Aber auch er ließ sich letztendlich von der guten Laune der Frauen anstecken.

Den Rest der Woche nutzte Kaya, um sich in die Methoden einzulesen. Den Versuch, auch die Baufinanzierungsdaten in ihre Datenbank zu integrieren, verschob sie nach einigen Stunden auf die nächste Woche.

Als Kaya am Montag die Lobby des Hotels betrat, war die Veranstaltung schon im Gang. Mehrere Firmen hatten Stände aufgebaut. Die üblichen Werbegeschenke lagen herum, ein Unternehmen veranstaltete ein Gewinnspiel. Als sie in den Konferenzraum kam, sprach bereits der zweite Redner. Der Mann referierte frei und blendete die Folien ein, ohne sie auch nur mit einem Blick zu würdigen. Er schien Freude an seinem Vortrag zu haben. Kaya konnte die nicht teilen; sie verstand kaum, was er sagte. Er sprach über Data Mining, das war klar, doch die analytischen Fachbegriffe waren ihr trotz der Vorbereitung zu fremd, als dass sie sich in den laufenden Vortrag hätte einfinden können.

Sie hörte sich noch einen Teil des folgenden Vortrags an, der für sie kaum verständlicher war. Dann ging sie in das Foyer zu den Ständen der Sponsoren. Die Mitarbeiter konnten ihr sicher einen schnelleren Überblick geben. Sie besuchte den Stand ihres früheren Brötchengebers, stellte sich bei den ihr unbekannten Kollegen vor und bedankte sich für die Karte. Leider kannte sie auch an den anderen Ständen niemanden, aber innerhalb einer halben Stunde hatte Kaya einen Stapel Unterlagen gesammelt, und ein halbes Dutzend Firmenvertreter hatten ihr zugesichert, ihr Unterlagen zuzusenden, die sich durch Inhalt und nicht durch Werbung auszeichnen würden.

Der nächste Redner erinnerte Kaya an ihren alten Mathelehrer, weil er seinen Aussagen immer mit seinen Händen Nachdruck verlieh. Vielleicht war es aber auch nur die Brille und die beiläufige Bewegung, mit der er diese wieder und wieder nach oben schob. Kaya konnte sich auf diesen Vortrag besser einstellen. Der Redner stellte eine selbstentwickelte Lösung vor, mit der Betrug auch bei kleinen Stichproben verlässlich identifizierbar sein sollte. Auch würde die Software interpretierbare Ergebnisse liefern. Sie fand den Redner in der Pause beim Kaffee und sprach ihn an.

»Herr Schilling? Kaya Cazadora.« Sie reichte ihm die Hand.

»Angenehm, Frau Cazadora. Kennen wir uns?«

»Ich glaube nicht. Ich arbeite bei Herstadt.«

Er musterte aufmerksam ihr Gesicht. »Hhm, lassen Sie mich kurz nachdenken. Kann es sein, dass Sie im letzten Jahr in einem Projekt zur Prozessoptimierung dabei waren?«

»Ja, genau« Jetzt erkannte auch Kaya den Mann wieder. »Sie haben an den Stresstests gearbeitet, stimmt's?« Sie tauschten Neuigkeiten zu den Kollegen des damaligen Projekts aus. Dann kam Kaya auf ihr Anliegen zu sprechen. »Herr Schilling, ich fand Ihren Vortrag sehr interessant. Können wir uns dazu einmal näher unterhalten?«

Noch vor dem Abendempfang verließ Kaya die Konferenz, sie war geschafft. Mit den Themen müsste sie sich noch intensiver beschäftigen. Aber nicht heute Abend.

Am Dienstagmorgen kam der Anruf vom Empfang pünktlich um 10 Uhr. Kaya hatte sich noch auf der Tagung mit Christian Schilling verabredet. Und ihre Glückssträhne schien wieder da zu sein. Herr Schilling hatte ein informelles Treffen ohne Vertriebsbegleitung noch für den nächsten Tag zugesagt.

Sie holte den Berater am Empfang ab und führte ihn in ihr Büro. »Entschuldigen Sie, dass wir keinen Besprechungsraum haben. Den konnte ich mit einem Tag Vorlauf nicht mehr reservieren. Die Besprechungsräume sind irgendwie immer knapp.«

»Das macht doch überhaupt nichts«, seine Stimme war tief und ruhig. »Hauptsache, wir können uns unterhalten.«

»Mögen Sie etwas trinken, einen Kaffee vielleicht?« fragte Kaya.

»Nein vielen Dank. Ich trinke keinen Kaffee. Aber ein Wasser wäre nett.«

»Christian?« Markus stand in der Tür.

Na toll, dachte Kaya. Wen kannte Markus denn eigentlich nicht?

»Ja gibt's das denn? Markus! Schön, Dich zu sehen. Ich wusste nicht, dass ich Dich hier treffe. Wie geht's Dir?«

»Gut. Aber ich dachte, Du bist im Sabbatical. Wolltest Du nicht mit Deiner Frau durch Europa touren?«

»Das haben wir auch getan. Ein ganzes Jahr lang mit dem Wohnmobil vom Nordkap rund um die Ostsee, nach Gibraltar über Bari in Italien wieder nach Frankfurt. Aber ich wollte mit Deiner Kollegin über die Identifizierung von Betrug reden. Wollen wir vielleicht gemeinsam Mittag essen?«

»Das wird leider nichts. Ich bin auf dem Weg in einen Termin und es ist schon angekündigt, dass wir die Mittagszeit nutzen wollen. Lass uns mal telefonieren.« Er blickte auf seine Uhr. »Ich muss los. Viel Spaß!«

Kaya nahm das Gespräch wieder auf: »Sie sagten, dass Ihr Tool zum einen nicht viele Datensätze benötigt, zum anderen aber Regeln erzeugt, die einfach zu interpretieren sind.«

»Ja genau. Darauf sollten wir genauer eingehen. Aber eine Frage vorab. Wie viel verstehen Sie denn von analytischen Methoden im Data Mining?«

»Zu wenig«, Kaya fand es nicht peinlich, ihre Unwissenheit zuzugeben. »Den ersten Vorträgen auf der Konferenz konnte ich überhaupt nicht folgen.«

Herr Schilling sah sie erheitert an »Das mag auch an den Kollegen liegen, die da gesprochen haben. Die meisten unseres Fachs haben es zu einer Kunst gemacht, einfache Sachverhalte so darzustellen, dass ein Normalsterblicher sie nicht mehr versteht. Wenn ich darf, quäle ich Sie vorab mit einigen Grundlagen. Unterbrechen Sie mich bitte, wenn Sie eine Frage haben oder etwas nicht verstehen.«

Data Mining (Teil 1)

Data Mining dient dazu, bisher nicht bekannte Gesetzmäßigkeiten und verborgene Zusammenhänge in Daten zu erkennen, die »gültig (im statistischen Sinne), bisher unbekannt und potentiell nützlich«[43] sind. Diese Zusammenhänge sind als neues Wissen zu extrahieren und für die weitere Verwendung vereinfacht aufzubereiten. Data Mining ist eine Zusammenstellung der Methoden des maschinellen Lernens und der multivariaten Statistik, aber auch der Informatik, hier insbesondere der Künstlichen Intelligenz.

Data Mining ist als mathematische Modellbildung Teilbereich bewährter Vorgehensweisen wie dem »Knowledge Discovery in Databases« (KDD)[44], zu der auch die fachliche Motivation der Analyse, die Datenauswahl und -bereinigung sowie die Bewertung der Ergebnisse gehören. Ein weit verbreitetes Vorgehensmodell ist der Cross Industry Standard Process for Data Mining (CRIPS-DM)[45].

Facheinschub 15: Carsten Steckel – Data Mining (Teil 1)

»Also ist Data Mining einfach nur ein Sammelbegriff für alle Methoden, mit denen man Zusammenhänge in Daten erkennen kann?«, fragte Kaya.

Herr Schilling nickte »Ganz genau. Die Schwierigkeit besteht darin, die richtigen Methoden auszuwählen.« Er stand auf und positionierte sich am Flipchart. Dann startete er durch. Seine Ausführungen unterstützte er durch kleine Zeichnungen und einfache Formeln.

Data Mining (Teil 2)

Data Mining Verfahren sind grundsätzlich zweistufig gegliedert. In der Lernphase wird auf Basis eines Entwicklungsdatensatzes ein Modell als »Abbild der Wirklichkeit« auf diesen Datensatz ausgerichtet (kalibriert) oder davon abgeleitet. Dessen Ergebnisse werden dann in der Anwendungsphase eingesetzt.

Die gebräuchlichste Gruppierung der Verfahren erfolgt anhand der Zielsetzung.

Mit einer **Regression** versucht man, Beziehungen zwischen einer abhängigen und mehreren unabhängigen Variablen zu finden[46]. Die älteste und bekannteste Methode dürfte die Methode der Kleinsten Quadrate von Gauß[47] sein. Bei dieser wird die Summe der quadratischen Abweichungen der Funktionskurve zu den Datenpunkten minimiert. Heute werden oft weiterentwickelte Regressionsverfahren (z. B. Kernel-Regression) oder generalisierte lineare Modelle verwendet.

Durch **Klassifikation** werden neue Objekte einer vorher festen Anzahl definierter Klassen zugeordnet.

Auch mit einer Klassifikation will man analog zur Regression Beziehungen zwischen einer abhängigen und mehreren unabhängigen Variablen finden. Sie unterscheidet sich aber hinsichtlich der abhängigen Variable. Bei der Regression ist diese oft reell, bei der Klassifikation immer kardinal definiert[180].

Die logistische Regression (Logit-Modell)[181] zur Modellierung einer diskreten abhängigen Variablen, aber auch die Support Vector Machine Methode (SVM)[182], befinden sich in der Schnittmenge zwischen Klassifikation- und Regressionsverfahren.

---

180 Eine Skala, deren Skalenwerte reelle Zahlen sind, heißt Kardinalskala (Anm. des Hrsg.).
181 Siehe auch Facheinschub Scoring.
182 Siehe Facheinschub Support Vector Machines.

Eine **Clusteranalyse** bildet im Rahmen der Modellierung selbst Klassen (oder Cluster). Dabei werden ähnliche Objekte anhand eines Distanzmaßes (z. B. euklidische Distanz[183]) gruppiert. Die Objekte eines Clusters sind bezüglich eines Maßes gleich, zwischen verschiedenen Clustern unterschiedlich. Das heißt, ähnliche Daten liegen eng beieinander und bilden ein Cluster. Verschiedenartige Daten liegen hingegen weit voneinander entfernt.

Die Vielzahl der Clustering-Methoden unterscheidet sich vorwiegend durch den Ansatz zur Messung der Ähnlichkeit. Die bekanntesten Vertreter sind der k-means-Cluster-Algorithmus[48] oder DBSCAN[49].

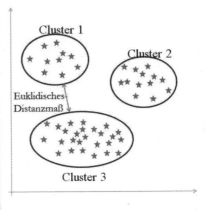

Abbildung 16 – Clustering

Eine **Assoziationsanalyse** soll zur Identifikation von Zusammenhängen und Abhängigkeiten in Form logischer Regeln wie »Aus A und B folgt (normalerweise) C« führen. Das bekannteste Beispiel für die Anwendung der Ergebnisse einer Assoziationsanalyse ist »Kunden, die diesen Artikel gekauft haben, kauften auch...«, wie man es bei vielen Online-Händlern heute findet und von Agrawal et al[50] erstmals formuliert wurde. Der bekannteste Ansatz ist der FPGrowth-Algorithmus[51].

Die Identifikation von untypischen und auffälligen Datensätzen kann man schließlich mit einer **Anomalie/Ausreißer-Analyse** durchführen. Der bekannteste Ansatz ist der dichte-basierte Local Outlier Factor (LOF) Ansatz, der die lokale Dichte eines Objektes mit denen seiner Nachbarn vergleicht[52]. Wie bei den Clustering-Verfahren ist auch hier ein Ähnlichkeitsmaß notwendig.

Die Verfahren können darüber hinaus in vorhersagende oder beschreibende Modelle unterteilt werden.

---

183 Die euklidische Distanz misst den Abstand zweier Punkte in einer Ebene auf Basis des Satzes des Pythagoras. Der alltäglich verwendete Abstandsbegriff entspricht der euklidischen Distanz.

Bei **vorhersagenden Modellen** ist es besonders wichtig, präzise und genaue Vorhersagen zu erhalten. Die Verständlichkeit der Ergebnisse aus der Lernphase wie auch der Kausalzusammenhang zwischen den Daten stehen nicht im Vordergrund. Diese Modelle werden in der Fraud-Detektion eingesetzt, wenn sich Betrugsmuster schnell ändern und kurzlebig sind. Prominente Vertreter sind neuronale Netze[184] und Support Vector Machines.

Hingegen liegt der Fokus der **beschreibenden Modelle** darauf, die Ergebnisse aus der Lernphase nachvollziehen und interpretieren zu können. Wichtig ist das Verständnis, warum für ein Modell bestimmte Parameterausprägungen ermittelt worden sind. Das heißt jedoch nicht, dass darunter die Vorhersagekraft leidet. Diese Modelle sind ein wichtiges Instrument bei der Entwicklung von Detektionsmethoden und fördern das fachliche Verständnis der zugrunde liegenden Daten.

Das Verfahren Random Forests als Spezialform der Decision Trees gehört zu den stärksten Mitgliedern der beschreibenden Modelle. Auch Hypercube[185] ist als umfassendes Regelentwicklungstool eher den beschreibenden Modellen zuzuordnen.

Alle Verfahren lassen sich außerdem hinsichtlich Anwendbarkeit und Flexibilität in zwei Gruppen unterteilen.

Parametrische Verfahren lassen sich relativ leicht anwenden. Ihnen liegen als Hypothesen Formeln zugrunde, die einen funktionalen Zusammenhang zwischen den betrachteten Daten unterstellen. Die Formeln sind durch das gewählte Verfahren fest vorgegeben. Lediglich die Parameterausprägungen der Formeln sind im Rahmen der Analyse zu bestimmen. So wird zum Beispiel im Rahmen einer Linearen Regression ($y = mx + b$) die Steigung m und der Achsenabschnitt b bestimmt. Die Einfachheit der Handhabung hat folgende Nachteile: Wird der funktionale Zusammenhang falsch gewählt, kann es zu Fehlinterpretationen der Ergebnisse kommen[(53)]. Ein Modell misst Korrelationen zwischen Datenpunkten, nicht unbedingt kausale Zusammenhänge.

---

184 Neuronale Netze werden erfolgreich zur Fraud-Erkennung im Kreditkartengeschäft genutzt. Für die Operationalisierung ist wichtig, dass sie in der Lernphase sehr flexibel sind und sich schnell und automatisiert auf neue Muster einstellen. Diese Flexibilität geht jedoch zu Lasten der Verständlichkeit des Modells.
185 Siehe Produktvorstellung im Anhang.

Nichtparametrische Verfahren stellen bewusst keine Anforderungen an eine Datenverteilung[186]. Modellierungsalgorithmen leiten eine Formel aus den Daten ab. Widersprüchlich zum Namen brauchen die nichtparametrischen Verfahren dennoch Parameter. Sie dienen der Steuerung des Modellierungsalgorithmus. Auch ihre Anzahl kann unterschiedlich sein[187]. Die freiere Herangehensweise an die Modellierung wird durch einen deutlich höheren Rechenaufwand erkauft.

Liegt bereits eine Hypothese über die statistische Verteilung der Daten vor, können Verfahren mit der entsprechenden Verteilungsannahme herangezogen werden. Die am meisten verwendete Annahme ist die der Normalverteilung. **Verteilungsfreie Verfahren** hingegen legen keinerlei Annahmen über die statistische Verteilung der Daten zu Grunde.

Bestehen bereits Annahmen zu Klassen, wenn das Data-Mining begonnen wird, spricht man von **überwachtem Lernen** (z. B. Klassifikation). Der entwickelte oder lernende Algorithmus versucht dabei, eine möglichst gültige Voraussage für die Klassen zu finden. Die Ergebnisse des Lernprozesses können mit den richtigen Ergebnissen verglichen, also überwacht werden.

Bestehen keine Annahmen zu Klassen, können diese im Rahmen der Analyse aus Verfahren des **unüberwachten Lernens** bestimmt werden, z. B. Clustering.

Facheinschub 16: Carsten Steckel – Data Mining (Teil 2)

»Es scheint«, warf Kaya ein, »viel davon abzuhängen, ob ich Erklärungen für die Ergebnisse brauche und welche Vermutungen ich im Vorfeld hinsichtlich der Daten und ihrer Zusammenhänge habe.«

Herr Schilling nickte wieder »Und welche Eigenschaften oder Verteilung die Daten haben. Viele Verfahren setzen ein bestimmtes Skalenniveau oder eine Normalverteilung voraus. Wenn das nicht berücksichtigt wird, kommt zwar ein Ergebnis heraus, aber die Aussagekraft fehlt.«

»Das mit dem Distanzmaß habe ich noch nicht verstanden«, merkte sie noch an, obwohl ihr Magen vernehmlich knurrte. Zeit zum Mittagessen.

---

186 Man verzichtet beispielsweise bewusst auf die vereinfachende Annahme der Normalverteilung. Aber auch Aussagen einer links- oder rechtssteilen Verteilung sind nicht notwendig.
187 Beispielsweise kann in Abhängigkeit von den zugrunde liegenden Daten bei einer Support Vector Machine die Anzahl der Support Vektoren variieren. Siehe den folgenden Facheinschub.

Christian Schilling hob den Daumen und zeigte Kaya mit einer Geste, dass er die Erklärung kurzhalten würde. »Einige Verfahren benötigen zur Abgrenzung den Abstand zwischen zwei Beobachtungen. In der Praxis ist es oft nicht leicht, sich ein solches Distanzmaß zu erarbeiten. Selbst wenn die Beobachtungen alle nur durch Zahlen beschrieben werden, kann ich nicht einfach ein Metermaß auspacken und den Abstand zwischen den Beobachtungen messen. Wollen wir eine Pause machen?«

Beim Mittagessen berichtete Christian Schilling von seinen Reisen. Kaya hörte fasziniert zu. Er schien einen Weg zur Work-Life Balance gefunden zu haben.

Nach einer Stunde stand ihr Gast wieder am Flipchart und ging tiefer auf einzelne Methoden ein.

Support Vector Machine (SVM)

Die Support Vector Machine (SVM) kann sowohl zur Klassifikation als auch zur Regression von metrischen Daten eingesetzt werden. Der Algorithmus versucht dabei, mit einer strukturellen Minimierung nicht nur den Trainingsfehler, sondern auch die Modellkomplexität klein zu halten. Voraussetzung des Algorithmus ist die Annahme, dass sich die Datenobjekte in zwei Klassen, beispielsweise Fraud und Non-Fraud, separieren lassen.

Eine Trennlinie oder im mehrdimensionalen Raum auch Trennebene wird als Hyperebene bezeichnet. Die Objekte und die Hyperebene müssen in einem metrischen Raum liegen, d. h. ein Abstand zwischen diesen muss messbar sein. Der Algorithmus versucht, eine Trennebene so zu positionieren, dass der minimale Abstand dieser Hyperebene zu den Objekten beider Klassen maximal wird. Bei der Platzierung der Trennebene bezieht man nur die Objekte ein, die dieser am nächsten liegen. Man bezeichnet diese Objekte als Stützvektoren. Die übrigen Objekte werden durch die Stützvektoren verdeckt und haben keinen Einfluss auf die Lage der Hyperebene.

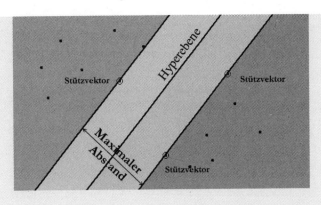

Abbildung 17 – Hyperebene und Supportvektoren

Verwendet man eine lineare Trennebene in zweidimensionaler Betrachtung, erkauft man sich den vergleichsweise niedrigen Rechenaufwand mit dem Nachteil, dass eine lineare Trennbarkeit der Klassen in der Realität oft nicht gegeben ist. Der Algorithmus behebt diesen Mangel durch Projektion in einen höherdimensionalen Vektorraum und nachgelagerte Hyperebenen-Suche zu Lasten eines gestiegenen Rechenaufwands (sog. Kernel-Trick, siehe folgende Abbildung). Teilweise kann dem notwendigen Rechenaufwand mit höheren Kapazitäten begegnet werden[188]. Zur Reduzierung des Rechenaufwands können in den Algorithmus sogenannte Schlupfvariablen integriert werden. Diese lassen jedoch in einem begrenzten Umfang Fehlzuordnungen zu[189].

---

[188] Beispielsweise können für die Anwendung von Hypercube je nach Bedarf große Rechenzentren in Anspruch genommen werden.

[189] Bernd Fischer und Raoul Wessel haben eine grafische SVM-Experimentierumgebung im Netz unter http://bit.ly/11pUuEh bereitgestellt, die das Verhalten des Algorithmus plastisch verdeutlicht.

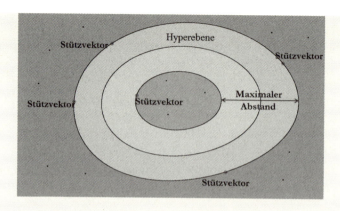

Abbildung 18 – Höherdimensionaler Vektorraum mit radialem Kernel

Die Idee zur Trennung zweier Klassen im n-dimensionalen Raum durch eine Hyperebene geht auf Frank Rosenblatt[54] zurück. Der Ansatz wurde von Wladimir Wapnik und Aleksei Chervonenkis[55] aufgegriffen und zur Support Vector Machine weiterentwickelt.

Facheinschub 17: Carsten Steckel – Support Vector Machine

Kaya unterbrach den Vortrag. »Wenn ich mir Ihre Zeichnung anschaue, geht es doch immer darum, möglichst eine hohe Trennschärfe zu erreichen. Im Idealfall könnte dann der rote Bereich nur Betrugsfälle und der blaue Bereich nur Nicht-Betrugsfälle abdecken. Die Logik ist die gleiche wie bei allen anderen Verfahren. Die Größe des hellroten und hellblauen Bereichs entscheidet über die Trennschärfe des eingesetzten Verfahrens.«

»Nun ja, fast. Die Idee ist immer die gleiche. Mit einer gewählten Methode versuchen Sie, möglichst gut Betrugs- von Nichtbetrugsfällen zu trennen. Eine Support Vector Machine hat weitreichendere Möglichkeiten, da die Trennlinie nahezu frei zwischen den Beobachtungen platziert werden kann.«

»Dann brauchen wir doch vorhersagende Modelle wie einen Score oder ein neuronales Netz. Die anderen können wir eigentlich vernachlässigen.«

»Nicht ganz«, antwortete Herr Schilling, wobei er die Brille auf dem Nasenrücken zurechtschob. »Sie können eine Support Vector Machine sehr wohl zur Vorhersage einsetzen, auch wenn es sich um ein beschreibendes Verfahren handelt. Die Zuordnung ist da etwas irreführend. Auch die Stärke von neuronalen Netzen liegt eindeutig auf der Vorhersage. Was diese Modelle nicht können, sind Beschreibungen. Wenn der Fachbereich wissen möchte, wie Sie zu Ihren Ereignissen gekommen sind, wird es damit schwerer. Von einer automatisierten Behandlung der Ergebnisse mal ganz zu schweigen. Das Ergebnis einer Analyse mit neuronalen Netzen ergibt eine Zahlenmatrix. Für den Kreditentscheider ist diese aussagelos. Das ist einer der Gründe, warum die Bankenaufsicht die Verwendung von neuronalen Netzen für Ratingmodelle nicht gestattet. Bei den Support Vector Machines ist es ähnlich. Das Ergebnis ist eine Liste von Support Vektoren und deren Gewichten. Für einen Fachbereich sind die ohne Bedeutung.«

Kaya war enttäuscht. Das war ja noch schlimmer als beim Scoring. »Sie meinen also, neuronale Netze und Support Vector Machines fallen aus, weil keiner nachvollziehen kann, wie das Ergebnis ermittelt wurde?«

Christian Schilling lachte. »Ein bisschen was ist dran an Ihrer Aussage. Was auch immer Ihr Modell tut, Sie müssen es den operativen Einheiten erklären können. Wollen diese wissen, warum Sie in der Detektion einen Fall als Fraud klassifizieren, nutzen Sie lieber beschreibende Modelle. Falls jedoch, wie im Beispiel des Kreditkartengeschäfts, Geschwindigkeit wichtiger ist als das Warum, dann nutzen Sie einfach die Vorteile der vorhersagenden Modelle.«

Herr Schilling fuhr fort. »Die analytischen Verfahren sind alle sehr mächtig, aber auch mit Vorsicht zu genießen. Insbesondere, wenn die Eingangsdaten ohne Hinweise vorbereitet und dadurch verfälscht werden. Beim Scoring werden fehlende Werte entweder ersatzlos gestrichen oder durch einen Wert ersetzt. Wenn diese Daten dann später in Data-Mining-Verfahren weiterverwendet werden, ist das ein Problem. Annahmen können auch im Algorithmus selbst versteckt sein. Bei Entscheidungsbäumen werden Annahmen über die Reihenfolge der Variablen getroffen[190]. Eine oft genutzte Form des Entscheidungsbaums namens CHAID[(56)] gruppiert die Variablen vorab in Klassen. Dabei können wichtige Details verlorengehen. Für neuronale Netze brauchen Sie größere Datenmengen.« Er nahm einen Schluck Wasser. »Eine Schwierigkeit ist, dass die Verfahren immer zu irgendeiner Lösung kommen. Es wäre hilfreich, wenn ein Modell neben einer Antwort auch melden könnte, dass es keine Antwort liefern kann.«

Kaya war noch mit dem grundlegenden Verständnis beschäftigt. Wenn sie solche Verfahren einsetzen wollten, benötigte die Bank sowieso externe Beratung. »Für die Betrugserkennung können wir alle diese Verfahren einsetzen, um Abweichungen vom Verhalten der Masse zu identifizieren. Dafür wirkt das Ganze aber ziemlich komplex. Lohnt sich das?«

---

190 Die Gruppierung erfolgt anhand des Erklärungsbeitrags (75).

Christian Schilling überlegte kurz »Ich bin Mathematiker, aber da muss ich wie ein Jurist drauf antworten. Das kommt darauf an. Die Verfahren können Betrugsfälle identifizieren, die sonst nicht gefunden werden. Außerdem lassen sie sich in zeitkritischen Prozessen gut einsetzen. Letzten Endes ist es immer eine Frage des Business Cases.«

»In Ihrem Vortrag auf der Konferenz haben Sie erzählt, dass Sie mit wenigen Datensätzen zu vernünftigen und erfolgreichen Ergebnissen kommen.«

»Haben Sie noch Kraft? Dann erzähle ich Ihnen noch etwas über HyperCube. Das ist ein annahmefreies, nicht-parametrisches und verteilungsfreies System. Das Wichtigste ist, dass die Ergebnisse in nachvollziehbaren Regeln ausgedrückt werden.« In der verbleibenden Zeit stellte der Berater seine Methode vor[191].

Nachdem Herr Schilling sie verlassen hatte, sank Kaya erschöpft in ihren Bürostuhl. Das Gespräch war anspruchsvoll gewesen und die Details der einzelnen Methoden würde sie wohl noch lange nicht verstehen, wenn überhaupt. Aber immerhin hatte sie nun einen Überblick. Wenn sie ihre Notizen aufgearbeitet hatte, könnte sie künftig zumindest in Grundzügen mitreden. Wie üblich machte sie sich an eine Zusammenfassung, bevor sie die Einzelheiten wieder vergaß[192].

---

191 Eine detaillierte Beschreibung der Methode befindet sich im Anhang.
192 Siehe Anhang Weiterführende Diskussion Data Mining.

20. Vernetzt denken – Netzanalysen

In den nächsten Tagen meldeten sich die Vertreter der verschiedenen Firmen, denen sie ihre Karte auf der Konferenz gegeben hatte. Ernst & Young, SAS, BearingPoint, Experian, IBM, SHS VIVEON, BAE Systems Detica, Iovation, IRIS, FICO, Cybersource, Norkom, NICE Actimize, KPMG, PwC, Deloitte und einige andere überschütteten sie mit Material[193]. Wie erwartet war ein Großteil der Unterlagen Produktwerbung.

Fast alle Firmen hatten sich auf eine Branche oder ein Produkt spezialisiert und versuchten, ihre Produkte und Ansätze auf andere Bereiche zu übertragen. Schwerpunkte waren Geldwäsche, Compliance-Themen wie interner Betrug oder Korruption. Nachdem Kaya sich durch den ersten Sumpf von Material gewühlt hatte, begann sie, einige Sortierungskriterien aufzuschreiben.

Alle Anbieter entwickelten Algorithmen oder Kombinationen von Regeln und analytischen Methoden, um Betrugsfälle möglichst trennscharf auszufiltern. Immer gab es auch Beratung für die Analyse, Softwareauswahl, das Prozessdesign und vieles mehr, wobei die Beratungsunternehmen hier natürlich ihren Schwerpunkt hatten. Die meisten Angebote bezogen sich allerdings entweder auf die Untersuchung von internen Betrugsfällen oder auf den Aufbau von Systemen. Fachwissen über die Investigation im Mengengeschäft schien allgemein knapp zu sein. Oder die Unternehmen sahen in der Beratung zu diesen Themen kein lohnenswertes Geschäftsmodell.

Einige Softwarefirmen boten neben der automatisierten Prüfung fertige oder konfigurierbare Bearbeitungsoberflächen für die Sachbearbeitung an, die Verwaltung von Referenzdaten oder die Bildung von Datenpools[194].

Die Lieferung der Ergebnisse in Echtzeit war für Bereiche mit direkter Entscheidung ein kritischer Punkt. Bei Kreditkartentransaktionen oder der Entscheidung über mögliche Zahlungsverfahren mussten die Entscheidungen extrem schnell getroffen werden, was bei der Menge der Daten längst nicht alle Methoden zu können schienen. Bei der Abwicklung von Versicherungsschäden oder Finanzierungen, die nicht sofort ausgezahlt wurden, war Zeit kein Problem. Konsumentenkredite, Autofinanzierungen und Girokontenanträge lagen irgendwo dazwischen.

---

193 Wir erheben nicht im Geringsten Anspruch auf Vollständigkeit.
194 Dies kann bereits in Konzernen oder Holdings außerordentlich sinnvoll sein, da die einzelnen Unternehmen Daten nicht ohne Weiteres austauschen können.

Einige Anbieter hatten sich auf die Vermeidung von Antragsbetrug spezialisiert, während andere vor allem bei Transaktionen stark waren.

Ein interessantes Unterscheidungsmerkmal war die Visualisierung von Beziehungsnetzen. Die Zeichnungen, die Birgit Müller mühsam per Hand gemacht hatte, konnten anscheinend auch problemlos automatisiert erstellt werden.

Netzwerkanalysen

Manche Betrugsmuster sind derart gut ausgereift, dass ein einzelnes Engagement für sich genommen nicht mehr auffällig ist. Auffälligkeiten des Umfelds werden in Netzstrukturen berücksichtigt. Ein Netzwerk ist eine endliche Menge von Objekten (auch Entitäten oder Knoten[195]), die über Beziehungen (Kanten) miteinander in Verbindung stehen. In der Graphentheorie wird dieses Netzwerk Graph genannt.

Objekte sind beispielsweise Personen, Adressen, Telefonnummern, Finanzierungsobjekte oder Konten. Die Beziehungen können über harte und weiche Suchalgorithmen verbunden werden[196]. Der Einbezug von Objekten mit sehr vielen Verbindungen (z. B. einer Filiale) oder zu weichen Suchalgorithmen[197] erzeugt große Treffermengen mit kaum akzeptablen False-/Positive-Raten und ist nur eingeschränkt zu empfehlen.

Die Objekte können über Zusatzinformationen verfügen. Ein Konto kann Informationen zum Überziehungsverhalten enthalten, ein Antrag den aktuellen Status der Genehmigung oder eine Person die individuelle Ausfallwahrscheinlichkeit.

Bei **gerichteten Netzanalysen** wird ausgehend von einem Objekt über Referenzregeln nach direkten Verbindungen zu anderen Objekten gesucht. Sukzessive wird das Netz von einem zum nächsten Knoten erweitert und stückweise das Sichtfeld auf das Portfolio vergrößert.

---

195 In der Datenmodellierung als Entität, in der Graphentheorie als Knoten bezeichnet.
196 Siehe Facheinschub Regeln zur automatisierten Detektion.
197 Beispielsweise phonetische Algorithmen, die nach Namensähnlichkeiten suchen.

Beispiel 1

Ein Neukunde eröffnet ein Girokonto. Bei Abgleich der Antragsdaten mit bekannten Betrugsfällen wird erkannt, dass der Kunde die gleiche Mobiltelefonnummer angegeben hat wie ein bekannter Betrüger. Der Betrüger wiederum ist über die gleiche Wohnadresse verbunden mit zwei weiteren, bisher unauffälligen Kunden.

Ausgehend von Kunde 1 wird über die Mobiltelefonnummer eine direkte Verbindung zu einem bekannten Betrüger F hergestellt. Über die Wohnadresse von F wird wiederum eine Verbindung zu den Kunden 2 und 3 erstellt.

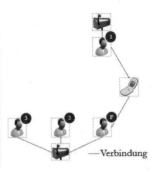

Abbildung 19 – Beziehungsnetz

Gerichtete Netzanalysen erkennen direkte und (nahe) indirekte Zusammenhänge in personen- oder objektbezogenen Daten[198]. Sie können in begrenztem Umfang[199] in Echtzeit erstellt werden. Netzanalysen sind in der Bekämpfung von Antragsbetrug anwendbar, insbesondere durch die Abfrage von Warndateien oder für das Aufzeigen von unplausiblen Datenkombinationen[200]. Die Verwendung der Zusatzinformationen ist möglich, wird in der Praxis jedoch meist auf Warnlistenfunktionen beschränkt[201].

Wenn, metaphorisch gesprochen, jeder Knoten eine Straßenlaterne in einem dunklen Stadtviertel ist, leuchten gerichtete Analysen den Weg aus, den man gegangen ist. Auffälligkeiten innerhalb der Lichtkegel werden sichtbar. Für ein umfassendes Gesamtbild muss das Stadtviertel komplett ausgeleuchtet werden, also jeder Knoten der Analyse hinzugefügt sein.

---

198 Wie die persönlichen Angaben des Antragstellers (Stammdaten), Arbeitgeber, KfZ-Sicherungsschlüssel usw.
199 Üblich ist zumindest die Abfrage einer direkten Verbindung zu Warndateien und teilweise anderen Referenzdaten. Die Herausforderung liegt in der Dauer komplexer Suchen, die bei den großen Datenmengen einer Bank oder eines Telekommunikationsunternehmens im Spannungsfeld zu einer schnellen Entscheidung am POS steht.
200 Z. B. mehrfach die gleiche Person an unterschiedlichen Adressen.
201 So z. B. wenn ein Objekt eines aktuellen Antrags auf einen abgelehnten Antrag trifft. Der Status Ablehnung ist eine Zusatzinformation zum Objekt. Genauso gut könnte es aber eine Warndatei mit abgelehnten Anträgen geben.

Diese Funktion übernehmen **portfoliobasierte Netzanalysen**. Dafür wird das Gesamtportfolio in Subportfolios[202]/Netze unterteilt[203]. Jeder Knoten wird dabei einem in sich geschlossenen Netz zugeordnet[204]. In die Analyse können auch Transaktionsdaten einbezogen werden, die weitere Verbindungen aufzeigen.

Beispiel 2 (Erweiterung zu Beispiel 1):

Zum bereits erkannten Netz gehören weitere Kunden. Zwischen diesen wird Geld in einem Ringtransfer hin- und herüberwiesen. Es gibt keine Zahlungsströme von oder nach außen. Die Konten wurden im gleichen Zeitraum eröffnet. Nach etwa drei Monaten werden auf allen Konten zur gleichen Zeit Ratenkredite beantragt.

Die Geschlossenheit des Netzes und die zeitgleichen Aktionen sind auffällig. Hier ist die Betrugswahrscheinlichkeit hoch.

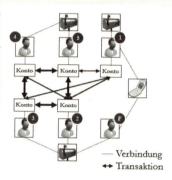

Abbildung 20 – Beziehungsnetz 2

Die Methode ermöglicht es, ganze Netze auf Auffälligkeiten präventiv zu analysieren. Zum Beispiel kann ein Netz überdurchschnittlich viele Never Payer und Early Defaults[205] enthalten. Obwohl noch kein Betrug erkannt worden ist, zeigt dieses Netz Betrugstendenzen. Profilregeln verwerten diese Beobachtungen und ermitteln eine netzspezifische Betrugswahrscheinlichkeit. Kann ein Antrag einem bestehenden Netz zugeordnet werden, fließt dessen Betrugswahrscheinlichkeit in die Antragsbewertung ein[206].

Auch zur Überwachung des Bestandsgeschäfts ist diese Methode geeignet. Verdichten sich über die Zeit Auffälligkeiten (siehe Beispiel 2), wird ein entsprechend definierter Risikoindikator ein Signal auslösen. Bei Kreditprodukten mit variabler Inanspruchnahme sind auf diese Weise risikominimierende Maßnahmen frühzeitig möglich. Der Einsatz ist daher nicht auf die Betrugsprävention begrenzt.

---

202 Portfoliosegmentierungen unterscheiden meist nach Kundenart oder Region. Auch die Netzerstellung ist eine Segmentierung, basiert jedoch auf anderen Kriterien und einer anderen Methode.
203 Je größer das Kundenportfolio und umso komplexer die Suchregeln, desto sinnvoller ist ein Batch-Lauf z. B. nach Abschluss der Tagesbuchungen.
204 Für eine generelle Einführung in die Graphentheorie auch für Nichtmathematiker siehe (76).
205 Kunden, die bisher keine oder nur wenige Raten gezahlt haben.
206 Diese Methode dient allein der Prävention von Kreditbetrug und ist nicht zu verwechseln mit Versuchen, die Bonität eines Antragsstellers einzuschätzen, indem die Bonität von Kontakten aus sozialen Netzwerken im Internet berücksichtigt werden.

Bei der Netzerstellung[207] sind analog zu den gerichteten Netzanalysen Größenbeschränkungen zu beachten. Der Einbezug stark frequentierter Knoten wie Bankfilialen ist nicht zielführend. Im Extremfall würde das Gesamtportfolio zu einem Netz ausgeweitet werden, da jeder irgendwie mit jedem Knoten direkt oder indirekt verbunden ist[208]. Bestimmte Merkmale sind ungeeignet, bei anderen ist die Nutzung selektiv einzuschränken, z. B. können große Arbeitgeber aus der Analyse ausgeschlossen werden (Whitelisting).

In der **Investigation** sind grafische Netzanalysen etablierter Standard. Zusammenhänge in großen Datenmengen sind visuell einfacher zu verstehen als in Tabellenform. Verschiedene Grafiken oder die Größe der Knoten, Länge und Dicke der Kanten sowie deren farbliche Gestaltung ermöglichen eine einfache, visuelle Analyse selbst komplexer Datenstrukturen[209]. Üblich sind auch Darstellungen im Zeitablauf oder Hierarchien. In der **Detektion** werden diese Verfahren in den nächsten Jahren sicherlich vermehrt zum Einsatz kommen.

Facheinschub 18: Netzanalysen

---

207 Für eine mathematische Einführung in das Prinzip Sozialer Netzwerke siehe (77).
208 Jeder Mensch ist mit jedem anderen über eine kurze Kette von Beziehungen verbunden (78).
209 Zum Kennenlernen dieser Thematik kann die kostenlose Visualisierungssoftware GUESS genutzt werden (79).

21. Einfach mal ausprobieren – Wertung der Methoden

Der 17. August war ein strahlender Tag. Kaya hatte es bereits vor der Arbeit geschafft, ins Fitnessstudio zu gehen und genoss ihren ersten Espresso. Der Ausblick auf die Skyline war immer noch grandios, doch inzwischen soweit Normalität geworden, dass sie ihn nur noch selten wahrnahm. Kaya hatte das Gefühl, dass sie jetzt einen vertretbaren Eindruck über die verschiedenen Methoden hatte.

Auf ihrem Rechner warteten einige neue Datenabzüge. Aber sie hatte sich fest vorgenommen, die Methodenübersicht fertigzustellen, bevor sie wieder an die Daten ging und die neuen Regeln ausprobierte, die immer noch nutzlos auf ihrem Notizblock standen. Erst die Arbeit, dann das Vergnügen. Vielleicht konnte sie ja die nächsten Betrüger erwischen. Eigentlich müsste sie für jeden Verhafteten Kerben in ihren Computer schnitzen, wie ein Kopfgeldjäger.

Ihr war noch nicht klar, welche Methoden oder welche Kombination wirklich besser waren. Bei einer Umsetzung würde sie wahrscheinlich erst einmal mit den einfachen Regeln anfangen. Wenn Anbieter kostenlose Tests anböten, könnte sie die für einen weitergehenden Vergleich nutzen.

Ideal wäre es natürlich, wenn sie auch die Methoden in Klassen einteilen könnte, um darauf einen übergeordneten Ansatz abzubilden. So etwas wie einen Betrugsscore, der nicht auf einem einzelnen Verfahren beruhte, sondern die Verfahren als Variablen benutzte. Bei einem übergeordneten Verfahren mussten die ursprünglichen Informationen erhalten bleiben, damit ein Sachbearbeiter zumindest bei aussagefähigen Regeltreffern Anhaltspunkte für die Untersuchung erhielt. Kaya scannte das Whiteboard und wischte es sauber.

Probability of Fraud

Die Vielfalt der Betrugsmuster ist hoch. Sie werden im Zeitablauf verändert, weiterentwickelt und komplexer. Eine einzige Methode kann die Vielfalt und Dynamik nicht erfassen. Erst die gemeinsame Anwendung der in diesem Buch beschriebenen Detektionsmethoden ermöglicht eine bestmögliche Abdeckung der Muster. Die Methoden ermitteln verschiedene, sich überlagernde be- und entlastende Faktoren. Die Berücksichtigung beider führt zu einer effizienten Aussteuerung in die Detailanalyse. Die Methoden müssen fortlaufend kalibriert, weiterentwickelt und gegebenenfalls durch bessere Methoden ersetzt werden.

Der konstante Transport der Ergebnisse in den Antragsprozess wird erschwert durch die unterschiedlichen Ergebnisformate der einzelnen Methoden. Für die Prozesssteuerung ist es sinnvoll, daraus ein einheitliches Verdachtssignal zu bilden.

Die Kreditentscheidung im Mengengeschäft erfolgt überwiegend standardisiert und ist in vielen Unternehmen stark arbeitsteilig organisiert. Engagements werden dann entlang einer Fertigungsstraße bearbeitet. An Verzweigungen wird möglichst automatisiert entschieden, welchem Bearbeitungsweg das Engagement zu folgen hat[210]. Entscheidungsalgorithmen geben dabei meist in Form einer Ampelfarbe ein Signal in den Prozess.

Dazu ein Beispiel:

Eine automatisiert ermittelte Ausfallwahrscheinlichkeit entscheidet, ob ein Engagement genehmigt, abgelehnt oder manuell getrennt geprüft wird. Bei unkritischen Anträgen werden nur die Unterlagen plausibilisiert. Ausgesteuerte Anfragen werden im Vier-Augen-Prinzip bearbeitet.

Analog kann die Fraud-Auffälligkeit mithilfe einer Risikokennzahl, der Probability of Fraud (PF), in die Prozesse integriert werden[57]. Die verschiedenen Ergebnisse des Detektions-Toolsets werden in ein einheitliches Risikomaß übersetzt, dessen Ausprägungen klar definierte Auswirkungen auf den Prozess haben.

---

210 Ein einfaches Prozessschaubild ist in Kapitel Arbeitsmuster (Definitionen) zu finden.

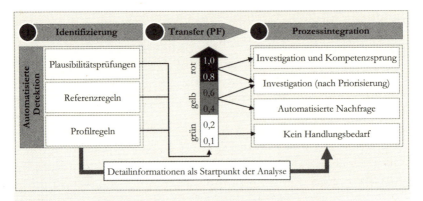

Abbildung 21 – Risikokennzahl Probability of Fraud (PF).

Die Aggregationslogik muss klar erkennbare Klassen bilden. Das kann in Form der Ampelfarben grün – gelb – rot oder über eine Skala erfolgen. Jeder Wert auf dem Intervall kann damit als Betrugswahrscheinlichkeit interpretiert werden. Je höher der Wert, desto höher ist die Ähnlichkeit zu bekannten Betrugsfällen oder desto auffälliger sind Unplausibilitäten.

Die Methoden liefern unterschiedlich trennscharfe Ergebnisse und sind daher individuell zu gewichten[211]. Je nach Gewicht beeinflusst eine Methode allein oder in Kombination mit anderen Methoden die Ausprägung der PF.

So würde beispielsweise

- ein Personentreffer auf einer Blacklist bereits die höchste Risikoklasse erzwingen,

- ein indirekter Personentreffer in einer niedrigeren Klasse angesiedelt sein, die durch einen weiteren indirekten Treffer oder andere Regeln erhöht werden kann,

- eine hohe Ausprägung einer Profilregel (z. B. ein Score) relativ stärker in die PF eingehen als eine kleine Ausprägung,

- die Verbindung eines Kreditantrags mit einem stark auffälligen Netz eine hohe Risikoklasse bewirken,

- der Kreditantrag eines langjährigen Kunden mit ausgezeichneter Kontoführung, der Bauspar- und Versicherungspolicen regelmäßig bespart, niedrig bewertet, obwohl einzelne Angaben normalerweise zu einer Aussteuerung führen würden (z. B. weil er ein für seinen Beruf untypisch hohes Gehalt angibt).

---

211 Eine Möglichkeit der Gewichtung bietet das Konzept der Fuzzy-Logik, bei dem Entscheidungen durch Verknüpfung unscharfer Wertemengen erfolgen.

Die PF kann darüber hinaus auch durch eigene Logiken ergänzt werden. Diese priorisieren die Prüfreihenfolge, indem die Betrugswahrscheinlichkeit zusätzlich gewichtet wird mit

- der Höhe des Betrags,
- der Zeitkritikalität der Bearbeitung eines Engagements (beispielsweise zur Einhaltung von Service Level Agreements[212]),
- der aktuellen Arbeitsauslastung der investigativen Einheiten.

Während das Konzept der PF wichtig ist, um stabile Prozesse modellieren und die Fraud-Prüfung anstoßen zu können, sind für die Prüfung selbst die Ergebnisse der einzelnen Methoden relevant. Sie geben den Startimpuls für die Prüfung, zum Beispiel:

- Die Fahrgestellnummer eines zu finanzierenden KfZ ist bereits in einer Warndatei eingetragen. Der Prüfungsfokus richtet sich zunächst auf das KfZ.
- Das angegebene Gehalt ist deutlich höher als in der Berufsgruppe üblich. Der Prüfungsfokus richtet sich auf die Plausibilisierung der Unterlagen und das Beschäftigungsverhältnis.
- Der Kunde wird einem auffälligen Netz zugeordnet. Die Analyse startet mit bekannten Erkenntnissen, die im Netz vorliegen.

An der Ausprägung der PF sowie den Ergebnissen der einzelnen Methoden können nun definierte Prozessschritte ausgerichtet werden. Die Intensität der Prozessintegration muss abhängig von Produkt, Prozess, implementierten Mechanismen und vorhandenen Möglichkeiten angepasst werden.

Facheinschub 19: Probability of Fraud

Gegen 22 Uhr betrachtete Kaya stirnrunzelnd den Stapel Kaffeebecher auf ihrem Schreibtisch. Morgen würde sie sich endlich eine Kanne Tee hinstellen. Sie schrieb sich selbst eine Notiz auf ein leeres Blatt Papier und legte es quer über ihre Tastatur.

Mit dem Ergebnis ihrer Methodensuche war sie zufrieden. Die PF war eine gute Idee und sah vielversprechend aus. Alle Ideen zusammen würden reichen, um intern und mit einigen Anbietern zu diskutieren.

---

212 Service Level Agreements sind Vereinbarungen zwischen Auftraggeber und Dienstleister für wiederkehrende Dienstleistungen. Üblich sind solche Vereinbarungen zwischen verschiedenen Bereichen eines Unternehmens, insbesondere in Fertigungsstraßen.

Damit war die nächste Aufgabe die Überarbeitung des Business Cases. Die fachliche Zusage durch die Abteilungsleiterrunde hatten sie, der CRO war der beste aller möglichen Sponsoren. Damit sollte auch die Freigabe des Geldes kein Problem sein. Aber es wäre natürlich besser, den Business Case weiter zu untermauern und vielleicht gleich ein paar Softwaretests und etwas Analytik mit unterzubringen.

Erfahrungsgemäß waren die Mitglieder des Gremiums zur Mittelfreigabe deutlich kritischer als die Abteilungsleiter. Aber sie hatte ja auch noch 14 Tage Zeit, das Gremium tagte nur einmal im Monat. Zeit genug für eine neue Analyse.

22. Knockout – Datenschutz

In der Ferne war ein Grollen zu hören. Der Wind wurde stärker. Man konnte es am Knacken und Krächzen des Turms erkennen. Das Gebäude schien sogar ein wenig zu schwanken. Die Sommerhitze hatte sich am Morgen mit den Schäfchenwolken der letzten Tage zusammengetan. Etwas später waren einige ihrer größeren Brüder dazugekommen und begannen, in den Himmel zu wachsen. Kurz darauf sahen sie nach beeindruckenden Ambossen für irgendwelche alten Götter aus. Als Kaya das nächste Mal aufsah, waren die Spitzen der Wolkenkratzer schon im Gewitterdunst verschwunden. Dann zuckte der erste Blitz und sie unterbrach ihre Arbeit, ging zum Fenster und genoss das Schauspiel. Sie spürte förmlich, wie der aufkommende Regen den Staub aus der Luft spülen würde. Sie mochte Gewitter.

»Wir haben ein Problem, Kaya!« Markus stürmte in ihr Büro und schloss die Tür.

»Hi Markus!« Kaya drehte sich überrascht um. Beim Anblick von Markus gefror ihr abwesendes Lächeln. Sein Gesichtsausdruck hatte die gleiche graue Farbe wie der Himmel hinter ihr.

Er nahm zweimal Anlauf, ehe er zu sprechen begann. »Setz Dich lieber.«

»Was ist denn los, Markus?« Hinter ihr hatte das Unwetter jetzt angefangen und dichter Regen trommelte hart gegen das Fenster, doch das nahm sie nicht wahr. Markus warf sich auf den Stuhl vor ihrem Schreibtisch. Kaya stellte die Tasse ab, die sie in der Hand gehalten hatte und setzte sich.

»Du darfst vorerst keine weiteren Datenanalysen mehr durchführen.« Er sprach betont langsam. »Ich habe eben einen Anruf von unserem Datenschutzbeauftragten bekommen. Er war in heller Aufregung und hat mir vorgehalten, dass wir gegen sämtliche Regeln des Datenschutzes verstoßen. Außerdem gegen Betriebsvereinbarungen und vermutlich das elfte Gebot.«

»Wie bitte?«

»Du sollst keine Daten analysieren, ohne vorher Deinen Datenschutzbeauftragten zu fragen.« Markus versuchte, sich ein Lächeln abzuringen, was mit dem Hintergrund des peitschenden Regens und der zuckenden Blitze gespenstisch aussah. Ihr lief ein Schauer über den Rücken.

Markus Handy vibrierte. Eine Zehntelsekunde später gab Kayas Handy einen glockenhellen Ton von sich, den sie für E-Mails mit hoher Dringlichkeit aktiviert hatte.

Markus begann vorzulesen.

> Sehr geehrter Herr Lang,
>
> sehr geehrte Frau Cazadora Diaz,
>
> mir liegt eine Meldung vor, dass Sie im Zusammenhang mit dem Projekt Betrugsprävention ohne Genehmigung eine Datenbank mit personenbezogenen Daten aufgebaut haben. In dieser Datenbank sollen entgegen den Bestimmungen des BDSG und der bestehenden Betriebsvereinbarungen Mitarbeiterdaten verknüpft worden sein. Darüber hinaus sollen Sie sich über datenschutzrechtlich relevante Inhalte mit externen Personen ausgetauscht haben. Weiterhin wurden nach unserer Information die Rechte Betroffener verletzt, indem Konten- und Kreditanträge aufgrund Ihrer Auswertungen zusätzlich beauflagt wurden.
>
> Zur Begrenzung weiteren Schadens habe ich veranlasst, die Zugriffsrechte von Ihnen, Frau Cazadora Diaz, vorerst einzuschränken. Zur Prüfung der Meldepflicht gemäß § 42a BDSG an die Aufsichtsbehörden und gegebenenfalls auch an die Betroffenen werde ich auf Sie zukommen.
>
> Der Ordnung halber weise ich darauf hin, dass meine Nachforschungen arbeitsrechtliche Maßnahmen, Bußgelder oder Strafverfolgung nach sich ziehen können.
>
> Mit freundlichen Grüßen
>
>
> Anakin Klemperer
> Datenschutzbeauftragter

Kayas Puls raste »Der hat doch einen Knall!« Ihre Kehle war staubtrocken und ihre Stimme vibrierte. »Wir machen doch nichts Verbotenes.«

»Hoffentlich nicht.« Markus klang nüchtern.

»Na ja, ziemlich sicher.« Mit dem Abklingen des ersten Adrenalinstoßes begann sie nachzudenken.

In der letzten Woche hatte sie die Analyse noch einmal komplett neu aufgebaut. Beim ersten Versuch waren es nur die Ratenkredite und Girokonten gewesen. Diesmal wollte sie auch die anderen Konsumentenkredite, die Kreditkarten, die Baufinanzierungen und die Anträge der kleineren Geschäftskunden dazunehmen. Außerdem hatte sie die neuen Daten aus OpRisk mit aufgenommen. Oleg aus der IT hatte ihr geholfen, die Normalisierung der Daten zu automatisieren. Damit konnte sie künftig neue Daten zuspielen, ohne diese manuell zu bearbeiten. Dabei hatten sie auch den Prozess diskutiert und einige Verbesserungen vorgenommen. Statt die unsinnig scheinenden Datenfelder zu löschen, produzierten sie eine zweite Ergebnisdatei, welche die Plausibilitätsfehler enthielt. Die Analysen dauerten allein aufgrund der Datenmenge viel länger. Oleg hatte ihr einen zusätzlichen Standrechner installiert, der praktisch ununterbrochen rechnete. Nachdem sie alle Daten zusammengespielt hatten, konnte sie Analysen auf dem gesamten Datenbestand machen und neue Anträge automatisiert gegen die Datenbank prüfen. Kaya hatte sich entschlossen, nach Produkten vorzugehen. Vorgestern waren die ersten Ergebnisse fertig gewesen, die Autokredite. Die Ergebnisse zeigten glasklar, dass einige Vermittler die Lücken in den Eingabemasken ausnutzten. Sie hatte Sören gefragt, und der hatte ihr Ansprechpartner der Banken gegeben, welche die Referenzkonten der Kunden führten. Gestern hatte sie mit einigen Kollegen telefoniert, um ihre Ergebnisse zu überprüfen. Jeder zweite oder dritte Fall war ein Treffer. Gestern Abend hatte sie Birgit eine Liste mit vierzehn Fällen geschickt und sich dann endlich wieder einmal einen freien Abend erlaubt.

Kayas Smartphone vibrierte erneut. Sie schreckte hoch. Markus tippte eine E-Mail und schien sie vergessen zu haben. Sie sah auf den kleinen Bildschirm. Eine Terminanfrage des Datenschutzbeauftragten in zwei Stunden. Markus stand ebenfalls auf dem Verteiler. Sie bestätigte.

»Der dreht das ganz große Rad.« Markus sah auf. »Der Datenschützer hat den zuständigen Vorstand informiert und den definierten Prozess für interne Verstöße ausgelöst. So ein Mist. Die IT sperrt vorerst alle Deine Zugänge und Du darfst Deinen Rechner nicht mehr benutzen. Ich muss Deinen Laptop unter Verschluss nehmen. E-Mails bekommst Du aber weiterhin über Dein Smartphone.«

Kaya holte tief Luft.

»Wir sehen uns in einer Stunde zur Lagebesprechung in meinem Büro. Bring Deinen Rechner mit.« Ihr Chef sah sie an. Der Versuch, seiner Stimme einen zuversichtlichen Klang zu geben, scheiterte kläglich. »Tut mir leid. Aber den Prozess müssen wir mitmachen. Wir kriegen das bestimmt wieder hin, aber das ist gerade wirklich der Super-GAU[213]. Ich muss telefonieren.«

Als Markus das Büro verlassen hatte, fuhr sie den Laptop herunter und nahm ihn aus der Dockingstation. Dann stand sie auf, ging um den Schreibtisch herum und stellte sich wieder ans Fenster. Der Regen ließ bereits nach und die Blitze waren nur noch in der Ferne zu sehen. Ihre Probezeit war noch nicht zu Ende.

Nach ein paar Minuten löste sie sich aus der Erstarrung. Sie musste mit jemandem darüber reden. Ihr erster Weg führte sie zu Birgit Müller, doch die Bürotür, die immer offen gewesen zu sein schien, war diesmal verschlossen. Auf ihr Klopfen antwortete niemand. Kaya holte sich einen Kaffee in der Cafeteria und ging zu Wielands Büro. Seine Tür war angelehnt und sie roch die Pfeife bereits auf dem Flur. Kaya klopfte und öffnete die Tür etwas weiter. Wieland blickte auf.

»Entschuldige, hast Du einen Moment Zeit?«

»Na klar, komm rein. Ist etwas passiert?« Wieland lächelte sie an und klopfte die Pfeife in dem Aschenbecher aus, der auf seinem Tisch stand.

Eine Viertelstunde später hatte sie erzählt, was passiert war. Wieland hatte sich die Pfeife neu gestopft. Während Kaya berichtete, hatte er nur ab und zu genickt. Ihr war immer noch zum Heulen zumute, aber jetzt war sie ruhiger. In ein paar Minuten musste sie zu Markus.

»Mmmh. Hast Du die Mitarbeiterdaten verwendet?« Wieland nahm einen Block und schrieb etwas auf.

»Ja, ich habe die Datei von OpRisk bekommen. Herr Liebmann hat mir noch gezeigt, wie ich die auf dem Server abrufen kann.« Kaya stockte und ihre Augen weiteten sich.

»Liebmann.« Wieland sprach aus, was Kaya dachte.

---

213 Größter anzunehmender Unfall.

Der Datenschützer war ein reserviert aussehender Mitdreißiger mit Glatze. Er trug einen tadellosen grauen Anzug und seine schwarzen Schuhe glänzten wie frisch geputzt. Die kleine Halbbrille saß weit vorn auf seiner Nase. Neben ihm saß ein älterer Mann. Er stellte sich als Thomas Moeller vor, stellvertretender Leiter der Revision. Die etwas laxe Kleidung und das unordentliche, verstrubbelte, weiße Haar ließen ihn neben seinem überkorrekten Kollegen sympathischer wirken.

Markus und Kaya hatten sich nur kurz abgesprochen. Markus hatte Kayas Rechner in seinen Schrank eingeschlossen. Dann hatten sie abgemacht, dass sie schlicht bei der Wahrheit bleiben würden. Alles andere erschien unsinnig. Kaya erwähnte ihren Verdacht gegenüber Liebmann, doch Markus war nicht darauf eingegangen. Letztendlich war es wohl auch egal.

Herr Klemperer sah Kaya über den Rand seiner Brille hinweg an.

»Ich bin sehr besorgt«, eröffnete er das Gespräch. »Mein Auftrag ist es, Schaden von der Bank abzuwenden. Immer wieder glauben die Kollegen, sie können alles machen.«

»Ich will auch nur Schaden abwenden«, murmelte Kaya leise.

Er hatte es gehört. »Na schönen Dank auch. Ich hoffe nur nicht, dass Ihre Aktivitäten anderweitig einen viel größeren Schaden anrichten.« Ihr Gegenüber stützte sich mit beiden Händen auf den Armlehnen seines Stuhls ab und stand auf.

»Kennen Sie den Frontpage-Test?« Der Datenschützer deutete gestikulierend das Aufschlagen einer großformatigen Zeitung an »Stellen Sie sich das mal vor, morgen steht auf Seite eins der Bildzeitung ›Herstadt stempelt alle Kunden zu Betrügern! Auch Mitarbeiter unter Generalverdacht‹ Frau Cazadora Diaz, haben Sie eine Idee, was dann los ist?«

Kaya spürte, wie ihr das Blut ins Gesicht schoss.

»Lassen Sie uns doch erst einmal den Sachverhalt klären«, versuchte Herr Moeller den Mann zu beschwichtigen. »Noch ist doch gar nicht klar, ob und was überhaupt schief gelaufen ist.«

Der Datenschützer fixierte seinen Kollegen einen kleinen Augenblick, dann atmete er tief durch und setzte sich wieder. »Das machen wir. Und ich hoffe wirklich, dass sich die Vorwürfe nicht bestätigen werden.«

Markus begann den Bericht. Herr Klemperer fragte zwischendurch nach Details der verwendeten Daten und der Analyse, die Kaya beantwortete. Sie fühlte sich wie in einem Kreuzverhör. Die Ergebnisse der Analyse schienen den Datenschützer kaum zu interessieren. Der Revisor saß trotz seines offensichtlichen Interesses die meiste Zeit still dabei und machte sich Notizen. Nach einer Viertelstunde bot er Kaffee an und schenkte aus einer Thermoskanne ein, die er zusammen mit ein paar Tassen holte.

»Haben Sie die Freigabe zur Verwendung der Mitarbeiterdaten schriftlich erhalten?« Herr Klemperer hatte nach fast zwei Stunden angekündigt, dass sie noch zum Vorstand müssten, um einen kurzen Zwischenbericht abzugeben und begann, jetzt sehr ruhig, seine Notizen zusammenzuräumen.

»Nein, leider nicht. Aber ich wäre sonst nie auf die Idee gekommen, die Daten zu verwenden.« Kaya war sich nicht sicher, ob sie ihren Verdacht äußern sollte und ließ es schließlich. Markus hatte viel mehr Erfahrung und würde schon etwas sagen, wenn es hilfreich sein könnte. Aber der schwieg.

»Und die Ergebnisse haben Sie gestern an Compliance, Frau Müller, geschickt«, stellte der Datenschützer fest. Er schien keine Antwort zu erwarten. »Dann fasse ich einmal zusammen: Sie haben eine Datenbank mit personenbezogenen Daten aufgebaut. Eine Erlaubnis des Bereichs Datenschutz haben Sie nicht und Sie haben uns auch nicht informiert. Sie, Herr Lang«, er sah Markus fest in die Augen, »haben davon gewusst. Außerdem haben Sie«, er wandte sich wieder Kaya zu, »Mitarbeiterdaten in diese Datenbank zum Zweck der Betrugsdetektion entgegen § 32 BDSG aufgenommen. Aufgrund des Vorliegens von Hinweisen aus Ihren Analysen haben Sie ohne Rücksprache oder Genehmigung mit der Zentralen Stelle mit anderen Banken Rücksprache gehalten. Ihnen ist nicht bekannt, welche Maßnahmen diese Banken aufgrund Ihrer Hinweise ergriffen haben. Ist das so korrekt?«

Kaya schluckte trocken »Ja, das stimmt.«

»Dann werden wir die Sperre Ihrer Systeme vorerst aufrechterhalten müssen. Tut mir leid.« Herr Moeller hatte das Wort ergriffen. Er sah sie mitfühlend an. »Ich verstehe, dass Sie nur nach bestem Wissen und Gewissen gehandelt haben. Aber im Großen und Ganzen stimmt der gemeldete Sachverhalt wohl. Wir werden kurzfristig ein Treffen mit Compliance ansetzen. Ich nehme an, dass der Betriebsrat dazukommen will. Schließlich geht es auch um Mitarbeiterdaten. Wir werden es zumindest anbieten.« Er fuhr sich mit der Hand durch die weißen Haare, was diese noch mehr zu Berge stehen ließ.

»Vielen Dank für Ihre Offenheit, Frau Cazadora. Herr Lang.« Der Datenschützer reichte ihnen nacheinander die Hand. Auch Herr Moeller verabschiedete sich.

Kaya wollte nur noch raus.

In der Tür drehte sich der weißhaarige Revisor noch einmal um. »Haben Sie eine Idee, wie viele von den Anträgen, die Sie gestern an Compliance weitergegeben haben, noch nicht ausgezahlt waren?«

Kaya antwortete automatisch »Drei. Etwas mehr als 110.000 Euro.« Als sie aufblickte, zwinkerte der ältere Mann mit einem Auge, drehte sich um und folgte seinem Kollegen.

Es war kurz nach zwei. Kayas Magen knurrte laut und unüberhörbar. Sie spürte keinen Hunger und ihr war etwas schlecht.

Markus sah sie an »Und? Was denkst Du?«

Kaya quälte sich zu einer Antwort. »Ich suche mir einen neuen Job, was nach diesem Desaster vermutlich ziemlich schwierig wird. Und Du solltest vielleicht auch schon mal schauen.«

»Abwarten.« Markus war unfassbar gelassen. »Das war doch ein abgekartetes Spiel.«

Kaya verstand ihn nicht »Abgekartet? Mit Liebmann?«

»Nein, der Auftritt der beiden. Lass uns etwas essen gehen. Wenn wir uns beeilen, bekommen wir noch einen Salat.« Er reichte ihr die Hand zum Aufstehen. Sie wankte und hielt sich kurz an ihm fest. Vielleicht wäre etwas essen doch keine schlechte Idee.

Als sie am Tresen mit dem Stammessen anstand, sah Kaya Hermann Liebmann. Der letzte Mensch, den sie jetzt brauchte. Auf seinem Tablett standen neben einem üppigen Hauptgang zwei Desserts. Er drängte sich unter dem ärgerlichen Blick einer jungen Frau hinter ihr in die kurze Schlange vor der Kasse.

»Hallo Frau Cazadora. Sie hier und gar nicht auf Betrügersuche?« Er klang fröhlich.

Sie ignorierte seine Frage. Es fiel ihr schwer, mit fester Stimme zu sprechen. »Hallo Herr Liebmann, wie geht es Ihnen?«

»Gut, sehr gut, Frau Cazadora. Und Ihnen?« Er begann zu grinsen.

Kaya unterdrückte den Impuls, ›zufällig‹ sein Tablett anzustoßen. Die Bratensoße würde bestimmt gut auf dem weißen Hemd wirken. »Immer bestens, Herr Liebmann.« Sie drehte sich um.

Der gewichtige Mann ließ nicht locker. »Frau Cazadora, ich habe Ihnen heute Vormittag eine E-Mail geschickt. Hatten Sie schon Zeit, sich diese anzuschauen? Ich brauche heute noch eine Antwort zu einer Frage bezüglich des Notfallkonzeptes.« Im letzten Wort betonte er jede Silbe.

Kaya schwankte zwischen Wut und Zusammenbruch. Sie riss sich noch einmal zusammen, während sie ihre Karte dem Mann an der Kasse hinhielt »Ich habe heute Probleme mit der Technik. Sobald die wieder funktioniert, melde ich mich bei Ihnen.«

»Na, wenn das nicht mal länger dauern wird.« Hermann Liebmann feixte sie jetzt unverhohlen hämisch an. Dann senkte er die Stimme »Etwa bis zum Ende der Probezeit? Oder ist diese nun bereits um?« Als sie sich von ihm abwandte, raunte er ihr zu: »Sie sind angezählt. 1 – 2 – 3. Rien ne va plus.«

Sie nahm ihre Karte, setzte sich zu Markus und stocherte lustlos in ihrem Essen herum. Von Liebmann erzählte sie nichts.

Nach dem Mittagessen schickte Markus sie nach Hause. Der Himmel war immer noch bleigrau, aber es hatte aufgehört zu regnen und die Luft roch frisch. Am späten Nachmittag bekam sie die Einladung zu einem Termin am Freitag. Ein Tag Galgenfrist. Kurz darauf erhielt sie eine E-Mail von Markus. Sie sollte den nächsten Tag zu Hause arbeiten und sich im Datenschutz schlau machen. Kaya hatte schon angefangen, im Netz zu suchen. Um halb neun fiel sie todmüde ins Bett.

Der Donnerstagmorgen weckte sie mit strahlendem Sonnenschein. Kaya hatte wie betäubt geschlafen. Die wenigen, unangenehmen Traumfetzen verschwanden mit der ersten Tasse Kaffee am offenen Fenster ihrer Küche. Jammern würde nichts nützen. Das gute Wetter half ihr, etwas Mut zu fassen. Datenschutz war in den Projekten immer ein Thema, daher kannte sie zumindest ein paar Datenschutzbeauftragte, die sie einmal anrufen konnte. Eine Stunde später hatte sie mit zweien telefoniert und beide hatten sie nach einem kurzen Gespräch auf den gleichen Artikel verwiesen, der gerade in einer Fachzeitschrift erschienen war. Kaya bestellte den Artikel online, bezahlte und erhielt Zugriff.

Datenschutz – wie jetzt?

»Datenschutz« ist ein nicht immer einheitlich definierter Begriff, umfasst aber den Schutz des Rechts auf informationelle Selbstbestimmung und den Schutz vor missbräuchlicher Datenverarbeitung.

Die Maßnahmen der Betrugsbekämpfung müssen natürlich die Prinzipien des Datenschutzes berücksichtigen. Das sind Datensparsamkeit und Datenvermeidung, Erforderlichkeit und Zweckbindung.

Das Thema »Datenschutz« wird selbst gern als das prophylaktische Kampfschwert fundamentalistischer Bedenkenträger oder auch ängstlich Unwissender gebraucht.

Eine Analyse der Thematik zeigt, dass der Datenschutz als Auffanggesetz im Rahmen der Betrugsbekämpfung die Arbeit meist weniger behindert oder erschwert als andere Gesetze.

Nehmen wir dem Thema seine administrierte Mystik und die bedrohliche Aura, denn so dramatisch ist das alles nicht, wenn man nur einige wesentliche Dinge berücksichtigt.

Dazu müssen wir nicht einmal genau die Paragraphen des Gesetzes kennen, jedoch ein paar wenige Regeln und Fakten und dann unseren gesunden Menschenverstand anwenden. Aber Obacht, die Reihenfolge ist wichtig: Erst Wissen und dann Handeln.

Die Fakten:

1. Das Bundesdatenschutzgesetz (BDSG) ist ein »Verbotsgesetz mit Erlaubnisvorbehalt«, so sagt es der Jurist, was nicht jedem Anwender weiterhilft. Es meint damit: »Es ist alles verboten, was nicht ausdrücklich erlaubt ist«.

   »Wer kann erlauben?«, wäre zunächst die rechte Frage, die sich stellt.

   Die Antwort ist einfach:

   a. Natürlich zunächst der Gesetzgeber, d. h. in einigen Gesetzen finden sich Erlaubnisse und sogar auch Verpflichtungen, diese geschützten Daten zu verarbeiten (zum Begriff der Verarbeitung siehe 2).

   b. und natürlich die betroffene natürliche Person selbst, was man Einwilligung nennt. Wenn die also ausdrücklich oder auch nur vermutlich (hier bitte Vorsicht walten lassen) einverstanden oder die Verarbeitung in ihrem unterstellbaren Interesse ist.

2. Verboten ist vom Begriff her das (a) Verarbeiten (b) personenbezogener Daten. Damit klar wird, was das meint:

   a. Verarbeiten ist das Erheben, Speichern, Verändern, Übermitteln, Sperren, Löschen und Nutzen personenbezogener Daten. Also alles, was man damit so machen könnte.

   b. Personenbezogene Daten sind Einzelangaben über persönliche oder sachliche Verhältnisse einer bestimmten oder aus ihnen bestimmbaren natürlichen Person[214].

3. Datenschutz ist nicht gleichzusetzen mit dem Bankgeheimnis! Vom Datenschutz (BDSG) werden nur »personenbezogene« Daten geschützt, diese dann jedoch vollumfänglich.

   Das Bankgeheimnis ist ein nicht gesetzlich geregeltes Gewohnheitsrecht, das dem Vertrauensverhältnis zwischen Bank und Kunden entspringt und die Bank zur vollumfänglichen Verschwiegenheit verpflichtet. Es schützt alle Kundendaten aus der Kundenbeziehung. Das sind auch nicht personenbezogene Daten, so z. B. Konto- und Umsatzzahlen von Firmen, die vom Datenschutz nicht erfasst sind. Dies gilt zumindest dann, wenn sie nicht auf eine bestimmbare natürliche Person zurückzuführen sind. Das Bankgeheimnis geht also weiter als der Schutz des BDSG.

   Gewissenskonflikte treten danach immer dort auf, wo nach dem BDSG eine Datenverarbeitung, insbesondere Datenübermittlung erlaubt, also das Verbot aufgehoben ist, da das Bankgeheimnis – außer bei der Einwilligung des Kunden – noch besteht. Die Lösung des Konflikts ist so schwer nicht: Wo immer eine Gesetzesnorm eine Mitteilungsverpflichtung festlegt, eliminiert diese die Pflicht zur Wahrung des Bankgeheimnisses (siehe 4). In allen weiteren Fällen hat eine Interessenabwägung zu erfolgen. Ist das berechtigte Eigeninteresse höher als das des Kunden an der Wahrung des Bankgeheimnisses, dürfen Sie übermitteln. Die durchgeführte Interessenabwägung sollte dokumentiert werden.

4. Datenschutz ist kein Täterschutz!

   Das Gesetz schützt die berechtigten Interessen einer Person. Dieser Schutz findet jedoch dort seine Grenzen, wo die Interessen der Allgemeinheit oder anderer Beteiligter berührt werden und diese höherwertig sind.

   Somit ist deutlich, dass bei Gesetzesverstößen bzw. erfolgter oder drohender Verletzung von Individualinteressen dieser Schutz entfällt.

Was bedeutet dies für unser Tagesgeschäft, der Betrugsabwehr?

---

214 Anmerkung: Das ist ein Mensch.

Datenerhebung

Dies ist die Erfragung, Beschaffung und Sammlung von personenbezogenen Daten von Kunden und auch Antragstellern, Bürgen, Bevollmächtigten, Mitarbeitern, Lieferanten, Zahlungsempfängern etc. Die Erhebung dieser Daten ist nicht nur nach dem BDSG (§ 28) erlaubt, sondern für Banken nach dem Kreditwesengesetz sogar verpflichtend (§ 25 c Abs.3). Sie sind darüber hinaus sogar gehalten, je nach zuvor bewertetem Risiko der Geschäftsart bzw. der Klassifizierung des Kunden entsprechend umfangreiche Daten zu erheben.

Datenspeicherung

Sowohl das BDSG als auch das KWG erlauben ebenso die Speicherung der erhobenen Daten, d. h. die Sammlung dieser Daten auf Speichermedien. Zu beachten sind in diesem Zusammenhang die unterschiedlichen Löschungsfristen, die nach Ablauf der Geschäftsbeziehung bzw. der Notwendigkeit der Nutzung verpflichtend bestehen.

Übermittlung

Dies ist die Weitergabe von Daten an Andere (Externe). Diese Weitergabe ist zwar grundsätzlich verboten, jedoch für nach dem KWG Verpflichtete (u. a. Banken und Versicherungen) zwischen bestimmten Funktionseinheiten dieser Institute und nur zum Zweck der Bekämpfung von Geldwäsche, Terrorismusfinanzierung und zur Abwehr sonstiger strafbarer Handlungen ausdrücklich erlaubt (§ 25c KWG). Sie dürfen also mit den Kollegen von Betrugsabwehrabteilungen (Zentrale Stelle) anderer Banken die Kundendaten im Einzelfall austauschen, jedoch grundsätzlich nur mit diesen. Die Betrugsabwehr der Zentralen Stelle bedient sich hierbei oftmals in zulässiger Weise operativer Einheiten des Instituts, so dass sich diese Berechtigung auch auf diese ausdehnt. Es sollte allerdings darauf geachtet werden, dass die Übertragung sowie die entsprechende Befugnis der dort tätigen Mitarbeiter in der Geschäftsanweisung dokumentiert sind.

Die Weitergabe von Kundendaten an Gerichte und Ermittlungsbehörden (Polizei, Staatsanwaltschaft etc.) unterliegt besonderen Vorschriften, u. a. der Strafprozessordnung.

Aktive Ermittlungsbehörde ist meist die Polizei, die die praktischen Ermittlungen durchführt und unter Zeit- und Ergebnisdruck steht. Grundsätzlich sind auch hier zwar richterliche Beschlüsse notwendig, die Sie zur Übermittlung verpflichten, was für die Ermittlungsbehörden jedoch wegen des administrativen Aufwandes sehr zeitaufwändig ist. Die Staatsanwaltschaft als »Herr des Verfahrens« kann jedoch auch Zeugenladungen vornehmen und Sie wären dann zum Erscheinen und zur mündlichen Mitteilung (Zeugenaussage) verpflichtet. Auch dies ist aufwändig und zeitraubend. Durchgesetzt haben sich im Verfahren die staatsanwaltschaftlichen Zeugenladungen mit Abwendungsmöglichkeit (Auskunftsersuchen), die Ihnen die Gelegenheit geben, sich schriftlich zu äußern.

Durchführbar ist jedoch bei einer gewissen geringen Risikobereitschaft Ihrerseits auch eine direkte Kommunikation und Übermittlung mit und an die Polizei/das Landeskriminalamt (LKA), wenn diese direkt anfragen. Hierbei sollten Sie die anfragende Behörde/Person aus früheren Verfahren kennen und ihr vertrauen.

Wenn diese Ihnen das Aktenzeichen der Staatsanwaltschaft mitteilt und Ihnen zusagt, ein förmliches Auskunftsersuchen derselben nachzureichen, können Sie die angefragten Informationen unbesorgt erteilen (dokumentieren Sie diese Vorgänge sorgsam). Dies insbesondere auch immer dann, wenn Sie selbst aus Ihren eigenen Informationen Hinweise oder hinreichenden Verdacht auf eine strafbare Handlung haben, denn dann haben Sie ein berechtigtes Interesse. Sie können eine solche Situation dann auch zum Anlass nehmen, sich einer bereits vorliegenden Strafanzeige anzuschließen bzw. eine eigene zu erstatten. In diesen Fällen dürfen Sie alle Informationen übermitteln.

Eine zunehmend aufkommende Thematik ist die Einspeisung unserer institutsinternen Kundendaten in externe Datenbanken zum Zwecke der Betrugsbekämpfung. Hier sollten Sie Ihre Datenschutzbeauftragten intensiv mit ins Boot nehmen und begleiten, denn zunächst werden Sie auf noch immer nicht unerhebliche Zurückhaltung treffen.

Letztendlich werden wir jedoch in absehbarer Zeit ausdrücklich legitimierte Datenbanken dieser Art haben (neben all den schon seit Jahrzehnten im Semi-Geheimen bestehenden Datenbanken). Diese haben durch die Neufassung des Kreditwesengesetzes (§ 25c KWG) und die intensiven Bestrebungen der Bankenaufsicht (BaFin) nunmehr ihre Legitimation weitgehend erhalten, da der Austausch mit anderen Instituten erlaubt und die Sammlung und Auswertung auch von externen Informationen von diesen verlangt werden. Die heute datenschutzrechtlich relevanten Fragen beziehen sich nicht mehr auf die Zulässigkeit dieser Datenbanken, sondern »lediglich« auf die Melde-, Zugriffs- und Löschkriterien. Wünschenswert wäre eine zentrale »Betrugsdatenbank«, auf die auch die Ermittlungsbehörden Zugriff haben und auch in diese einmelden. Mit einer solchen Datenbank wäre beiden Seiten viel administrativer Aufwand zu ersparen und den Tätern (tatsächlichen als auch potentiellen) der Spaß am Betrügen getrübt bzw. genommen, ohne dass sich im Ergebnis hinsichtlich des Datenschutzgedankens Wesentliches änderte.

Datennutzung

Die gespeicherten Daten dürfen aus ihrem Sachzusammenhang herausgelöst und verarbeitet werden, so z. B. für Analyse- und Scoresysteme. Analysesysteme sind für Banken sogar verpflichtend (§ 25c KWG).

Nutzen Sie Ihre Möglichkeiten, die Ihnen die Gesetze bieten! Betreiben Sie intensive Kommunikation mit Ihren Kollegen anderer Institute sowie den Ermittlungsbehörden. Dort arbeiten hochengagierte Menschen wie Sie, die sich mit den gleichen Problemen befassen müssen und die – wie Sie – dankbar sind, an dieser »Front« nicht alleine stehen zu müssen.

Ich wünsche Ihnen viel Erfolg und Spaß an der Arbeit und den Erfolgen.

Facheinschub 20: Bernd Vollrath – Datenschutz – wie jetzt?

Das las sich etwas ermutigend. Ihre erste Idee, sich über die Einsparungen zu rechtfertigen, verwarf sie. Die Teilnehmer am Meeting waren Datenschutz, Compliance und der Betriebsrat – alles nicht gerade Parteien, die ihre Interessen am wirtschaftlichen Mehrwert maßen. Sie ging die einzelnen Anklagepunkte durch. Nachmittags um drei stand sie unbefriedigt von ihrem provisorischen Schreibtisch auf. Sie hatte getan, was sie konnte. Die Argumente des Datenschützers waren grundsätzlich richtig, es gab nur sehr viel Interpretationsspielraum. Damit blieb wohl nur, dass sie sich der Situation stellte, ihr Verhalten begründete und sich für ihre Fehler entschuldigte. Sie seufzte und verließ ihre Wohnung. Vielleicht half etwas frische Luft.

Der Salat zum Abendessen war fad. Kaya überlegte kurz, ob sie ihre Mutter anrufen sollte. Heroisch entschied sie sich dagegen, denn die würde ihr zwar Mut zusprechen, bis zu ihrem nächsten Anruf aber vor Sorge zerfließen und ihr wahrscheinlich alle paar Minuten eine SMS schicken. Nach dem Zähneputzen sah sie eine neue E-Mail auf ihrem Handy. Oleg hatte auf dem zweiten Rechner ein Programm installiert, das ihr mitteilte, wenn wieder eine Analyse abgeschlossen war. Kaya durchfuhr es heiß. Der zweite Rechner! Sie hatte nicht nur vergessen, den Rechner abzuschalten, auch die Analysen liefen noch. Damit hielten die datenschutzrechtlichen Verstöße an und an die Anweisung des Datenschützers hatte sie sich auch nicht gehalten. Immerhin lagen die Ausgabedateien auf dem Bankserver und waren damit für sie unerreichbar. Sie würde morgen wohl noch ein Geständnis machen müssen.

Sie leitete die E-Mail an Birgit Müller weiter und bat sie, die Dateien zu sichern. Dann fiel ihr ein, dass Birgit vielleicht noch gar nichts von der Situation wusste und schrieb einige erklärende Zeilen in eine zweite E-Mail. Sie würde den Rechner morgen abschalten, damit sollte zumindest dieses Problem gelöst sein.

23. Compliance

Birgit Müller konnte sich nicht erinnern, wann sie das letzte Mal so wütend gewesen war. So ein feiges, hinterlistiges, abgekartetes Spiel!

Wieland hatte sie angerufen, kaum dass Kaya sein Büro verlassen hatte. Wieder einmal war sie auf einer dieser lästigen Tagesschulungen, die man als Compliance-Officer dauernd über sich ergehen lassen musste. Die Kontakte und auch die Inhalte waren prinzipiell ganz interessant, aber natürlich passierten immer *Dinge*, wenn sie gerade einmal nicht im Haus war. Zumindest schien ihr das so.

Nachdem Wieland kurz berichtet hatte, ließ sie den Rest der Tagung sausen. Zwei Stunden später war Birgit Müller wieder im Büro. Sie überlegte kurz, ob sie Kaya anrufen sollte und entschied sich dagegen. Der persönliche Kontakt könnte ihr später falsch ausgelegt werden. Das ganze stank wie ein Güllefass in der Mittagssonne, da war es sicherer, die ganz dicken Handschuhe anzuziehen.

Zuerst hatte sie sich Rückendeckung bei ihrem Chef geholt. Dann sprach sie mit Dietmar Junghans, dem obersten Datenschützer. Auch der war auf einer Tagung und, nachdem sie ihn endlich erreicht hatte, erschüttert. Der *politische Alarm*, das heißt die Information des Vorstands, war ohne sein Wissen ausgelöst worden. Sie koordinierte noch ein paar Gespräche für den nächsten Tag und nutzte den Rest des Nachmittags für ihre laufende Arbeit. Um sechs verließ Birgit Müller das Büro.

Kurz vor sieben klingelte Birgit bei Wieland Meier. Sie kannten sich jetzt schon über 20 Jahre. Seine Unterstützung nach dem Tod ihrer Tochter und ihres Mannes hatten sie noch enger zusammengeschweißt. Seitdem ihr Sohn ausgezogen war, trafen sie sich regelmäßig. Wieland öffnete die Tür und Birgit umarmte ihn zur Begrüßung. Er trug seine Kochschürze und reichte ihr in der Küche einen bereits eingeschenkten Weißwein. Es war Tradition, dass sie sich erst nach dem Essen über das Geschäft unterhielten. Im Hintergrund lief eine alte Aufnahme von Nina Simone. Nach einer Weile tat die ruhige Atmosphäre von Wielands Heim seine Wirkung. Ihre Wut, die sie den ganzen Nachmittag angetrieben hatte, wich einer angenehmen Nachdenklichkeit.

»Was mich besonders ärgert ist, dass die Meldung über das Whistleblowing-System kam«, eröffnete sie. »Fünf Jahre haben wir gebraucht, um das Thema durchzusetzen und seitdem es im Einsatz ist, hatten wir nur echte Meldungen[215]. Jetzt kommt bestimmt das Thema Denunziation wieder auf.«

Wieland sah auf sein Glas und schnupperte an dem Pflaumenschnaps, den er zum Kaffee eingeschenkt hatte. Wie immer hatte er großartig gekocht, ein vegetarisches Currygericht.

»Das glaube ich nicht. Denk mal an die Frau Ludwig aus Mainz mit Ihrem Sohn. Die hätte noch ewig weitermachen können. Weißt Du, von wem die Meldung ausging?«

»Noch nicht. Aber der Fall wird an Compliance übergeben, sobald Dietmar morgen wieder da ist. Dann kann ich sehen, ob die Meldung anonym war. Und der Klemperer bekommt seinen Einlauf. Er hat den Vorstand informiert, ohne Dietmar Bescheid zu geben.« Birgit schnalzte mit der Zunge »Der ist aber stark«, sie hob das Glas.

»Zuta Osa[216]. Das ist gerade mein Liebling.« Wieland stellte sein Glas ab. »Wir wissen beide, von wem das kommt.«

»Vermutlich. Aber die Vorwürfe sind nicht unberechtigt, wenn auch ziemlich aufgebauscht. Und Du bist alles andere als unparteiisch. Kaya hätte vorher nur einmal zu fragen brauchen. Aber wie ich sie einschätze, war sie so auf ihrer Jagd nach Verbrechern, dass sie das einfach vergessen hat.« Birgit blickte zu Wieland, der aufgestanden war, um eine neue Platte aufzulegen. »Hast Du noch was erreicht?«

»Na ja, zumindest konnte sich Thomas Moeller aus der Revision ›zufällig‹ einschalten und war beim Termin dabei. Damit haben wir eine vernünftige Dokumentation. Und mit dem Betriebsrat habe ich gesprochen.« Er setzte sich wieder.

---

215 Nach Angaben eines Systemherstellers liegt der Anteil absichtlich fehlerhafter Meldungen regelmäßig im Promillebereich, relevante Meldungen bei 87% (80).
216 Die gelbe Wespe.

»Ohne Begleitung wäre es auf jeden Fall eine Katastrophe geworden. Herr Klemperer hat überhaupt keine Ahnung, wie man in so einem Fall vorgeht. Eigentlich hätte er Compliance sofort einschalten müssen, aber der denkt, er kann alles selbst. Es wäre wirklich schade, wenn Kaya wegen so einer Sache gehen muss. Abgesehen davon, dass sie grandiose Arbeit geliefert hat. Ich habe vorgestern ein Verfahren gegen einen der Autohändler eingeleitet und wir haben über 100 K[217] stoppen können. Aber davon weiß sie noch nichts.«

»Ein kleiner Überraschungseffekt, sehr schön.« Sie schwiegen eine Weile und hörten der Musik zu. Unvermittelt begann Wieland wieder zu reden »Kaya weckt Erinnerungen, nicht wahr?«

Birgit hielt ihr Glas etwas fester. »Sie ist ziemlich genau im Alter von meiner Tochter.« Ihr stiegen Tränen in die Augen, wie immer, wenn sie zurückdachte. »Aber sie ist schon ein anderer Typ.«

Gegen Mitternacht machte sie sich auf den Rückweg. Sie dehnte den kleinen Spaziergang bis zu ihrem Haus aus und durchdachte noch einmal ihr Vorgehen.

---

217 K = Kilo, 100 K = hunderttausend.

24. Verwirrung

Das trübe Dämmerlicht des frühen Morgengrauens erfüllte das Schlafzimmer. Ein Geräusch klang noch in Kayas Ohren und im Aufwachen war sie nicht sicher, ob sie es aus ihrem Traum mitgenommen hatte oder ob es aus der Wohnung kam.

Schlagartig war sie hellwach. Ihre Wohnung lag im zweiten Stock und bei der unerwarteten Wärme des Altweibersommers hatte sie das Fenster weit offen gelassen. Sie horchte in das Halbdunkel. Einen langen Moment passierte nichts. Sie tastete zittrig nach der Nachttischlampe, die an der Rückenlehne ihres Bettes angebracht war. Dann schaltete sie das Licht an.

Eine halbe Stunde später hatten sich ihre vibrierenden Nerven beruhigt. Der Duft des Kaffees erfüllte die Wohnung und erschuf wieder die gewohnte Normalität. Es war erst fünf Uhr, doch Kaya sah keinen Sinn darin, wieder ins Bett zu gehen. Schlafen würde sie sowieso nicht mehr. Die ganze Geschichte setzte ihr zu. Sie verließ ihre Wohnung erst um halb neun, denn in der Bank hatte sie ohne Zugriffsrechte nichts zu tun. Zumindest waren jetzt die letzten Kartons ausgepackt und die Wohnung wieder auf Vordermann gebracht. Die mechanische Arbeit hatte ihr gutgetan.

Auf ihrem Schreibtisch fand sie eine Notiz von Markus, die besagte, er sei bei seinem Chef und würde sich später melden. Kaya schrieb ihm eine kurze E-Mail. Dann ging sie im leeren Treppenhaus langsam in den 12. Stock. Vielleicht war Birgit heute da. Als sie in den Büroflur trat, sah sie, wie Birgit Müller ihr Büro verließ. Sie sah ungewohnt förmlich aus, der dunkle Hosenanzug stand ihr gut. Kaya winkte und die Kollegin blieb stehen.

»Guten Morgen, Kaya« Birgit sah sie prüfend an.

»Du hast es schon gehört, oder?«

Sie nickte. »Ich bin gerade auf dem Weg zum Datenschützer und wollte mit ihm darüber sprechen.«

»Ist das schon ein Fall für Compliance?«

»Das wäre von Anfang an ein Fall für Compliance gewesen. Aber warte mal das Meeting ab. Ich habe Dir doch schon einmal gesagt, ich finde es gut, dass wir Dich hier haben.« Sie sah auf ihre Uhr. »Und jetzt muss ich los. Wir sehen uns später.«

Kayas Telefon klingelte auf dem Weg zurück in ihr Büro. Sie sah auf die Anrufinformation und betrat, statt dranzugehen, direkt das Büro von Markus.

»Das war der erste Wunsch, Meister.« Für etwas Galgenhumor reichte es zumindest noch.

»Hallo Kaya. Danke für's Kommen.« Markus beachtete den Scherz nicht.

»Na klar. Dafür werde ich doch bezahlt.« Sie setzte ihr bestes professionelles Lächeln auf. »Werde ich doch noch, oder?«

Er nickte und rang sich ebenfalls ein Lächeln ab »Herr Klemperer hat vorgestern noch ziemlichen Wind gemacht. Er hat meinen Chef und mich zu einem langen Termin eingeladen. Und zu Beginn war die Kollegin mit dabei, die die Meldung gemacht hat.«

»Kollegin?« Kaya war erstaunt.

»Ja. Sie hatte ein IT-Protokoll zu Deinen Aktivitäten dabei. Darin stand, welche Daten Du angefordert hast. Außerdem sagte sie, dass Du Daten aus einer unbekannten Quelle verwendet und Deinen Vorgesetzten darüber nicht informiert hast.«

»Markus, ich habe Dir nichts vorenthalten«, Kaya fühlte den Ärger wieder in sich aufsteigen.

»Du hattest zwischendurch einen anderen Projektleiter, oder? Und Du hast Daten aus der Beitreibung bekommen.«

»Also doch Liebmann.«

Markus wischte ihren Einwurf mit einer Handbewegung zur Seite. »Egal. Herr Klemperer wollte noch Rücksprache mit seinem Vorgesetzten halten und sehen, ob der vielleicht nachher dabei sein kann. Ich weiß aber leider nicht, ob der kommt. Herr Junghans ist deutlich angenehmer als der Klemperer. Wir können nur abwarten.«

»Und was wird aus dem Projekt?«

»Deswegen war ich vorhin bei meinem Chef. Das Thema ist erst einmal verbrannt.« Er wirkte niedergeschlagen.

Kayas Telefon vibrierte und sie sah auf das Display. Der Server hatte die nächste fertige Datei gemeldet. Sie hatte den Rechner noch immer nicht abgeschaltet.

»Mist. Das hab ich vergessen.«

Sie erzählte Markus das nächste Problem und der stöhnte auf.

»Kaya, die Kollegin hat ein Protokoll über Deine IT-Aktivitäten dabei gehabt. OpRisk weiß mit Sicherheit, dass es den Rechner gibt und dass der noch läuft. Wenn die das bisher nicht verwendet haben, dann kommt das noch.«

Sie sah ihn offen an. »Tut mir leid, ich hab's echt vergessen. Aber die Benachrichtigungen gehen direkt an Birgit Müller. Zumindest ist Compliance informiert. Und die Kollegin habe ich vorhin gesehen, die hat nichts gesagt.«

»Du hast Frau Müller gesehen und die hat nichts gesagt?«

»Bevor ich in Dein Büro gekommen bin. Sie sagte, sie sei auf dem Weg zum Datenschutz, um über unseren Fall zu sprechen. Ist etwas mit ihr?«

Markus ging zur Espressomaschine und holte Tassen aus dem Schrank »Ehrlich? Keine Ahnung. Aber sie hat die Leitung des Termins übernommen.«

25. Entscheidung

Die Sitzung sollte um 14 Uhr beginnen und war auf eine Stunde angesetzt. Markus holte Kaya aus ihrem Büro ab. Obwohl er zu seiner normalen Lockerheit zurückgefunden hatte, fühlte sie sich, als würde sie von einem Wärter zum Gericht geführt. Sie schwiegen auf dem Weg zum Besprechungsraum.

Das Treffen begann seltsam. Sie betraten einen großen, schönen Besprechungsraum mit weitem Blick über die Stadt. Der Raum schien für die bevorstehende Anklage unangemessen, zu licht. Und deutlich zu groß. Statt Herrn Klemperer begrüßte sie ein kleiner Mann Ende fünfzig. Er stellte sich als Dietmar Junghans vor, dann bot er Kaffee und Wasser an. Eine Minute später traf Birgit Müller ein und Markus nuschelte Kaya zu, dass Herr Junghans der Vorgesetzte von Anakin Klemperer sei. Der weißhaarige Revisor kam in Begleitung einer rotblonden, tatkräftig wirkenden Frau. Sie trug Jeans und Bluse, eine Sonnenbrille steckte in ihrem glatten Haar. Sie begrüßte Birgit herzlich, und mit einem kräftigen Händedruck teilte sie mit, dass sie Maria Walfanz sei, die Vorsitzende des Betriebsrats.

Ein Schreck durchfuhr Kaya, als sie in der geöffneten Tür Roland Meiser sah, den Chef von Markus. Er blickte den Flur entlang und wartete offensichtlich auf noch jemanden. Kurz darauf hielt er die Tür für einen gutaussehenden Mann in den Vierzigern auf, der den Raum sofort mit seiner Präsenz zu füllen schien. Das markante Gesicht und die dunklen Haare mit erstem Silber kamen Kaya bekannt vor. Herr Meiser trat hinter ihm ein und schloss die Tür. Kaya war irritiert.

Als sie den Ankömmling erkannte, verkrampfen sich ihre Finger kurz um eine Stuhllehne. Dr. Bernhard Meinhardt, der Risikovorstand, klopfte auf den Tisch und nickte den Anwesenden zu. Dann setzte er sich. Kaya blieb nur der Platz neben ihm, da dort bereits ihre Tasse stand.

Der Vorstand eröffnete die Runde. »Vielen Dank, dass Sie sich alle die Zeit so kurzfristig frei gemacht haben. Ich habe um drei einen Termin und würde im Anschluss an dieses Treffen gern noch mit den Kollegen aus dem Risikomanagement sprechen. Daher schlage ich vor, dass wir auf die Vorstellung verzichten. Ich denke, mit einer Ausnahme kennen wir uns alle«, wobei er sich zu Kaya drehte, ihr die Hand reichte und andeutete aufzustehen. Kaya bemerkte seine Lachfältchen, als er sich ihr vorstellte.

Die Situation erschien ihr surreal. Der Raum, die Leute, die freundschaftliche Stimmung. Wenn der Vorstand nach dem Hochgericht noch mit ihnen sprechen wollte, konnte das nur bedeuten, dass sie anschließend ihre Sachen packen würde.

Bernhard Meinhardt schien ihre Unsicherheit nicht zu bemerken »Herr Moeller, schreiben Sie uns ein kurzes Protokoll?«

Der Angesprochene fuhr sich mit der Hand durch das Haar, nickte und schlug ein großformatiges Notizbuch auf.

»Frau Müller, Sie haben uns eingeladen.« Der CRO blickte Birgit erwartungsvoll an.

»Danke.« Birgit hatte ihren Rechner aufgeklappt. »Dr. Meinhardt, liebe Kollegen«, sie sah in die Runde, »ich glaube, wir können es wirklich kurz machen. Es gab vorgestern einige Irritationen, leider zu Lasten von Frau Cazadora.«

Sie fasste kurz das Geschehene zusammen und nannte die bekannten Anklagepunkte. Mit einem Blick übergab sie das Wort an Herrn Junghans. Der sah Kaya fest in die Augen und stand auf. »Frau Cazadora, ich kann nur mein Bedauern ausdrücken. Die Situation muss für Sie sehr unangenehm gewesen sein, zumal Sie auch gestern noch nicht wieder arbeiten konnten. Bitte entschuldigen Sie die Unannehmlichkeiten. Das war leider kein professionelles Vorgehen meiner Abteilung.«

Kaya war völlig verwirrt. Unannehmlichkeiten?

Der oberste Datenschützer setzte sich wieder und fuhr fort: »Nachdem Frau Müller mir den Fall geschildert hat, war uns klar, dass keine böse Absicht im Spiel war. Es wäre nur schön, wenn Sie uns bei Ihren weiteren Analysen früher einbinden würden.« Er lächelte Kaya freundlich an.

Weitere Analysen?

Birgit Müller griff das Wort wieder auf »Für die einzelnen thematisierten Punkte haben wir Lösungen. Die Telefonate mit den anderen Banken sind eh unproblematisch und durch den § 25c KWG gedeckt. Compliance genehmigt diese in Absprache mit dem Bereich Geldwäsche. Das gilt auch für nachfolgende Gespräche von Frau Cazadora im Rahmen der Überprüfung ihrer Analysen. Ebenfalls unkritisch ist die Verwendung von internen Ausfalldaten durch das Risikomanagement. Herr Junghans gibt den Aufbau der Datenbank frei. Das gilt ab dem Beginn der Datensammlung. Und der Betriebsrat hat zugestimmt, dass die Mitarbeiterdaten verwendet werden dürfen, sofern die

Namen und die Filialzugehörigkeiten verschlüsselt werden. Die Vermittler gelten nicht als Mitarbeiter im Sinne des BDSG, so dass bisher auch noch gar nichts passiert ist. Bei ausreichenden Verdachtsmomenten kann die Entschlüsselung von Mitarbeiternamen über Compliance zusammen mit dem Betriebsrat veranlasst werden.« Sie ließ die Worte kurz wirken. »Wir alle wollen keine schwarzen Schafe. Sind Sie damit einverstanden?«

Alle nickten und Birgit quittierte die Zustimmung mit einem kurzen Klopfen auf den Besprechungstisch »Dann habe ich noch eine gute Nachricht. Der Analyserechner von Frau Cazadora lief auch in ihrer Abwesenheit und ich konnte auf die ersten Ergebnisse zugreifen. Wir haben gestern drei Fahrzeugfinanzierungen und eine Baufinanzierung aufhalten können, die eindeutig Betrug waren. Frau Cazadora hat uns gestern fast eine halbe Million Euro gespart. Herzlichen Glückwunsch!«

Sie reichte der benommenen Kaya die Hand. Die Anwesenden klopften zustimmend auf den Tisch. Markus beglückwünschte sie lachend.

Birgit schloss die Runde und bat Herrn Moeller, das Protokoll an alle Teilnehmer weiterzugeben. Sie unterbrachen, während die meisten Personen sich verabschiedeten und den Raum verließen.

Kaya hielt Markus, der sich Kaffee nachschenkte, klappernd eine Tasse hin. »Das hast Du gewusst, Du Schuft!« Die Erleichterung durchströmte sie.

»Erst seit einer Stunde. Ich schwöre!« Er setzte einen schuldbewussten Kleinjungenblick auf und Kaya musste lachen.

»Darf ich Sie noch einmal kurz bitten?« Dr. Meinhardt hatte sich wieder gesetzt und sah auf seine Uhr. »Ich würde die gute Nachricht auch gern an die Kollegen weitergeben und die Gunst der Stunde für eine schnelle Entscheidung nutzen. Frau Cazadora, in Anbetracht der guten Ergebnisse, die Sie in der kurzen Zeit erzielt haben, würde ich Ihre Probezeit gern beenden.« Der CRO schenkte ihr ein kurzes Lächeln. »Herr Lang muss das noch mit der Personalabteilung abstimmen, aber das ist kein Problem. Herzlich willkommen im Stammteam.« Er wartete ihre Reaktion nicht ab. »Das Projekt von Frau Cazadora bekommt Priorität. Ich spreche gleich mit den Kollegen über den Business Case, den Herr Lang uns weitergegeben hat. Frau Cazadora übernimmt die Projektleitung und bekommt die weiteren Ressourcen aus dem

Risikomanagement. Ich hätte gern einen monatlichen Bericht über die Entwicklungen im Betrug. Bei solchen positiven Nachrichten wie heute auch gern direkt. Gute Nachrichten kann ich immer brauchen.« Er nahm einen Schluck Wasser und sah Kaya an. »Ist das okay?«

Kaya nickte betäubt.

»Dann entschuldigen Sie mich bitte. Es wäre einfach großartig, wenn ich vor der nächsten Sitzung noch etwas zu essen bekäme. Ich verspreche, dass wir den nächsten gefangenen Betrüger stilvoller feiern.« Er erhob sich.

Um 14:35 Uhr war der Spuk vorbei.

Markus nahm für den Rückweg zusammen mit Kaya die Treppe. Unterwegs erzählte er ihr, was er wusste.

Frau Müller musste bereits vorgestern nach dem Verhör durch Herrn Klemperer angefangen haben, die heute Anwesenden zu informieren und Lösungen zu suchen. Herr Klemperer, der Datenschützer, hatte wohl eine Belobigung für sein beherztes Eingreifen erwartet. Das Gespräch mit Herrn Junghans nach dessen Rückkehr entsprach nicht seinen Erwartungen. Die Compliance-Beauftrage hatte sich offensichtlich auch gestern oder schon vorgestern die von Kayas Analyserechner erstellten Dateien angesehen und die auffälligen Autofinanzierungen gestoppt.

Der wirkliche Clou aber musste das Treffen heute früh gewesen sein. OpRisk hatte wie befürchtet mitgeteilt, dass gegen die Anweisung noch ein Analyserechner lief. Im bereits angesetzten Treffen von Compliance, Betriebsrat und Datenschutz hatte die Nachricht eingeschlagen wie eine Bombe. Nur aus einem anderen Grund, als die Sender der Nachricht wohl angenommen hatten. Die Auswertung der IT-Protokolle von Kayas Rechner waren ohne Genehmigung durchgeführt und weitergegeben worden, was einen wesentlich gröberen Verstoß gegen Datenschutz, Betriebsverfassungsgesetz und die internen Regelungen bedeutete als die bereits mit Lösungen hinterlegten Vorwürfe gegen Kaya. Die Betriebsrätin hatte getobt. Wer die Auswertungen vorgenommen hatte, war noch nicht klar. Die Revision hatte schon einen Prüfer abgestellt.

Die illustre Runde hatte gemeinsam Dr. Meinhardt informiert. Für den war der Verstoß im IT-Bereich erstklassige Munition im politischen Spiel. Als die Compliance-Beauftragte dann auch noch die Auszahlung einer Baufinanzierung stoppte und den Vorstand aufgrund der Höhe routinemäßig informierte, hatte er sich kurzfristig entschieden, an dem Treffen teilzunehmen und auch den Chef von Markus eingeladen.

Zurück im Büro bekam Kaya ihren Laptop zurück. Die Reaktivierung ihrer Zugänge würde erst über Nacht erfolgen, doch Kaya bat Markus, ihr die Dateien des Analyserechners zu schicken.

Den angebotenen Espresso lehnte sie ab »Ich muss einmal raus. Ist es okay, wenn ich um vier wieder da bin?«

»Na klar. Du kannst Dir auch gern den Rest des Tages freinehmen. Aber vielleicht willst Du noch mit Frau Müller sprechen?« Kaya nickte.

Sie atmete tief durch, als sie vor dem Büroturm auf die Straße trat. Quer gegenüber war eine kleine, parkähnliche Anlage mit einem Café. Sie setzte sich, bestellte ein Stück Erdbeerkuchen und genoss eine Weile die Sonne. Ihre Nerven beruhigten sich langsam. Sie aß nur einen Bissen und ließ den Rest stehen. Nach einer halben Stunde stand sie wieder auf und ging eine kleine Runde. An einem Stand kaufte sie zwei schöne Sträuße aus Sommerblumen. Sie erkundigte sich bei der Rezeption nach Frau Walfanz und als sich Kaya bei ihr bedankte, war die Kollegin sichtlich überrascht und noch mehr erfreut.

26. Täter und Opfer

Wieland saß bei Birgit, der Schreibtisch war mit Unterlagen bedeckt.

»Darf ich kurz stören?« Kaya hielt den Strauß auf dem Rücken.

Birgt Müller räumte die Akten auf dem Tisch zusammen und bot Kaya einen Platz an. »Leider haben wir wirklich nur kurz Zeit. Aber nach *der* Aktion müssen wir sowieso feiern.«

Kaya überreichte den zweiten Strauß. Birgit war zu Tränen gerührt und meinte, dies wäre überhaupt das erste Lob, dass sie für ihre Compliance-Arbeit bekommen habe. Wieland schnäuzte sich umständlich in ein altmodisches Taschentuch. Dann gratulierte er ihr zum Projekt. »Wird jetzt tatsächlich was aus dem Betrugsgedächtnis?«

Die frischgebackene Projektleiterin lachte überrascht. »Ja. Es sieht tatsächlich so aus. Mittlerweile habe ich einen ganz vertretbaren Überblick und trotzdem ist das Betrugsgedächtnis weiter ganz vorn.«

»Dann feiern wir alles auf einmal. Wie sieht es denn Samstag bei Dir aus?«

Kaya hatte noch nichts vor.

Der Rest der Woche verging rasend schnell. Am Donnerstag bekam Kaya den offiziellen Projektauftrag. Dieser enthielt bereits die Freigabe der notwendigen Mittel, die Entscheidung war direkt vom Vorstand gekommen. Neben dem technischen Aufbau sollte sie auch einen Vorschlag abliefern, wie das Thema Betrug künftig sinnvoll zu organisieren wäre. Vom Vorstand persönlich erhielt sie am Freitag eine kurze, aber freundliche Anfrage, ob es möglich wäre, bereits zum Anfang des nächsten Monats einen ersten Report zu erhalten. Daneben tröpfelten weiterhin Ergebnisse aus dem immer noch laufenden Analyserechner. Kaya gab die Informationen zur Bearbeitung weiter, prüfte vorher jedoch die Dateien. Ihr wurde schnell klar, dass der technische Aufbau grundlegend verbessert werden musste. Für Ratenkredite, POS-Finanzierungen und andere Produkte war die Analyse schlicht zu langsam. Sie fand mehrere Fälle, bei denen sie sicher war, dass es sich um Betrug handelte, die aber bereits ausgezahlt waren.

Am Freitagnachmittag stand Sandra Schulze vor ihrer Tür und bat um einen Moment ihrer Zeit. Sie schloss die Tür hinter sich und blieb stehen, als Kaya sich setzte. Wie immer war Frau Schulze hervorragend gekleidet, doch die gutaussehende Frau schien jede Kraft verloren zu haben. Sie hatte tiefe Augenringe.

»Ich möchte mich entschuldigen«, sie sah bedrückt zu Boden. »Vielleicht wissen Sie es schon. Ich habe die Meldung zum Datenschutzverstoß abgegeben.«

Kayas Blick wurde hart. Das hatte sie in dem Tohuwabohu völlig vergessen. Sie musterte die geknickt stehende, junge Frau. Dann lockerte sie ihre verkrampften Hände. »Warum haben Sie denn nicht mit mir gesprochen? Und setzen Sie sich.«

Sandra Schulze nahm vorsichtig Platz und sah Kaya dann endlich an. Sie schien mühsam die Tränen zu unterdrücken. »Ich weiß es nicht. Es erschien so notwendig, nachdem ich mit Herrn Liebmann gesprochen hatte. Das Reputationsrisiko für die Bank wirkte plötzlich so groß. Aber die Idee kam von mir. Ich habe es ihm dann erzählt, nachdem ich die Meldung abgegeben hatte. Er meinte noch, es wäre geschickter gewesen, die Nachricht anonym aufzugeben.«

»Hatten Sie die IT-Protokolle von Herrn Liebmann?«

»Nein. Er sagte nur, dass das Problem noch viel schlimmer werden würde, falls Herr Lang Ihnen den Rechner lassen würde, weil er Ihnen so vertraut. Und das eine Prüfung der Aktivitätsprotokolle ewig dauern würde, weil für einen Zugriff der Betriebsrat zustimmen müsste. Da habe ich meinen Freund gefragt. Der arbeitet bei uns in der IT. Es ist ganz allein meine Schuld.« Eine einzelne Träne quoll aus ihrem Augenwinkel. »Die Revision hat ihn heute früh freigestellt, bis die Untersuchung abgeschlossen ist«, die Träne ran langsam die rote Wange hinunter und hinterließ eine Spur im Rouge, »und mich auch.«

Dann straffte sich ihre Haltung. »Ich wollte nicht gehen, ohne mich zu entschuldigen. Es tut mir wirklich leid. Es war nicht persönlich gemeint, ich wollte nur Schaden von der Bank abhalten. Also dann.« Sie stand auf.

Kaya kam das alles seltsam bekannt vor. Sie war wütend. Aber irgendwie war klar, dass die junge Frau nur ein Blitzableiter war »Danke, dass Sie gekommen sind. Das war gut.« Sie reichte ihr die Hand.

»Viel Glück mit Ihrem Projekt. Sie leisten tolle Arbeit. Leider ist mir das erst jetzt klar geworden.« Sie drückte kurz die ausgestreckte Hand. »Und danke auch, dass Sie sich die Zeit genommen haben.«

Nachdem Sandra Schulze ihr Büro verlassen hatte, saß Kaya eine Weile und versuchte dem seltsamen Gefühl des Déjà-vu nachzuspüren.

27. Ergebnisse – Interner Betrug

Wieland blies genüsslich paffend Rauchringe in die warme Abendluft »Ich habe Dir doch erzählt, dass ich mir die Baufinanzierungen aus Leipzig regelmäßig ansehe.«

Kaya saß mit Birgit und Wieland auf der kleinen Terrasse seines Reihenhauses. Die beiden hatten sich schlicht geweigert, vor dem Essen über das Geschäft zu sprechen. Stattdessen hatten sie Kaya über ihre Familie ausgefragt. Wieland hatte kleine, in Blätter gewickelte Fische auf einem Holzbrettchen gegrillt. Dazu gab es Gemüse aus einem gusseisernen Topf, der ebenfalls auf dem Grill stand. Es war das Beste, was Kaya seit langer Zeit gegessen hatte. Nach dem Essen servierte ihr Gastgeber gewürzten Kaffee und Mandelkekse und eröffnete endlich das Gespräch zu dem, was sie wirklich beschäftigte.

»Hast Du Dir die Auswertung der Baufinanzierungen angesehen?« Birgit unterbrach Wieland. Kaya nickte bestätigend.

»Die Auszahlung, die Du gestoppt hast. Die Finanzierung war in Leipzig. Und ausgesteuert wurde sie, weil der Kunde vorher mit der gleichen Immobilie in einer anderen Filiale bereits einmal abgelehnt worden war.«

Wieland warf Birgit einen strafenden Blick zu. Birgit deutete mit einer Geste an, dass sie jetzt den Mund halten würde und er setzte wieder an.

»Meine Liste bekomme ich Anfang des Monats. Den Antrag hätte ich also erst in zwei Wochen gesehen. Aber er wäre mir wahrscheinlich auch nicht aufgefallen. Der Preis war zwar etwas über dem Markt, aber die Unterschiede sind in Leipzig ziemlich groß. Gerade bei alten Objekten kommt es vor allem auf die Sanierung und die Denkmalschutzauflagen an. In einer Akte sieht man so etwas, in den elektronischen Daten nicht. Birgit hat mir Deine Datei gegeben und mich gebeten, mir die Objekte anzusehen, bei denen die Finanzierung noch nicht ausgezahlt war. Das war nur eine Handvoll.« Er zündete seine Pfeife neu an, nahm einen Zug und legte sie wieder auf den Tisch. »In Deiner Datei waren auch noch Zusatzangaben.«

»Die nicht ausreichend trennscharfen Regeln.« Kaya goss sich einen weiteren Kaffee aus der kleinen Kanne ein, die auf dem Tisch stand.

»Mag sein. Die hier war auf jeden Fall sehr spannend. Wir hatten schon Ausfälle in der Straße. Zwar nicht fürchterlich viele, aber immerhin weitere drei. Ich habe mir dann die Akten angesehen. Möchtest Du einen Tipp abgeben?«

»Nicht wirklich. Rück endlich mit der Sprache raus.«

Wieland zwinkerte ihr zu. »Zwei weitere Objekte kamen über den gleichen Makler. Das muss natürlich auch nichts zu sagen haben. Ich habe mit dem Sachbearbeiter telefoniert, der den Vertrag das erste Mal abgelehnt hat. Er hatte den Preis über einen Vergleich in Internetportalen geprüft und fand die Wohnung deutlich überteuert.«

»Ja und? Das ist beim zweiten Mal nicht aufgefallen?«

»Den zweiten Antrag hat ein anderer Kollege bearbeitet. Der hatte auch im Internet gesucht und sogar Ausdrucke der Vergleichsimmobilien zur Akte gepackt. Die Finanzierung war genehmigt und sollte ausgezahlt werden. Er hat mir die Angebote gefaxt. Alles der gleiche Makler. Ich wollte mir die anderen Immobilien noch einmal online ansehen und siehe da, nur ein Objekt hatte noch den gleichen Preis – unseres. Zwei waren verschwunden, eines auf wunderbare Weise über Nacht fast um die Hälfte im Preis gefallen.« Er lachte. Dann sah er zu Birgit: »Jetzt darfst Du.«

Birgit hob ihr Glas und Wieland schenkte nach. Sie trank einen Schluck und nahm den Faden auf. »Wir vergleichen die Preise normalerweise nur auf zwei Portalen. Die fehlenden Immobilien waren in anderen Portalen eingestellt. Ebenfalls zu niedrigeren Preisen. Und das bereits seit längerer Zeit. Damit war klar, dass der Betrüger wusste, wie wir intern prüfen. Im Kaufvertrag war der Makler als Verkäufer angegeben, der stand allerdings noch nicht mal im Grundbuch. Rate mal, wer der eingetragene Eigentümer war.«

Wieland öffnete den Mund, doch Birgit fügte schneller hinzu »...und ein Alteigentümer der ausgefallenen Immobilien in der gleichen Straße. Und ein Mitarbeiter mit guten Kontakten in Leipzig.«

»Keine Ahnung. Den einzigen Mitarbeiter mit guten Kontakten in Leipzig, den ich kenne, bist Du.« Kaya sah Wieland an und zuckte die Schultern.

Wieland schenkte sich einen Schnaps in ein hohes, schlankes Glas. Er roch an dem gelblichen Getränk und fragte ruhig in die länger werdende Stille: »Weißt Du eigentlich, wo ich Hermann Liebmann kennengelernt habe?«

Kaya atmete tief durch. »Deshalb das ganze Drama.«

Birgit hob ihr Glas und die drei stießen klingend an. Wieland lächelte versonnen, während er einen genüsslichen Schluck nahm.

»Was passiert mit ihm?«

Birgits Miene verdüsterte sich. »Zu wenig. Wir haben noch am Donnerstagabend ein Team von einer Beratungsfirma engagiert, das auf internen Betrug spezialisiert ist. Gestern Morgen haben wir ihn von seinem Rechner weggeholt und mit den Vorwürfen konfrontiert. Erst hat er einen cholerischen Anfall bekommen und dann geschwiegen. Du kannst Dir nicht vorstellen, wie *beherrscht* er gewesen ist. Geradezu unheimlich. Die Auswertung seines Rechners wird noch eine Weile dauern, aber rein rechtlich scheint ihm nicht viel nachzuweisen zu sein.«

Nach einer Stunde schafften sie es mit Hilfe von Wielands Post-Digestif, Liebmann wieder aus ihrem Gespräch zu verbannen. Es wurde ein langer Abend.

Zum Abschied gab Birgit Kaya vor der Haustür einen gehefteten Farbausdruck, den sie aus ihrer riesigen Handtasche zog. »Ich habe den heute mehr zufällig gefunden, aber er gibt eine schöne Übersicht über das Thema interner Betrug. Und ich hatte an ein paar Stellen sofort ein Bild von Liebmann vor Augen.«

Im Licht der Straßenlaterne las Kaya die ersten Zeilen. Die Autorin kam aus Österreich. Dann faltete sie den Artikel, so dass sie ihn in ihrem viel zu kleinen Handtäschchen unterbringen konnte.

Sie verabschiedete sich von Birgit und ging langsam die ruhige Straße hinunter. Die Beteiligung von internen Personen hatte sie bisher nicht explizit berücksichtigt. Mit der Freigabe des Betriebsrats und der Personalabteilung könnte sie jetzt ja über ein paar Regeln nachdenken. Kaya schüttelte den Kopf und beschleunigte ihren Schritt. Montag war auch noch ein Tag.

Interner Betrug

Von allen Betrugsarten ist der interne Betrug sicherlich der gefürchtetste unter den Fachleuten. Der Zugang zu internen Informationen, Prozessen und Richtlinien sowie die verdeckte Operation machen es möglich, dass interne Betrugsmuster über Jahre ausgeführt werden können. Der monetäre Schaden, der daraus entstehen kann, ist erheblich. Der Reputationsschaden, sollte solch ein Fall die Medien erreichen, ist schwer zu beziffern, jedoch nicht nur in Zeiten von hohem Wettbewerbsdruck schmerzhaft.

Studien wie z. B. von CIFAS[(58)] und PwC[(59)] besagen, dass in den letzten Jahren eine Steigerung der kriminellen Tendenzen in Einzeltaten bzw. eine Vermehrung an organisierten Tätergruppen zu verzeichnen sind[218].

1. Abgrenzung externer vs. interner Betrug

Interne Täter haben oft jahrelang Zeit und Möglichkeit, Prozesswissen zu erlangen, Lücken dann auszunutzen und/oder dieses Wissen zu verkaufen bzw. weiterzugeben. Sie sind in der Lage, aufmerksam Verdachtsmomente gegen sich auszuloten und reagieren, indem sie den Verdacht umlenken bzw. ihre Handlungen so verändern, dass sie vom Suchradar wieder verschwinden.

Wesentlich ist hier eine soziale Komponente: Der interne Täter genießt das Vertrauen seiner Kollegen und Vorgesetzten. Diese unterstellen ihm normalerweise kein strafrechtlich relevantes Verhalten und lenken damit auch ihre Aufmerksamkeit nicht in eine Richtung, in der das Täterverhalten ins Bewusstsein gelangt. Deshalb findet auch unter den Augen von Kollegen und Vorgesetzten jahrelang Betrug statt. Bei einer Aufdeckung können sich diese die Tat kaum vorstellen und beharren noch lange auf der Unschuldsvermutung, verdecken oder rechtfertigen kritische Handlungen oder warnen schlimmstenfalls den Betrüger vor Verfolgung.

Interner Betrug zeichnet sich durch hohes Risiko bzw. Schadenssummen aus. Abgegrenzt werden Einzeltäter und Gruppen, rein interne Taten und die Zusammenarbeit von Mitarbeitern und Externen (Kollusion)[219].

---

218 Unklar ist dabei, ob interner Betrug tatsächlich vermehrt auftritt oder dies an der gestiegenen Sensibilität der Unternehmen liegt.
219 Siehe Facheinschub Klassifizierung.

1.1 Beispiele für interne Betrugsszenarien

- Bewerbungsbetrug,
- Unerlaubte Beschaffung, Veröffentlichung oder Verwendung von kommerziellen oder persönlichen Daten,
- Diebstahl oder Täuschung mit Bereicherungsabsicht,
- Kontenbetrug: Unautorisierte Aktivität auf einem Kundenkonto durch einen Mitarbeiter mit dem Ziel, sich selbst oder andere zu bereichern,
- Bilanzfälschung/Bilanzmanipulation seitens der Firmenleitung: Bewusste Fehldarstellung der finanziellen Lage eines Unternehmens.

Ein externer Angreifer kann hingegen per Zufall, Glück oder auch durch strukturiertes Vorgehen Prozesslücken finden und diese solange ausnutzen, bis sein Verhalten auffällig wird und die Lücken geschlossen werden. Er ist blind im Vergleich zum internen Täter und kann sich nur Schritt für Schritt herantasten.

Externe Angriffe lassen sich dadurch viel leichter automatisiert überwachen als interne. Die Prüfmodelle können auf bekannten Betrugsszenarien basieren und erleichtern so das Lernen aus Fehlern in der Prozesskette. Externer Betrug ist im Mengengeschäft häufig. Auch im Kundengeschäft muss der Schutz von Kundendaten gewährleistet werden. Dieser steht aber in keinem Verhältnis zum besonderen Schutz von Mitarbeiterdaten.

1.2 Auffälligkeiten, die verstärkt mit internem Betrug in Verbindung gebracht werden:

Starke Änderung im Verhalten eines Mitarbeiters, plötzlich große Anschaffungen und Ausgaben, ständiges Verbleiben in den Räumlichkeiten vor oder nach allgemeinem Dienstschluss, Geheimniskrämerei, unverhältnismäßige Reaktionen auf Prozessänderungen oder die Einführung von neuen Kontrollsystemen, unverhältnismäßiges Interesse an abteilungsfremden und tätigkeitsfremden Prozessen, Verhinderung des Schließens von Prozesslücken, Mobbing von Mitarbeitern (die Verdacht geschöpft haben könnten), Verwendung von privaten Arbeitsmitteln (Laptops, Festplatten, USB-Sticks).

2. Interner Betrug im Blick des Fraud Triangle/Diamond

Das Fraud Triangle[19] bzw. der Fraud Diamond[20] haben auch beim internen Betrug seine Gültigkeit.

2.1 Druck/Motiv: Die Motivation für betrügerisches Verhalten wird laut CIFAS in drei Kategorien unterteilt

2.1.1 Greed – Gier

2.1.2 Need – Notwendigkeit

- Schulden (selbstverschuldet),
- Schulden (wirkliche Notwendigkeit),
- Überlebenssicherung durch Verdeckung eines Fehlers/Defizits, z. B. frühere Verurteilungen/Straftaten.

2.1.3 Miscellaneous – Verschiedene

- Böswilligkeit/Rache (existentiell),
- Böswilligkeit/Rache als Reaktion auf z. B. Mobbing oder gescheiterte Gehaltsverhandlung/Beförderung,
- Kompetitiv (Sabotage),
- Gruppen- oder Familiendruck/Loyalität,
- Psychologische Probleme,
- Aufregung/Unterhaltung/Selbsterhöhung/Ego,
- Nötigung/Drohung/Erpressung,
- Abhängigkeit: Alkohol, Drogen, Sex, Spielsucht,
- Idealismus/Terrorismus,
- Dummheit/Naivität (ohne bewusstes Motiv),
- Maulwurf/Zelle, z. B. einziges Motiv für die Anstellung als Handlanger,
- Wirtschaftsspionage.

2.2 Gelegenheit: Durch das interne Prozesswissen hat der Täter die Möglichkeit, eine Vielzahl an Prozesslücken zu finden, durch geschicktes Verhalten offenzuhalten und interne Kontrollsysteme zu umgehen. Die Gelegenheit ist die Basis für das Risiko großer Schäden, sofern hochrangige Kompetenzträger Täter sind.

2.3 Persönliche Rechtfertigung: Diese liegt hier meist im Bereich der Arbeitgeber-Arbeitnehmerbeziehung und kann direkte Auswirkung von schlechtem Führungsverhalten durch den Vorgesetzten sein. Oft liegt das subjektive Verständnis vor, zu gering entlohnt worden zu sein (sei es monetär oder durch Status/Anerkennung), ein Rachegedanke für schlechte Behandlung/Mobbing, und durch die Tat wird dann ein subjektiv gerechteres Verhältnis hergestellt. Je nach Druck/Motiv kann die persönliche Rechtfertigung auch eine Notsituation sein.

2.4 Fähigkeit: Dieses ist gerade beim internen Betrug maßgeblich und beinhaltet persönliche Stärken, wie z. B.

- strategische Planung (Einnahme einer bestimmten Stelle im Unternehmen, von der aus optimal kriminell agiert werden kann),
- hohe soziale Kompetenz (Fähigkeit, sich in der Kollegenschaft gut zu positionieren, soziale Strukturen zu analysieren, richtige Mithelfer zu finden),
- Phantasie (Aufbau von glaubhaften Lügen: Ablenkungs- und Hintergrundgeschichten bis hin zu persönlicher Identität),
- hohe Gedächtnisleistung (Aufmerksamkeit und Merkfähigkeit zu Prozessen, Kollegen, Vorgesetzten und den erfundenen Lügengeschichten),
- Stressresistenz (Fähigkeit, in Gefahrensituationen zu reagieren, Verdacht umzulenken, Vertrauensmissbrauch/Täter über lange Zeit).

3. Tätertypen und Profile

Tätertypen: Profile aus Studien

PwC[59]

Mittelschul- aber kein Hochschulabschluss, angestellt bei einem Arbeitgeber zwischen 3-5 Jahren, Alter zwischen 31 und 40, männlich

KPMG[60]

Angestellt bei einem Arbeitgeber über mehr als 5 Jahre, stand unter Druck/Stress in der Arbeit, arbeitet in der Finanzabteilung, ist in einer Senior Management Position, ist gierig und nutzt schwache interne Kontrollen aus

CIFAS[58]

Männlich, durchschnittliches Alter 29-30, weibliche Täter 31-32, generell zwischen 21-40, arbeitet in einer Filiale bzw. POS oder Kundenservice, beschäftigt seit 4-5 Jahren (Bereich liegt aktuell bei 0-11 Jahren)

Bei den Studien ist allerdings fraglich, inwieweit die Vielfalt der Täterprofile tatsächlich abgebildet wird oder die Sicht durch die fachliche Stellung und unternehmensinterne Position der Befragten beeinflusst wird.

3.1 Beispiele für Täterprofile

Der **Spieler** greift zu illegalen Maßnahmen, um sich einen luxuriöseren Lebensstil zu leisten. Gründe: Drogen- oder Spielsucht, aber auch eine teure Mid-Life-Crisis. Spielzeuge, teure Geliebte oder der Druck, einen Anschein für die soziale Gruppierung/Familie wahren zu müssen. Der Spieler bessert sich sein Gehalt auf, indem er bewusst interne Kontrollen umgeht und Kollegen dazu bringt, ihn bei seinen kriminellen Handlungen (oft unwissentlich) zu unterstützen.

Die **frustrierte Mitarbeiterin** verschafft sich Genugtuung durch Schädigung des Arbeitgebers. Wesentlich ist die innere Rechtfertigung: Sie hat sich jahrelang für das Unternehmen abgeschuftet, Privatleben und Gesundheit haben unter dem Stress gelitten und sie hat dafür keine entsprechende Beachtung, kein Lob, keine Beförderung oder keine Gehaltserhöhung erhalten. Ihr hoher Wissensgrad um Interna wird zu wenig wertgeschätzt. Nun setzt sie dieses Wissen ein, um sich unrechtmäßig zu bereichern. Für das Täterprofil ist es unwesentlich, ob die gefühlte Misshandlung objektiv nachvollziehbar ist oder nicht.

Der **Maulwurf** hat bereits im Einstellungsprozess Betrug begangen, um auf einen bestimmten Posten zu kommen, von dem er Zugang zu Informationen zu internen Vorgängen und Sicherheitsmaßnahmen hat. Er wird laufend von seinen Komplizen kontaktiert, die er mit Informationen versorgt. An diese übermittelt er persönliche Daten, Finanzdaten, Kennwörter und Sicherheitsfragen von Kunden seines Arbeitgebers. Für diese Dienste wird er von seinen Mittätern entlohnt, es besteht eine betrügerische Absprache (Kollusion).

Die **Genötigte** wird bedroht und/oder genötigt, ihr internes Prozesswissen und ihre Berechtigungen für Dritte zu missbrauchen. Sie schützt durch die Tat sich selbst, eine nahestehende Person oder auch – aus ihrer Sicht – das Unternehmen.

4. Gegenmaßnahmen: Klassische Instrumente

Interner Betrug muss innerhalb der unternehmensweiten Fraud Policy seinen Platz finden. Neben einem grundlegenden Bewusstsein für das Vorhandensein muss die Unternehmens- und Risikokultur darauf abgestimmt werden.

Das Fraud Triangle ist am einfachsten auf der Seite der Gelegenheit zu durchbrechen. Typische Sicherungsmaßnahmen gegen internen Betrug sind daher das Finden und Schließen von Gefahrenquellen in Prozessen, z. B.

- Sicherheits- und Hintergrundprüfungen im Einstellungsprozess und im laufenden Arbeitsverhältnis,
- Funktionstrennung,
- Kompetenzregelungen,
- Technische Berechtigungen,
- Dokumentationen,
- Verschluss wichtiger Unterlagen,
- Jobrotation,
- Mindestabwesenheit vom Arbeitsplatz (typisch jährlich durchgehend mindestens 14 Tage),
- Vier-Augen-Prinzip,
- Tätigkeitskontrollen,
- Prüfungen auf Interessenskonflikte.

4.1 Die häufigsten Methoden der Aufdeckung[58]

- Interne Kontrollen/Audit (58%),
- durch den Kunden bzw. über Beschwerdemanagement (20,9%),
- Mitarbeiter (7,6%),
- Strafverfolgungsbehörden (4,4%),
- Whistleblowing mittels Hinweisgebersystemen (3,4%).

Zur Aufdeckungsrate von Hinweisgebersystemen gibt es geteilte Meinungen sowie Studien: Einige besagen, dass 50% der Fälle mit interner Beteiligung durch Hinweisgebersysteme bekannt werden, in Großbritannien wird hauptsächlich über interne Kontrollen und adäquate Sicherheitsüberprüfungen des Personals aufgedeckt[58]. Die Anzahl der Fälle, die über Mitarbeiter oder vertrauliche Hinweisgebersysteme aufgedeckt wurden, ist dort gering. Hinweise von Mitarbeitern finden wir hauptsächlich in einem Umfeld von Vertrauen, wenn der Hinweisgeber keinerlei negative Reaktionen fürchten muss.

4.2 Im Vordergrund steht die Verhältnismäßigkeit

Kritisch ist das Spannungsfeld zwischen Vertrauen und Kontrolle. Ein zu striktes Kontrollsystem, Misstrauen und das Erschweren der Erfüllung der täglichen Aufgaben durch administrative Arbeiten können sogar entgegen der Zielsetzung förderlich für betrügerisches Verhalten wirken. Hingegen fördern ein harmonischer Arbeitsplatz, selbstverantwortliche Aufgabenerledigung und gutes Betriebsklima die Motivation und hemmen dadurch Straftaten.

Interne Kontrollmaßnahmen sollen daher selbstverständlich in eine Anti-Fraud Kultur eingebunden sein und diese wiederum in eine offene, förderliche und kooperative Unternehmenskultur, so dass kriminelle Handlungen keinen Platz finden.

Facheinschub 21: Anette Jelen – Interner Betrug

28. Aufbruch – Präventionskonzept Kreditbetrug

Den Sonntag nahm sich Kaya nur für sich frei. Am Nachmittag telefonierte sie fast drei Stunden mit ihrer Mutter. Die überhäufte sie mit Vorwürfen, dass sie ihre Probleme nicht früher erzählt hatte und warnte sie immer wieder, sich nicht mit gefährlichen Menschen einzulassen. Sie war unter der Herrschaft von General Franco aufgewachsen und Kaya war froh, dass sie das Regime nur aus Erzählungen kannte. Trotz der Aufregung am Telefon tat es ihr gut, einmal wieder Spanisch zu sprechen. Den Abend verbrachte sie mit einem E-Book, das sie sich nach dem Lesen des Artikels über internen Betrug heruntergeladen hatte[220].

Am Montag strukturierte sie ihre Aufgaben. Es gab vier große Themen. Sie würde die Methoden testen und vielleicht die Idee der Probability of Fraud weiterentwickeln. Dafür würde sie sich externe Hilfe holen. Im zweiten Schritt musste sie die Ergebnisse in die Prozesse integrieren. Das war vor allem technische Arbeit. Damit das erfolgreich sein konnte, würde sie planen müssen, wie die Arbeitsabläufe sinnvoll zu strukturieren waren, wo welche Verantwortungen lagen und wie Personal aufgebaut werden konnte, das die Fälle abarbeitete. Es konnte kaum sein, dass jeder einzelne Fall von Compliance bearbeitet wurde. Für alles musste sie dann auch noch ein sinnvolles Reporting aufbauen. Da das vom Vorstand angefragt war, wollte sie einen Entwurf auf Basis ihrer laufenden Auswertungen erstellen.

Jetzt schien es wie von selbst zu laufen. Birgit schickte ihr am Montagabend die Einladung zu einer Veranstaltung, zu der sie selbst schon immer einmal gehen wollte und für die sie sich diesmal sogar angemeldet hatte. Es war aber klar, dass sie diese Woche nicht aus dem Büro konnte; der Fall Liebmann war zu wichtig. Der Pferdefuß war, dass Kaya bereits am Mittwoch nach Berlin musste.

Das Treffen erwies sich als goldrichtig. Es waren nur Praktiker. Nahezu alle kannten sich und wer nicht in der Vorstellungsrunde ausdrücklich auf einen anderen Wunsch hinwies, wurde geduzt. Bereits der erste Redner sprach über das Thema Betrugsreporting. Der Mann kam Kaya sehr bayerisch vor, wenn er auch den eigentlich notwendigen Rauschebart gegen eine kurze, sehr moderne Version getauscht hatte. Sie sprach ihn in der ersten Pause an und umstandslos schickte er ihr zehn Minuten später eine Ausarbeitung.

---

220 »Menschenschinder oder Manager« beschreibt Psychopathen im Beruf (82).

Ansätze für ein Betrugs-Reporting

Dem französischen Literaturnobelpreisträger André Gide, der unter anderem den Roman mit dem zum Thema passenden Titel »Die Falschmünzer[(61)]« verfasst hat, wird folgende Aussage zugeschrieben: »Die Zivilisation geht den Weg vom Primitiven über das Komplizierte zum Einfachen.«

Beim Reporting zur Betrugsprävention sollte man diesen Weg aber nicht gehen, sondern mit dem Schluss beginnen: Einfach sollte ein Reporting sein, simpel und effizient. Zahlen haben keinen Selbstzweck, sondern sollen einen Überblick verschaffen, Sachstände anzeigen und ein Hilfsmittel zur Ableitung geeigneter Maßnahmen und Strategien sein.

Grundsätzlich sollte beim entdeckten Betrug unterschieden werden zwischen verhinderten und eingetretenen Schäden. Bei den Schäden kann zwischen Bruttoschäden (Schadenshöhe bei Entdeckung) und Nettoschäden (tatsächliche Abschreibung) differenziert werden.

Was sagen aber Schadenshöhen und deren Entwicklung aus? Wir sehen einen Geldbetrag, der im Zeitverlauf zu- oder abnimmt, aber ist das viel oder wenig? Um dies beurteilen zu können, müssen diese Beträge relativiert werden. Relationen werden dann meist als Indikatoren, die steuerungsrelevanten Relationen als Key Performance Indicators (KPI) bezeichnet. Sinnvolle Bezugsgrößen sind Bestände, Mitarbeiterzahlen oder Umsatz bzw. Produktion. Insbesondere eine Beziehung zum Umsatz bzw. zur Produktion ist sinnvoll, denn zum einen ist dies ein Indikator, der die Veränderung von Betrugsbeträgen im Verhältnis zur Geschäftsentwicklung betrachtet, und zum anderen eine Größe, die gleichzeitig in die Kalkulation der Preise einfließen kann.

Sofern der Umsatz mit verschiedenen Produkten und/oder in verschiedenen Geschäftsbereichen oder Vertriebskanälen erzielt wird, kann eine weitere Differenzierung notwendig werden. Ebenso erscheint es sinnvoll, Betrugsarten[221] zu definieren und bei den Betrugsschäden entsprechend zu unterscheiden[222]. Dadurch können zielorientierte Entscheidungen über die Arten von Betrugspräventionsmaßnahmen getroffen werden.

---

221 Z. B. gefälschte Dokumente, falsche Angaben, falsche bzw. gestohlene Identitäten.
222 Siehe Facheinschub Klassifikation.

Wie könnte nun ein Betrugsreporting tatsächlich aussehen? Zeigen möchte ich das am Beispiel eines fiktiven Consumer Finance Unternehmens. Im Beispiel werden sowohl absolute Zahlen (Entwicklung der Betrugsschäden im Zeitablauf) als auch diverse Indikatoren verwendet, die auf die Produktion einer Periode bezogen sind. Ebenso findet eine Unterscheidung nach Geschäftsbereichen und nach Betrugsarten statt. Im Beispiel ist von »Detected Fraud« und »Financed Fraud« die Rede. Es handelt sich zum einen um den gesamten Betrug, also die verhinderten **und** eingetretenen Schäden, und zum anderen nur um die Betrugsschäden, jeweils gemessen zum Zeitpunkt der Entdeckung.

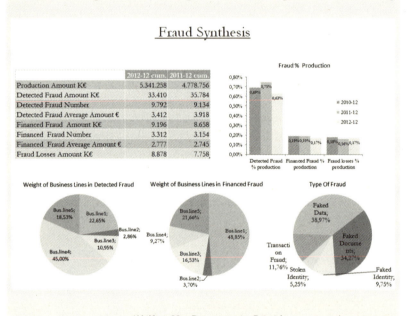

Abbildung 22 – Betrugsreporting Beispiel

Als Zusatzfeatures könnte man für die Indikatoren einzeln oder gesamthaft eine Art Ampel einführen, bei der definierte Schwellenwerte zu Grün, Gelb oder Rot führen. In Abhängigkeit von der Ampelfarbe können Eskalations- oder Folgeprozesse definiert werden.

Nicht zum Reporting – jedenfalls nicht im engeren Sinne – gehören tiefergehende Analysen der Betrugsfälle und der Betrüger. Die Ermittlung und Dokumentation von derartigen Auswertungen und Profilen ist wichtig zur zielgerichteten Ausgestaltung von Gegenmaßnahmen, wäre aber für ein Reporting zu weitgehend. Denn diese sollen ein Monitoring der Effizienz ermöglichen und daher vor allem den betreffenden Fachbereichen zur Verfügung stehen. Das Gleiche gilt für Indikatoren zur Messung der Wirksamkeit von Betrugspräventionstools und Fraud Scores, wie beispielsweise False-/Positive-Raten.

Das Reporting dient dem Überblick und für das Management als Entscheidungsgrundlage. Detaillierte Analysen dagegen sind Werkzeuge für Spezialisten, die Entscheidungen vorzubereiten und passgenau umzusetzen haben. Das Management dagegen benötigt ein einfaches und effizientes Berichtswesen.

Facheinschub 22: Andreas Rattinger – Reporting

Als sie ihn auf das Thema Organisation ansprach, lachte er herzlich und meinte, ihre Institute wären wohl zu unterschiedlich. Aber er stellte ihr den nächsten Kollegen vor. Der sportliche Mittdreißiger sah gut aus. Kaya überlegte, dass es sich vielleicht auch aus anderen Gründen lohnen könnte, öfter zu solchen Treffen zu gehen. Leider gratulierte Andreas dem Kollegen schon bei der Begrüßung zu seiner Vaterschaft. Kaya lief rot an und verbannte den Gedanken aus ihrem Kopf, Privat- und Berufsleben noch mehr zu vermengen. Holger hatte das Thema Organisation schon auf mehreren Veranstaltungen vorgetragen und versprach, ihr sein Skript zu schicken.

Strategisches Fraud-Management

Verluste aus externem **Betrug** sind ein **wesentlicher Kostenfaktor im Mengengeschäft**. Betrugsprävention ist damit eine wichtige und permanente Aufgabe.

Das Mengen- oder Retailgeschäft ist von einem starken Wettbewerb bestimmt. Viele Banken haben mittlerweile den Privat- als Wunschkunden neu entdeckt. Der Wettbewerb führt zu hohem Kostendruck, der wiederum in zahlreichen Prozessoptimierungen mündet. Eine schnelle Kreditzusage ist beispielsweise ein wichtiger Wettbewerbsvorteil.

Betrugsversuche liegen im Mengengeschäft im Promillebereich, haben aber große monetäre Auswirkungen, da Betrug direkt auf die Erträge durchschlägt. Erfolgreiche Betrugsprävention kann den Unterschied zwischen Erfolg oder Misserfolg eines Geschäftsbereichs bedeuten.

Aufgaben und organisatorische Einbindung

Betrugsprävention zieht sich als Querschnittsthema durch viele Verantwortungsbereiche. Trotzdem lassen sich drei Aufgabenblöcke identifizieren.

Der erste Block ist die Erstellung und Betreuung eines **risikominimierenden Gesamtkonzepts** der Bekämpfung sonstiger strafbarer Handlungen. Die Koordination und übergeordnete Verantwortung sowie die Sicherstellung der rechtlichen Rahmenbedingungen[223] liegt in der Zentralen Stelle, die auch zur Durchführung einer betrugsspezifischen Gefährdungsanalyse* verpflichtet ist. Nur bei sehr kleinen Instituten bzw. Unternehmen mit wenigen Produkten kann dies mit dem notwendigen Detailwissen über Prozesse oder Kundengruppen einhergehen. Bei größeren Instituten sollten die weiterführenden Schritte von Einheiten übernommen werden, die im oder zumindest sehr nah am operativen Geschäft tätig sind. Dies ist auch dadurch bedingt, dass selbst bei dem notwendigen Wissensaufbau in der Zentralen Stelle die Entfernung vom operativen Geschäft das Wissen von nicht aktiv in den Prozess eingebundenen Mitarbeitern schnell veralten lässt[62].

Der zweite Aufgabenblock ist das **Strategische Betrugsmanagement** und versteht sich als kontinuierlicher Prozess der Betrugsmustererkennung und Reaktion darauf. Dazu gehören

- die regelmäßige Dunkelfeldanalyse* in Ergänzung zur betrugsspezifischen Gefährdungsanalyse,
- die Aufrechterhaltung der notwendigen Rückmeldungen zu relevanten Daten, z. B. aus der Beitreibung,
- die Sicherstellung einer regelmäßigen Kommunikation zwischen Bereichen entlang der Produktionskette (Marketing, Vertrieb (Markt), Marktfolge, Beitreibung) und auch weiterer Fachabteilungen (Geldwäsche, Compliance, Produktmanagement, Recht...),
- die Weiterentwicklung und Prüfung von Detektions-* und Investigationsmethoden mit produkt- und kundengruppenspezifischem Wissen,
- die Integration der Erkenntnisse in den Prozess*,
- die Sicherstellung einer gleichbleibend hohen Datenqualität*,
- der Aufbau und die Interpretation des Reportings* zum Management, aber auch das Regelreporting, also die Überprüfung der Funktionsfähigkeit der Methoden.

---

223 Nachfolgende Themen, die in Facheinschüben aufgegriffen sind, haben wir mit einem * gekennzeichnet (Anm. des Hrsg.).

Eine Umsetzungsvariante ist der vierstufige Betrugsmanagement-Zyklus, der durch gezielte Maßnahmen stetig zu optimieren ist.

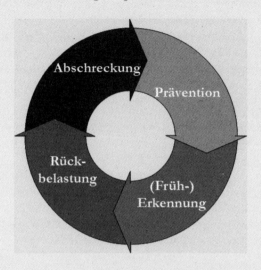

Abbildung 23 – Vierstufiger Fraud-Management-Zyklus

- Die **Prävention** ist im Antragsprozess der wichtigste Baustein in der Betrugsabwehr, da mit präventiven Maßnahmen Betrug vor Auszahlung erkannt werden soll. Dies beginnt bei Trainings zur Sensibilisierung der Mitarbeiter, dem Einkauf von UV-Lampen zur Überprüfung von Legitimationspapieren, geht über die Überwachung von Anträgen in allen Produkten mit Detektionsmethoden, dem Austausch über Betrugsmuster mit Mitbewerbern und dem Einsatz sicherer Soft- und Hardware-Lösungen bis zum vorbereitenden Krisenmanagement und der Sicherstellung, dass im Bedarfsfall schnell forensische Maßnahmen eingeleitet werden können. Bei geplanten Neuakquisitionen von Kundengruppen über neue Kanäle und Produkte ist das Strategische Betrugsmanagement frühzeitig einzubinden, um bestehende Präventionsprozesse validieren und gegebenenfalls neue implementieren zu können.
- In der **(Früh-) Erkennung** müssen Maßnahmen greifen, die Betrug entweder bei Entstehung oder kurz danach erkennen. Dazu gehört die schnelle Aussteuerung auffälliger Kredite (z. B. fehlende erste Rate), die Erfassung von Postrückläufern (z. B. Kreditbestätigungsschreiben erreicht Empfänger nicht) sowie die Identifizierung von Transaktionen, die im Widerspruch zur bisherigen Kundenhistorie stehen. Aber auch eine Beobachtung »positiver Merkmale« wie beispielsweise deutlich erhöhte Abschlussquoten in einer Filiale oder ein deutlicher Anstieg von Ticketgrößen im Bereich Internet

kann sinnvoll sein. Scoringverfahren können eingesetzt werden. Wenn möglich, schließen sich im Einzelfall risikoreduzierende Maßnahmen an (z. B. Auszahlungsstopp oder Streichung einer variablen Linie). Gefälschte Identitäten, nicht existente Arbeitgeber und Telefonnummern können in Whitelists oder Blacklists gespeichert werden, um zukünftigen Betrug mit diesen Daten präventiv zu verhindern*.

- Maßnahmen zur **Rückbelastung/Forderungssicherung** sollen einen entstandenen Schaden reduzieren. Bei Kreditkarten sind dies z. B. Chargeback-Prüfungen, im Bereich Soft-Fraud oder bei der Verwertung betrügerisch finanzierter Fahrzeuge können über individuelle, auf den jeweiligen Kunden oder das Objekt ausgerichtete Inkassostrategien erhebliche Summen wieder eingebracht werden, usw.[224]

- Maßnahmen zur **Abschreckung** von der Straftatenbegehung sind insbesondere die Erstattung von Strafanzeigen* und, wenn möglich, auch die Anstrengung von Verhaftungen.

Der dritte Aufgabenblock ist schließlich das **Operative Betrugsmanagement**. Speziell geschulte Mitarbeiter übernehmen die eigentliche Fallprüfung und Investigation. Je nach Organisation[225] sind sie auch Ansprechpartner für andere Institute und verantwortlich für Befüllung und Informationseinholung aus Auskunfteien. Alternativ werden über die eigentliche Fallprüfung hinausgehende Aufgaben von übergeordneten Fraud Managern übernommen. Bei Erhärtung des Anfangsverdachts werden hier weitergehende Maßnahmen aufgenommen. Dazu gehören beispielsweise die Stellung und Bearbeitung von Strafanzeigen und die Verarbeitung der Informationen für Zwecke von OpRisk (Schadensfallerfassung).

Bei allen Aktivitäten ist eine Abwägung des Einsparpotentials durch Betrugsvermeidung vorzunehmen. Die Betrugsprävention erzeugt Aufwand im Prozess und bei tieferer Prüfung für die vollständige Aufklärung auch auf Seiten des Kunden. Ziel ist nicht die vollständige, sondern die optimale Betrugsbekämpfung[226].

Facheinschub 23: Holger Brümmer – Strategisches Fraud Management

---

224 In den letzten Jahren hat sich das Thema Asset Recovery als Spezialbereich zur Durchsetzung größerer und vor allem internationaler Forderungen etabliert.
225 Typisch sind zwei Varianten: Spezialisierte Sachbearbeiter sind innerhalb des Prozesses für die Betrugsprävention zuständig oder es bestehen spezielle Einheiten, die produktübergreifend die Prüfungen vornehmen. Mischformen sind möglich.
226 Was eine deutliche Abgrenzung zur Geldwäschebekämpfung darstellt, da diese aufgrund gesetzlicher Anforderungen vorgeschrieben ist.

Am Ende des Tages war Kaya völlig erschlagen. Die Kollegen hatten mit einer Offenheit über das Thema Betrug gesprochen, die sie bisher nicht gekannt hatte. Auch Unternehmenspolitik war immer mal wieder ein Thema gewesen, doch schien dies eher eine normale Rahmenbedingung für alle zu sein. Es hatten auch Leute von Versicherungen und Telekommunikationsunternehmen gesprochen. Die Probleme waren überall die gleichen. Auch die Methoden, die sie sich in den letzten Wochen und Monaten mühsam erarbeitet hatte, waren in leicht unterschiedlicher Form überall im Einsatz.

Noch wichtiger als die fachlichen Informationen war aber das Netz an Beziehungen, das hier bestand. Alle wollten sich austauschen. Es war keine Frage, ob man sich über neue Betrugsmuster austauschen sollte. Es war eine Voraussetzung. Dies war der geschlossene Kreis, den sie gespürt hatte, als sie sich vor einer Ewigkeit mit Sören das erste Mal über das Thema unterhielt.

Jetzt war sie tatsächlich ein Teil davon.

29. Anhang der Autoren

29.1 Regeln, Detektions- und Investigationsmethoden

Wir haben intensiv diskutiert, wie viele Zusatzinformationen wir geben können. Jeden Praktiker werden besonders konkrete Regeln, Detektions- und Investigationsmethoden und vielleicht auch hilfreiche Merkmale zur Bestimmung des Dunkelfelds interessieren.

Einige Regeln haben wir als Beispiele im Buch verwendet und wir denken, dass diese ausreichen, um die Systematik zu verstehen.

Der Weitergabe tieferer Informationen steht immer die Überlegung entgegen, inwieweit wir die Gegenseite schlau machen. Einmal ehrlich: Wie viele Betrüger, die nicht sowieso internes Know-How haben, werden dieses Buch lesen? Wie viele können das, was wir als Präventionsmethoden vorgestellt haben, zur Verbesserung ihrer Betrugsmuster nutzen? Aber dennoch: Es mag Kollegen von der dunklen Seite geben, die versuchen, ihre Arbeit durch checklistenmäßiges Abarbeiten von Lehrbüchern zu optimieren.

Wir haben uns daher entschlossen, diese weiterführenden Informationen nur auf persönliche Nachfrage und nach Identifizierung weiterzugeben. Wenn Sie Interesse haben: Schreiben Sie uns! Unsere E-Mail-Adressen finden Sie im Autorenverzeichnis am Ende des Buches. Wir freuen uns natürlich auch über Ihr Feedback.

29.2 Ergänzungen zum Business Case

Die Vorteilsermittlung in der Betrugsprävention ist kein Hexenwerk, es sind aber einige Besonderheiten gegenüber der Ermittlung von Vorteilen analytischer Methoden in anderen Einsatzgebieten zu berücksichtigen. Bei der Vorteilsbetrachtung von Bonitätsscorekarten (und anderen analytischen Methoden) wird auf einer Entwicklungsstichprobe die Methode entwickelt. Dann wird in einer Validierungsstichprobe[227] die Scorekarte erprobt und der Qualitätsunterschied als Vorteil angenommen.

Zur Prüfung der Qualität bei Betrugspräventionsregeln hat dieses Verfahren gravierende Nachteile.

Ein Betrugs-Referenzfall kann erst zur Wiedererkennung genutzt werden, wenn bekannt geworden ist, dass es sich um einen Betrugsfall handelt.

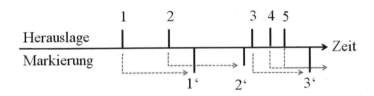

Abbildung 24 – Verfügbarkeit von Informationen im Zeitverlauf

In der Abbildung kann der Fall 1 mit seiner Markierung erst nach der Markierung 1 für die Prüfung von Fall 3 verwendet werden. Bei Referenzdaten handelt es sich um Daten, die nicht dauerhaft von einem Betrüger genutzt werde können, wie Telefonnummern, Adressen, Namen usw.[228] Im Fall 1 und 2 gibt es gar keine Referenzdaten[229], die Fälle 3, 4 und 5 können in diesem Sample nicht mehr genutzt werden. Bei einer Stichprobe von sechs Monaten und einer Durchreifung von drei Monaten wird damit die Qualität um 50% reduziert[230]. Ähnliches gilt für Profilregeln. Für diese Referenz- und Profilregeln ist eher die

---

227 Üblich sind hier Out-of-time-Validierungen, seltener Out-of-Sample.
228 Sowohl im Hard-Fraud, noch mehr im Soft-Fraud, bei dem der Betrüger seine eigene Identität ›verbrennt‹.
229 In der Regel liegen Blacklistdaten vor, die Qualität ist aber regelmäßig geringer als in der Stichprobe.
230 Beim Einsatz von Antragsdaten mit Markierungen für Verdacht und Ablehnung ist der Zeitraum verkürzt, das grundsätzliche Problem besteht aber weiter und ist aufgrund der häufig kurzen Antragsabfolgen bei Betrügern kaum entschärft.

Verkürzung der Entwicklungsstichprobe ein Problem[231]. Häufig liegt dann in der Validierungsstichprobe auch noch ein besonderer Schmerzpunkt, der Auslöser für das Projekt war. Handelt es sich dabei um ein neues Betrugsmuster, kann dieses kaum gefunden werden[232].

Da es sich nicht um eine Prognose handelt, können Betrugspräventionsregeln ohne Blindtest ausgezeichnet überprüft werden: Die entwickelten Regeln sollen nur Betrugsfälle aussteuern. Die False-/Positive-Rate kann auf Basis der Markierung als

Ausfall[233] direkt ermittelt werden. Alle Methoden können auch bei Fremdentwicklung nach Stichproben (in den Methoden) auf korrekte Anwendung untersucht werden.

---

231 Out-of-sample-Validierungen verbieten sich bei Referenzregeln komplett.
232 Bei Blindtestverfahren in der beschriebenen Form sind Qualitätseinbußen von bis zu 30% nicht ungewöhnlich.
233 Häufig findet hier eine Ausweitung des Hellfelds statt.

29.3 Methodendiskussion Scoring

Wir haben in unserem Buch die wesentlichen Projektschritte und Methoden vorgestellt, die zum Aufbau einer systembasierten Betrugsprävention notwendig sind. Wenn Sie notwendige Grundlagenarbeiten, wie die Definition von Fraud, eine Dunkelfeldanalyse und den Aufbau einer Datenbasis, geschafft haben, kommen Sie fast unweigerlich zu dem Punkt, bei dem Sie zwischen einfachen und komplexen Methoden entscheiden müssen.

Einfache Plausibilitäts-, Referenz- und Profilregeln bringen beim Neuaufbau von Präventionssystemen große Vorteile. Komplexere analytische Methoden finden aber nicht nur bekannte, sondern auch *unbekannte* Betrugsfälle. Am Beispiel der bekanntesten Methode, dem Scoring, diskutieren wir im Folgenden die Vor- und Nachteile als Muster für alle analytischen Methoden.

Scoring[234] ist die Bepunktung von Variablen auf Basis eines Zielmerkmals zur Berechnung einer Wahrscheinlichkeit, dass dieses Merkmal getroffen wird. Bei dem Merkmal kann es sich um ein zukünftiges Ereignis handeln[235] oder auch, wie im Fall von Betrugsscoring, um eine vorhandene Eigenschaft.

Scoring ist eine der mathematischen Allzweckwaffen und hat viele unbestreitbare Vorteile. Besonders in großen Datenmengen können trennscharfe Merkmale ausfindig gemacht und zu Scorekarten verdichtet werden. Fachwissen über das zu identifizierende Merkmal ist nur eingeschränkt notwendig[236]. Durch die Zuordnung von Wahrscheinlichkeiten entsteht ein Instrument, welches erlaubt, Prozesse und Konditionen zielgerichtet zu steuern. Der Einsatz ist aus datenschutzrechtlicher Sicht einfach, da es anonym funktioniert. Nicht zuletzt ist Scoring in der Risikosteuerung etabliert und aufsichtsrechtlich für Kreditinstitute gefordert. Damit besitzt die Methode eine hohe geschäftspolitische Glaubwürdigkeit.

In der Betrugserkennung müssen vor dem erfolgreichen Einsatz von Scorekarten einige Fragen geklärt werden.

---

234 Analog ist hier Rating zu sehen. Wir benutzen zur besseren Lesbarkeit durchgehend den Begriff Scoring.
235 Z. B. Zahlungsausfall.
236 Wobei in Scorekarten-Entwicklungsprojekten immer wieder deutlich wird, dass Fachleute notwendig sind, da ohne diese die verwendeten Variablen häufig falsch interpretiert werden. Ein besonders schönes Beispiel: Nicht deutschsprachige Statistiker übersetzten bei der Entwicklung von Betrugsscorekarten eine redundante Betrugsmarkierung falsch und interpretierten diese als unabhängiges Merkmal. Mit Hilfe dieses Zielmerkmals entwickelten sie extrem trennscharfe und absolut nutzlose Scorekarten.

Grundsätzlich wird Scoring in Banken zur Prognose eines zukünftigen Verhaltens auf Basis von Erfahrungswerten eingesetzt. Dies setzt voraus, dass ein Verhalten im Zeitablauf konstant bleibt. Im Bereich Antragsbetrug müssen Muster aber nicht stabil sein.

Betrugsprävention ist ein fortwährendes Spiel gegen einen dynamischen Gegner. Wird ein Betrugsmuster abgewehrt, verändern die Täter ihre Muster oder weichen auf andere Opfer aus[1].

Scoring ist aber nicht nur auf *ein* einzelnes Betrugsmuster ausgerichtet. Durch die Kombination kann eine Scorekarte extrem schnell an Trennschärfe verlieren, wenn ein relevantes Muster entfällt. Die Scorekarte muss bei Ausbleiben trennscharfer Merkmale neu kalibriert werden, was Zeit und Geld kostet[64].

Das Phänomen kann teilweise entschärft werden, indem dominante Betrugsmuster in einfachen Regeln abgebildet und in der Scorekartenentwicklung nicht berücksichtigt werden.

Bei einem Verzicht der Kalibrierung auf eine Wahrscheinlichkeit und der Arbeit mit Grenzwerten kann die Stabilität des Ergebnisses erhöht werden, das Scoring büßt jedoch einen Vorteil ein.

Ziel ist eine frühzeitige Abwehr neuer Betrugsmuster. Für die Entwicklung von Scorekarten werden historische Daten herangezogen. Schwierig ist die Datenlage: Nur bei großen Stückzahlen reicht die Menge von Betrugsfällen für eine zuverlässige Entwicklung. Treten neue Muster auf, muss für eine Scorekartenentwicklung erst einmal ein entsprechender Datenbestand gesammelt werden. Im Handel oder der Telekommunikation ist dies kaum ein Problem, in Kreditinstituten aufgrund der größeren Schadenshöhe schon.

Scorekarten bringen in der Praxis eher schlechtere False-/Positive-Raten als komplexe Regelwerke, da sie nicht zielgerichtet ein Betrugsmuster abdecken, sondern alle Betrugsmuster erfassen[57].

Ein kritischer Nachteil liegt in der Sachbearbeitung. Auf Basis von Referenz-, Plausibilitäts- oder einfachen Profilregeln kann ein Sachbearbeiter zielgerichtet suchen, auch die automatisierte Steuerung von Auflagen oder Prüfungen ist möglich. Bei einer Scorekarte wird normalerweise ein Wahrscheinlichkeitswert geliefert. Mit diesem sind nur generische Maßnahmen zu veranlassen, die Hilfe bei der Prüfung beschränkt sich auf die Aussteuerung aus dem Standardprozess. Auch die Lieferung der relevanten Merkmale (höchster Ergebnisbeitrag) hilft nur wenig, da der Kausalzusammenhang fehlt.

> Mit einer Scorekartenentwicklung wird ein Betrugsmuster aufgedeckt: Hoch trennscharf wird ein erhöhtes Risiko bei Neukunden* festgestellt, die sehr gut ausgestattete Fahrzeuge* mit einer Baranzahlung* von 25 – 30% finanzieren. Die Täter sind zwischen 35 und 45 Jahren alt* und legen osteuropäische Ausweise* vor. Die Fahrzeuge sind verfügbar*, Altfahrzeuge werden nicht in Zahlung gegeben*.
> Reaktion: Bei den identifizierten Engagements wird der Arbeitgeber der Antragsteller geprüft. Drei Schadensfälle können abgewehrt werden. Dann tritt das Muster nicht mehr auf. War hier der Einsatz einer Scorekarte sinnvoll?
>
> * Merkmal

Zuletzt ist in gewachsenen IT-Infrastrukturen die Veränderung von Scorekarten häufig schwieriger als die ›harte‹ Codierung von einfachen Regeln.

Trotz all dieser Schwierigkeiten hat Scoring einen wichtigen Platz in der Betrugsprävention. Verhaltensscorekarten für Kreditkarten oder Payment liefern sehr stabile Ergebnisse. Einige Merkmale sind betrugsinhärent, z. B. die vermehrte Nutzung von ausländischen Ausweisen, die Verfügbarkeit von Fahrzeugen[237] oder die Finanzierung bestimmter Güter[238]. Im Bereich Soft-Fraud sind Merkmale oft sehr ähnlich. Gegenüber organisiertem Betrug haben Scorekarten den Vorteil, dass sie für Betrüger nicht so leicht auszutesten sind wie einzelne Regeln. Im E-Commerce sind Scorekarten als das effektivste Tool der Betrugsbekämpfung etabliert[(2)].

Scoring kann in der Vorselektion oder zur Priorisierung von regelbasiert ausgesteuerten Anträgen eingesetzt werden. Es ist ein Mittel unter mehreren und besonders dann interessant, wenn es andere Betrugsversuche identifiziert als einfachere Methoden.

---

[237] Welcher Betrüger möchte schon sechs Monate warten?
[238] Zumindest für versiertere Betrüger sind nur leicht wiederverkäufliche Waren interessant.

Scoring ist ein im BDSG definierter Begriff. Die dahinterstehenden Auskunftspflichten sind zur Betrugsprävention kontraproduktiv. Betrugsscoring ist aber kein Scoring im Sinne des BDSG[239] und besonders schützenswerte Daten[240] dürfen durchaus verwendet werden[241]. Das marktübliche Maß der Güte von Scorekarten, der Gini-Koeffizient, ist bei der Beurteilung von Betrugsscorekarten häufig sehr hoch[242], jedoch wenig aussagekräftig. Sehr hohe Gini-Werte deuten auf die Identifizierung einzelner Betrugsmuster hin. Als Maß der Güte sollte daher auch bei Scorekarten die False-/Positive-Rate genutzt werden.

> »Ist ein Spiel falsch modelliert, kann mit der richtigen Strategie durchaus das falsche Spiel gespielt werden.«[63]

Wir hoffen, es ist zum Ausdruck gekommen, dass Scoring ein wertvolles analytisches Verfahren ist. Die Diskussion, die wir hier stellvertretend für alle analytischen Verfahren am Scoring vorgenommen haben, empfehlen wir für alle Verfahren. Im Einzelfall ist zu prüfen, welche Instrumente am besten geeignet sind.

Wir wünschen Ihnen lösbare Herausforderungen und Zeit, den richtigen Weg zu finden. Außerdem freuen wir uns auf einen Austausch mit Ihnen – Betrug ist kein Wettbewerb.

---

239 Da kein Verhalten vorausgesagt, sondern eine vorhandene Eigenschaft bewertet wird.
240 Typisch ist die Nationalität, die regelmäßig trennscharf ist und in Regeln angewendet wird.
241 Siehe Facheinschub Datenschutz.
242 Nicht selten größer 0,8.

29.4 Zahlen

Quelle (30): Experian 04/2013

Erkannte betrügerische Anträge	2012	max.	max. im Jahr
Immobilienfinanzierung	0,378%	0,378%	2012
Sparkonten	0,118%	0,283%	2009
Laufende Konten/Girokonten	0,160%	0,180%	2011
Versicherungen	0,120%	0,120%	2012
Automotive	0,170%	0,325%	2008
Kreditkarten	0,145%	0,194%	2010
Konsumentenkredite	0,055%	0,112%	2006
Über alle Produkte	0,178%	0,215%	2008

Tabelle 7 – Daten aus UK zu erkannten betrügerischen Anträgen

Zu berücksichtigen ist, dass diese Zahlen lediglich *erkannte* betrügerische Anträge berücksichtigen, d. h. hier handelt es sich um abgewehrten Schaden.

Quelle (65): Banking Technology 10/2008

Gründe für internen Betrug	
Gier	36%
Schulden	25%
Spiel (-sucht)	24%

Wesentliche Arten von internem Betrug	
Verletzung von Compliance-Regeln	35%
Missmanagement	29%
Diebstahl von Warenbeständen oder Anlagegütern	27%
Interessenkonflikte	25%
Informationsdiebstahl und -verlust	24%
Interne finanzielle Schädigung oder Diebstahl von Geld	24%

Tabelle 8 – Einige Zahlen zu internem Betrug

30. Blick von Außen – Aspekte der Betrugsprävention aus Sicht der Dienstleister

30.1. Regulatorischer Hintergrund zur Betrugsbekämpfung in Instituten

30.1.1. Rechtliche Rahmenbedingungen

Allgemeine Rahmenbedingungen

Mit der Verabschiedung des Gesetzes zur Kontrolle und Transparenz im Unternehmensbereich (KonTraG) im Jahr 1998 gingen weitreichende Änderungen im Aktiengesetz (AktG) einher. Seit Einführung des § 91 Absatz 2 AktG besteht für den Vorstand von Aktiengesellschaften die Verpflichtung für ein angemessenes Risikomanagement und eine bedürfnisgerechte Interne Revision zu sorgen. Der § 91 AktG konkretisiert hierbei die allgemeinen Aufgaben des Vorstandes aus § 76 AktG. Gemäß Wortlaut des § 91 Absatz 2 AktG hat der Vorstand geeignete Maßnahmen zu treffen, insbesondere ein Überwachungssystem einzurichten, damit den Fortbestand der Gesellschaft gefährdende Entwicklungen frühzeitig erkannt werden. Werden die geforderten Maßnahmen nicht getroffen, haftet der Vorstand gegenüber der Gesellschaft für den eingetreten Schaden. Hierunter fallen auch Schäden, die aus Betrugsfällen resultieren, welche durch ein adäquates Risikomanagement verhindert worden wären. Der Vorstand kann bei Verletzung der Pflichten aus § 91 AktG sogar persönlich haftbar gemacht werden (§ 93 AktG).

Die neuen Mindestanforderungen an das Risikomanagement (MaRisk)

Weitere Rahmenvorgaben für das Risikomanagement in Instituten werden durch die zum 1. Januar 2013 neu gefassten Mindestanforderungen an das Risikomanagement (im Folgenden MaRisk) festgelegt. Hierbei handelt es sich um von der BaFin veröffentlichte Verwaltungsanweisungen. Diese enthalten für Kredit- und Finanzdienstleistungsinstitute verpflichtend einzuhaltende Anforderungen an Risikomanagementsysteme. Die MaRisk konkretisieren insofern die allgemeinen Anforderungen aus § 25a KWG an eine ordnungsgemäße Geschäftsorganisation. Ein wirksames Risikomanagementsystem besteht neben den festzulegenden Strategien demnach aus einem internen Kontrollsystem und einer internen Revision[243]:

Gemäß MaRisk setzt sich das **Interne Kontrollsystem (IKS)** aus Regelungen zur Aufbau- und Ablauforganisation, Prozessen zur Identifizierung, Beurteilung, Steuerung, Überwachung und Kommunikation der Risiken (Risikosteuerungs- und Controllingprozesse) sowie einer Risikocontrolling-Funktion und einer Compliance-Funktion zusammen. Das Zusammenspiel der Risikomanagement-Funktion innerhalb des IKS ist für die Erhebung und Kontrolle von Betrugsrisiken von besonderer Bedeutung.

Des Weiteren schreiben die MaRisk auch Anforderungen an besondere Funktionen vor. Insbesondere muss ein Institut ein den Anforderungen des Risikomanagements entsprechende **Compliance-Funktion** im Institut installieren[244]. Dieses hat für die Einhaltung der unternehmensinternen und -externen Regelungen Sorge zu tragen. Die Compliance-Funktion ist direkt der Geschäftsleitung zu unterstellen und soll Regelungen identifizieren, deren Nichteinhaltung unter Umständen zu einer Vermögensgefährdung führen kann. Obwohl die Compliance-Funktion direkt an die Geschäftsleitung berichten muss, kann diese auch einer anderen Kontrolleinheit zugeordnet werden[245]. Auch darf sich die Compliance-Funktion anderer Organisationseinheiten im Unternehmen bedienen. Wie bei der Risikocontrolling-Funktion ist die Compliance-Funktion zum einen mit allen Berechtigungen zur Wahrnehmung ihrer Aufgaben auszustatten und zum anderen mit den notwendigen Informationen zu versorgen. Ferner haben Institute einen Compliance-Beauftragten zu bestimmen, welcher für die Wahrnehmung der Aufgaben der Compliance-

---

[243] Siehe MaRisk Novelle 2012- Veröffentlichung der Endfassung, BaFin Anschreiben an die Verbände, GZ BA 54-FR 2210-2012/0002 vom 14. Dezember 2012; S. 2 (abrufbar unter: www.bafin.de) (nachfolgend bezeichnet als »MaRisk Anschreiben an die Verbände«), S. 2.
[244] Vgl. MaRisk Anschreiben an die Verbände, S. 4.
[245] Vgl. BaFin Rs. 10/2012 (BA) vom 14.12.2012, AT 4.4.2, S. 12.

Funktion verantwortlich ist. Jährlich ist der Geschäftsleitung ein Bericht vorzulegen, welcher die Angemessenheit und die Wirksamkeit der Regelungen zur Einhaltung der gesetzlichen Vorgaben dokumentiert. Weiter sind Defizite und Verbesserungsvorschläge Teil des Berichts der Compliance-Funktion.

Weiter führt die BaFin aus, dass das Risikomanagement immer auch auf **Gruppenebene** umzusetzen ist[246]. Das Risikomanagement muss sich – unabhängig von etwaigen Konsolidierungsvorschriften – auf alle wesentlichen Risiken der Gruppe erstrecken. Die Strategien der nachgeordneten Unternehmen sind mit denjenigen auf Ebene des übergeordneten Unternehmens in Übereinstimmung zu bringen.

Darüber hinaus legen die MaRisk spezielle Anforderungen für ein angemessenes Risikomanagementsystem im **Kreditgeschäft** fest.[247] Insbesondere müssen die Bereiche Markt und Marktfolge klar getrennt werden. Die Verteilung der Kompetenzen muss eindeutig sein. Zentraler Aspekt im Rahmen der Kreditbearbeitung ist die Befolgung von Prozessen und Vorschriften. Dies kann u. a. über die Einbindung in das **Vier-Augen-Prinzip** erfolgen[248]. Sichergestellt werden soll hiermit die Einhaltung der festgelegten Kompetenzen und Voraussetzungen aus der Kreditvereinbarung. Das Vier-Augen-Prinzip stellt eine wichtige Kontrolle im Rahmen der Betrugsbekämpfung im Kreditgeschäft dar.

Spezielle Vorgaben zur Betrugsbekämpfung in Banken

In den §§ 25b bis 25i Kreditwesengesetz (KWG) werden überdies spezielle Vorgaben zur Verhinderung von Geldwäsche, Terrorismusfinanzierung und sonstigen strafbaren Handlungen zum Nachteil von Instituten normiert. Im Zuge der Umsetzung der Zweiten E-Geld-Richtlinie im März 2011 wurde § 25c KWG neu gefasst und weitergehende Pflichten für Banken zur Einrichtung von internen Sicherungsmaßnahmen festgeschrieben.

---

246 Vgl. BaFin Rs. 10/2012 (BA) vom 14.12.2012, AT 2.1, S. 5.
247 Vgl. Bundesanstalt für Finanzdienstleistungsaufsicht: Rundschreiben 10/2012 (BA) – Mindestanforderungen an das Risikomanagement – MaRisk, BTO 1 – Kreditgeschäft, 2012.
248 Vgl. BaFin Rs. 10/2012 (BA) vom 14.12.2012, BTO 1.2.3, S. 24.

30.1.2 Neufassung des § 25c KWG (»Interne Sicherungsmaßnahmen«)

Umfang und Inhalt Vorschrift

Gemäß § 25c KWG müssen Kredit- und Finanzdienstleistungsinstitute bestimmte Interne Sicherungsmaßnahmen implementieren. Hierzu zählt es, angemessene geschäfts- und kundenbezogene Sicherungsmaßnahmen einzurichten, zu aktualisieren und fortlaufenden Kontrollen zu unterziehen. Hierdurch soll ein angemessenes Risikomanagement sichergestellt werden, das der Verhinderung von Geldwäsche, Terrorismusfinanzierung und sonstigen strafbaren Handlungen, die zu einer wesentlichen Gefährdung des Vermögens des Instituts führen können, dient. Durch die Neufassung des §25 c KWG wurde insbesondere für Banken ein neuer Fokus auf die Prävention und Bekämpfung sonstiger strafbarer Handlungen gelegt.

Der Gesetzgeber hat den Begriff der sonstigen strafbaren Handlung bewusst nicht abschließend definiert[249]. Geldwäsche, Terrorismusfinanzierung, Insiderhandel sowie Marktmanipulation stellen insofern jedoch eindeutig keine sonstigen strafbaren Handlungen im Sinne des § 25c KWG dar[250]. Erfasst werden alle vorsätzlichen strafbaren Handlungen, die in den inländischen Rechtskreis der Tätigkeit des Instituts fallen. Auch andere Rechtskreise können aufgrund länderübergreifender Dienstleistungen des Instituts, von Tochtergesellschaften, Filialen oder Niederlassungen zu berücksichtigen sein[251]. Zusammenfassend spricht man bei den relevanten Delikten auch von wirtschaftskriminellen Handlungen. Überdies fasst man die Sicherungsmaßnahmen unter dem Begriff der Betrugsbekämpfung zusammen.

Die Auslegungs- und Anwendungshinweise der Deutschen Kreditwirtschaft qualifizieren strafbare Handlungen beispielhaft in nachstehende Fallkonstellationen[252]:

- Strafbare Handlung »von außen«. Diese umfassen die Gefährdungen des Vermögens des Instituts aufgrund von strafbaren Handlungen eines Dritten (Kunde, Nicht-Kunde).

- Strafbare Handlung »von innen«. Diese betreffen die Gefährdungen des Vermögens des Instituts, wenn mindestens eine interne Partei beteiligt ist (Mitarbeiter oder Mitglieder der Organe des Instituts als Täter).

---

249 Vgl. BGBl. 2011 I Nr. 8 vom 8. März 2011; S. 60; DK AuA, aaO, S. 61.
250 Vgl. DK AuA, aaO, S. 62.
251 Vgl. DK AuA, aaO, S. 61.
252 Vgl. DK AuA, aaO, S. 61.

Demnach können insbesondere die nachstehenden Paragraphen sonstige strafbare Handlungen im Sinne des § 25c KWG sein[253]:

- das Gesamtsystem der Betrugs- und Untreuetatbestände nach §§ 263 ff. StGB als Zentraldelikte,
- insbesondere auch Kreditbetrug (§ 265b StGB),
- Diebstahl (§§ 242 ff. StGB), Unterschlagung (§ 246 StGB), Raub und räuberische Erpressung (§§ 249 ff. StGB),
- sonstige Delikte des Wirtschaftsstrafrechts, die Allgemeininteressen in Wirtschaft und Verwaltung schützen (wie die Funktionsfähigkeit des bargeldlosen Zahlungsverkehrs (§ 266b StGB) oder den Schutz des Vertrauens der Allgemeinheit in den Kapitalmarkt (§ 264a StGB)),
- Korruption (§§ 331 ff. StGB – Vorteilsannahme, Bestechlichkeit) sowie Insolvenzstraftaten (§§ 283 ff. StGB), Steuerstraftaten (§§ 369 ff. AO) sowie Begünstigung (§ 257 StGB) und Straftaten gegen den Wettbewerb (§§ 298 ff. StGB),
- Ausspähen und Abfangen von Daten, Identitätsdiebstahl, etc. (§§ 202a ff. StGB).

Wirtschaftskriminalität betrifft mithin viele Bereiche in einem Kreditinstitut und damit eine gewisse Bandbreite wirtschaftskrimineller Handlungen. Demnach erfüllt die Betrugsbekämpfung eine Querschnittsfunktion, welche sich über nahezu alle Bereiche eines Kreditinstituts erstrecken muss. Somit erscheinen auch die weiter gefassten Anforderungen zum Schutz vor sonstigen strafbaren Handlungen gerechtfertigt, da sich Kreditinstitute wegen ihrer »Nähe zum Geld« einem höheren Risiko ausgesetzt sehen. Vor allem Bereiche mit direktem Kontakt zu Kunden oder anderen Vertragspartnern (z. B. Lieferanten, Dienstleister) bergen ein besonderes Risiko. Dabei reichen wirtschaftskriminelle Machenschaften über nationale Grenzen hinaus.[254]

Jedes Institut muss deshalb individuell anhand der relevanten Risikofaktoren und auf Basis seines Geschäftsmodells festlegen, welche wirtschaftskriminellen Handlungen im Sinne des § 25c KWG betrachtet werden müssen. Abhängig ist dies jeweils davon, ob aus der Handlung eine **wesentliche Gefährdung** für das Vermögen des Instituts resultiert[255]. Der Begriff des Vermögensschadens ist dabei vom gleichlautenden Begriff aus § 263 StGB abzugrenzen. Der Vermögensschaden des § 25c Absatz 1 KWG umfasst insoweit nicht

---

253 Vgl. DK AuA, S. 61 f.
254 Vgl. hierzu *Jackmuth/Rühle/Zawilla*: § 25c KWG-Pflichten »sonstige strafbare Handlungen«, 2011.
255 Vgl. DK AuA, aaO, S. 61.

nur operationelle Verlustereignisse, die sich unmittelbar auf die Ertrags- und Vermögenslage eines Instituts auswirken[256], sondern auch **Reputationsschäden**, wenn sie zu einer wesentlichen Vermögensgefährdung führen können[257]. Die Erreichung der Wesentlichkeitsgrenze kann ebenfalls institutsspezifisch auf der Basis von Erfahrungswerten zu unterschiedlichen Faktoren (z. B. Schadenshöhe, prozentualer Anteil der Bilanzsumme) definiert werden. Bei Zu Grunde legen der Schadenshöhe spielen etwa die Eintrittswahrscheinlichkeit sowie die Differenzierung zwischen Brutto- und Nettoschaden eine bedeutende Rolle.

§ 25c KWG fordert eine **risikoorientierte** Vorgehensweise bei Analyse, Bewertung und Umgang mit Risikopotenzialen[258]. Diese richtet sich nach institutsspezifischen Risiken und legt insbesondere das Geschäftsmodell sowie die Produkt- und Kundenstruktur zugrunde. Basis eines angemessenen Risikomanagements stellt insoweit eine **Gefährdungsanalyse** dar, welche materielle Gefährdungen des Vermögens des (Kredit-)Instituts aufzeigt und bewertet.[259]

Die Aufgaben der Zentrale Stelle

Weiterhin wird gefordert, dass die Funktion des Geldwäschebeauftragten und die Pflichten zur Verhinderung von Geldwäsche, Terrorismusfinanzierung und sonstigen strafbaren Handlungen durch eine Zentrale Stelle wahrzunehmen sind (§ 25c Absatz 9 KWG). Die Aufgaben können insoweit in unterschiedlichen Teileinheiten wahrgenommen werden[260]. Die Zentrale Stelle ist Teil des Risikomanagementsystems eines Instituts[261].

Als primäre Aufgaben der Zentralen Stelle kommen gemäß den Auslegungs- und Anwendungshinweisen in Betracht[262]:

- Definition und Aktualisierung von internen Grundsätzen (Zuständigkeiten, Pflichten, Verantwortlichkeiten und Prozesse im Institut),
- Fortlaufende Entwicklung geeigneter Strategien zur Verhinderung des Missbrauchs von neuen Produkten und Technologien, die die Anonymität von Geschäftsbeziehungen und Transaktionen begünstigen können,

---

256 Vgl. Bundesanstalt für Finanzdienstleistungsaufsicht: Rundschreiben 10/2012 (BA) – Mindestanforderungen an das Risikomanagement – MaRisk, 2012.
257 Vgl. DK AuA, aaO, S. 62 f.
258 Vgl. DK AuA, aaO, S. 61 f.
259 Bundesanstalt für Finanzdienstleistungsaufsicht: Auslegungs- und Anwendungshinweise zu § 25c KWG (»sonstige strafbare Handlungen« Stand: 1. Juni 2011, 2011.
260 Vgl. DK AuA, aaO, S. 60 f.
261 Vgl. DK AuA, aaO, S. 61 f.
262 Vgl. DK AuA, aaO, S. 63 f.

- Schaffung und Fortentwicklung einer institutsspezifischen Gefährdungsanalyse zu »sonstigen strafbaren Handlungen« mit einer Identifizierung aller aus solchen (internen und externen) strafbaren Handlungen resultierenden möglichen Risiken,

- Sicherstellung, dass die jeweiligen Gefährdungsanalysen in Bezug auf Geldwäsche, Terrorismusfinanzierung und »sonstige strafbaren Handlungen« aufeinander abgestimmt sind,

- Ausrichtung sämtlicher weiterer Handlungsschritte (insbesondere allgemeine und konkrete Sicherungsmaßnahmen), Monitoring- und Kontrollmaßnahmen anhand dieser Gefährdungsanalyse,

- Gefährdungsbasierte Überprüfung der Wirksamkeit der bereits in den Prozessen der Institute verankerten Kontrollen und prozessimmanenten Kontrollsysteme (die Zuständigkeit der Internen Revision bleibt unberührt),

- Schaffung klarer und einheitlicher Berichtswege und -pflichten, u. a. an folgende Adressaten:
  - Vorstand/Geschäftsleitung,
  - Andere Geschäftsbereiche (z. B. zuständiger Bereich für operationelle Risiken, Interne Revision, etc.),
  - Kontakt zu Strafverfolgungsbehörden sowie mit der BaFin hinsichtlich Sachverhalten, die mit »sonstigen strafbaren Handlungen« i. S. v. § 25c Abs. 1 Satz 1 KWG im Zusammenhang stehen.

Freilich sind die oben aufgezählten Tätigkeitsbereiche der Zentralen Stelle lediglich beispielhaft und für jedes Haus individuell festzulegen. Durch die **Zentralisierung und Konzentration** der Pflichten und Verantwortlichkeiten können jedoch nützliche Synergieeffekte geschaffen werden. Die Zentrale Stelle muss ihre aufsichtlich festgelegten Aufgaben der »Koordination« und Lieferung eines »risikominimierenden Gesamtkonzepts«[263] für die Verhinderung der relevanten dolosen Handlungen (einschließlich Geldwäsche und Terrorismus) dafür »mit Leben füllen«. Sie legt fest, welchen **Mehrwert** sie im Rahmen der vorgezeichneten Pflichtenwahrnehmung für ein Institut liefern kann.

---

263 Vgl. DK AuA, aO, S. 63.

Ausnahme bei Vorliegen eines wichtigen Grundes

Auf Antrag der betroffenen Institute kann die BaFin die Verpflichtung zur Einrichtung einer Zentralen Stelle aufheben (§ 25c Absatz 9 Satz 2 KWG). Hierfür muss nach dem Gesetzeswortlaut ein »wichtiger Grund« vorliegen. Auf der Basis von Einzelfallprüfungen entscheidet die BaFin dann, ob eine andere Einheit die relevanten Aufgaben wahrnehmen kann. Dabei muss auch sichergestellt sein, dass die Wahrnehmung der Pflichten »vergleichsweise effektiv« ist und die »Erzwingung einer solchen Struktur unter Berücksichtigung aller Umstände des Einzelfalls und unter Abwägung der dargelegten Interessen des Instituts [...] untunlich wäre«[264]. Eine »schlüssige und nachvollziehbare« Dokumentation der genannten Voraussetzungen ist bei der BaFin einzureichen[265]. Des Weiteren kann auch bei der Auslagerung von Sicherungsmaßnahmen ein »wichtiger Grund« vorliegen, wenn über die genannten Voraussetzungen hinaus auch die Bedingungen aus § 25c Absatz 5 Satz 2 KWG erfüllt sind[266].

Gefährdungsanalyse sonstiger strafbarer Handlungen

§ 25c KWG fordert in Absatz 1 angemessene geschäfts- und kundenbezogene Sicherungssysteme zu schaffen und zu aktualisieren sowie Kontrollen durchzuführen. Welche Sicherungssysteme angemessen sind, muss sich an der individuellen Risikosituation des Instituts orientieren. Die Gefährdungsanalyse erschließt die individuelle Risikostruktur der vom Institut zur Verfügung gestellten Dienstleistungen.[267] Präventionsmaßnahmen zur Verhinderung von sonstigen strafbaren Handlungen sind wesentlicher Bestandteil der Gefährdungsanalyse. Diese kann gemäß BaFin Rs. 8/2005 (GW)[268] auch in Form einer **übergreifenden** Gefährdungsanalyse zusammen mit den Bereichen Terrorismusfinanzierung und Geldwäsche durchgeführt werden. Auf die bereits gesammelten Erfahrungen aus der Geldwäscheprävention kann und soll hierbei explizit zurückgegriffen werden. So lassen sich wertvolle Synergieeffekte erzielen. Überdies wird die übergreifende Betrachtung von Risikofaktoren – beispielsweise auch auf Gruppenebene – ermöglicht. Die Gefährdungsanalyse stellt somit Kernstück und gleichzeitig Basis für ein adäquates Risikomanagement in Form der angemessenen Sicherungsmaßnahmen dar.

---

264 Vgl. DK AuA, aaO, S. 65.
265 Vgl. DK AuA, aaO, S. 65.
266 Vgl. DK AuA, aaO, S. 65.
267 Vgl. Begründung zu Viertes Finanzmarktfördergesetz, BT-Drucksacke 14/8017, S. 125, 2002.
268 Abrufbar unter: www.bafin.de

Die Gefährdungsanalyse umfasst die Erhebung folgender Risiken, die für »sonstige strafbare Handlungen« relevant sein können[269]:

- Produktrisiken,
- Transaktionsrisiken,
- Länderrisiken,
- Kundenrisiken,
- Risiken, die aus den Vertriebswegen resultieren sowie
- sonstige Risiken.

Die BaFin fordert bei der Gefährdungsanalyse eine schriftliche und für außenstehende Dritte nachvollziehbare Dokumentation. Die identifizierten Risiken sind einzuordnen und zu kategorisieren. Dies hat sich einerseits an der Wahrscheinlichkeit der Vermögensgefährdung durch eine strafbare Handlung zu orientieren. Zum anderen muss das Risiko berücksichtigt werden, dass aus der Gefährdung des Vermögens auch ein tatsächlicher Schaden beim Institut entsteht. Entscheidend ist zudem die Höhe des entstandenen Schadens. Zur Bestimmung der Risiken darf auf Erfahrungswerte von Mitarbeitern, öffentlich verfügbare Informationen, Typologiepapiere von Strafverfolgungsbehörden oder anderer nationaler oder internationaler Institutionen sowie auf vorhandene Schadensfalldatenbanken zurück gegriffen werden[270].

Im Zuge der Konzeption der Gefährdungsanalyse und für die Ableitung notwendiger und adäquater Maßnahmen sind vor allem die nachstehenden Punkte zu berücksichtigen[271]:

- die vollständige Bestandsaufnahme der institutsspezifischen Situation,
- die Erfassung und Identifizierung der kunden-, produkt- und transaktionsbezogenen Risiken,
- die Kategorisierung, d. h. Einteilung in Risikogruppen, und ggf. zusätzliche Gewichtung, d. h. Bewertung, der identifizierten Risiken,
- die Entwicklung geeigneter Parameter für die erforderlichen Research-Maßnahmen (vor allem für EDV-Researchsysteme) aufgrund des Ergebnisses der institutsinternen Risikoanalyse sowie
- die Überprüfung und Weiterentwicklung der bisher getroffenen Präventionsmaßnahmen unter Berücksichtigung des Ergebnisses der Gefährdungsanalyse.

---

269 Vgl. DK AuA, aaO, S. 66 f.; BaFin Rs. 8/2005 (GW), S. 2.
270 Vgl. DK AuA, aaO, S. 65 f.
271 Vgl. BaFin Rs. 8/2005 (GW), S. 3; DK AuA, aaO, S. 66 f.

Aus der Gefährdungsanalyse wird schließlich abgeleitet, welche geschäfts- und kundenbezogenen Sicherungssysteme angemessen sind. Diese haben sich als Ergebnis der Gefährdungsanalyse an »Größe, Organisation und Gefährdungssituation des einzelnen Institutes, insbesondere dessen Geschäfts- und Kundenstruktur, auszurichten«[272].

Umgang mit Risiken

Gemäß den Auslegungs- und Anwendungshinweisen können im Hinblick auf identifizierte Risiken sonstiger strafbarer Handlungen vier verschiedene Ansätze zur Anwendung kommen[273]:

- Ausschließen von Risiken (z. B. Absehen von bestimmten Geschäften),
- Reduzieren von Risiken (z. B. Verbesserung des KYC- und Kundenannahmeprozesses),
- Versichern gegen Risiken (z. B. Abschluss von Versicherungen zur Schadensbegrenzung),
- Akzeptieren von Risiken (z. B. Verzicht auf Sicherungsmaßnahmen bei Bagatellschäden und minimalen Risiken).

Die Entscheidung ist ausreichend und für externe Dritte nachvollziehbar zu dokumentieren.

Die Angemessenheitsbetrachtung beschränkt sich hierbei nicht nur auf das jeweilige Risiko, sondern hat auch die Risikosituation des Instituts im Allgemeinen zu berücksichtigen (»Proportionalität«). Sicherungsmaßnahmen müssen sich an der Wahrscheinlichkeit des Schadeneintritts sowie an der Schadenshöhe orientieren. Dabei hat eine stetige Weiterentwicklung und Anpassung der Sicherungsmaßnahmen in einer dynamischen Umwelt zu erfolgen.[274]

Arten von internen Sicherungsmaßnahmen

Neben den allgemeinen Sicherungsmaßnahmen spricht § 25c KWG von geschäfts- und kundenbezogenen Sicherungssystemen. Daher unterscheiden die Auslegungs- und Anwendungshinweise zwischen allgemeinen und konkreten Sicherungsmaßnahmen gegen sonstige strafbare Handlungen. Diese sollen nachfolgend lediglich ausgewählt dargestellt werden.

---

272 Vgl. BaFin Rs. 8/2005 (GW), S. 3.
273 Vgl. DK AuA, aaO, S. 67 f.
274 Vgl. DK AuA, aaO, S. 68 f.

Unter **allgemeinen Sicherungsmaßnahmen** kann im Wesentlichen die Erstellung einer Gefährdungsanalyse verstanden werden sowie nachstehende beispielhafte Maßnahmen, die je nach Organisation des Instituts risikobasiert anzuwenden sind[275]:

- Klare Berichtspflichten,
- Klare Regelung der Verantwortlichkeiten und Genehmigungsbefugnisse im Rahmen der Aufbau- und Ablauforganisation,
- Einbindung der für die Verhinderung strafbarer Handlungen zuständigen Zentralen Stelle in die Organisation der relevanten Geschäftsprozesse,
- Konsequente Untersuchung aufgedeckter strafbarer Handlungen sowie
- Sorgfältige Mitarbeiterauswahl, Sensibilisierung und Schulung der Mitarbeiter.

Ein weiterer Aspekt geeigneter Sicherungsmaßnahmen sind EDV-basierte **Monitoring-Systeme**. Diese haben im Rahmen der Verhinderung von Geldwäsche und Terrorismusfinanzierung bereits eine elementare Rolle für Kontrollen und Listenabgleiche eingenommen und können nun auch bei der Verhinderung von Wirtschaftskriminalität hilfreich sein. Auf EDV-Systeme kann nur dann verzichtet werden, wenn eine wirksame Überwachung auch ohne diese nachweisbar möglich ist[276]. Durch die übergreifende Nutzung vorhandener Systeme können ebenfalls wertvolle Synergieeffekte erzielt werden.

Bei sämtlichen Sicherungsmaßnahmen zu implementieren sind die Vorgaben des Arbeits- und Datenschutzrechts (speziell des Beschäftigtendatenschutzes) zu beachten.

---

275 Vgl. DK AuA, aaO, S. 69 f.
276 Vgl. DK AuA, aaO, S. 71.

Gruppenweite Umsetzung

Die Maßnahmen zur Verhinderung von sonstigen strafbaren Handlungen sind gleichsam denjenigen zur Verhinderung von Geldwäsche und Terrorismusfinanzierung gruppenweit umzusetzen (§§ 25c, 25g KWG)[277]. Hierbei sind die globalen Strukturen aller in einem Institut betroffenen Bereiche zu berücksichtigen und einzubeziehen. Insbesondere im Rahmen einer dezentralen Verteilung von Aufgaben zur Betrugsbekämpfung zwischen der Compliance-Funktion sowie verschiedenen Geschäftsbereichen (z. B. Kreditgeschäft, Online-Banking, Zahlungsverkehr) muss die Vorgehensweise abgestimmt werden. Überdies sollte geprüft werden, ob ähnliche globale Initiativen anderer Risikomanagement-Funktionen (z. B. **IKS, Operationelles Risiko**) genutzt werden können.

Bei der gruppenweiten Umsetzung sind überdies internationale Vorschriften insbesondere aus **UK Bribery Act 2010 und FCPA** in Einklang mit denjenigen des § 25c KWG zu bringen.

30.1.3 Ihre Herausforderungen und die Lösungsansätze von Ernst & Young

Transparenz – Integrität – Effizienz

Heutzutage geht es nicht darum, Wirtschaftsdelikte aufzudecken. Vielmehr ist ein langfristiges und auf Nachhaltigkeit ausgelegtes Denken für erfolgreiche Unternehmen unerlässlich. Daher unterstützen wir Sie bei der Installation eines angemessenen Risikomanagementsystems.

Dies beginnt bei der Auswahl und Definition eines für Ihr Haus maßgeschneiderten Programms zur Bekämpfung von wirtschaftskriminellen Handlungen. Unser Team entwickelt dabei für Sie klare, ganzheitliche Lösungen, um Ihren Unternehmenswert langfristig zu schützen und Reputationsschäden zu vermeiden.

Unser Team hilft Ihnen bei der Schaffung von Transparenz, der Stärkung von Integrität und somit auch bei der Stärkung Ihres Unternehmenserfolgs. Wir konzipieren Einzelmaßnahmen wie insbesondere die Anfertigung einer individuellen Bestandaufnahme aller Risikofaktoren im Zusammenhang mit Wirtschaftskriminalität. In der anschließenden Gap-Analyse werden etwaige Umsetzungslücken sowie Optimierungspotenzial aufgezeigt. Diese werden anschließend durch adäquate Maßnahmen geschlossen.

---

[277] Vgl. DK AuA, aaO, S. 72.

Wir unterstützen Sie bei der Erstellung oder Weiterentwicklung einer umfassenden, und bei Bedarf konzernweiten Gefährdungsanalyse, die alle institutsspezifischen, operativen Risiken ermittelt und erfasst. Aus der Gefährdungsanalyse können Sie schließlich aufsichtskonform die erforderlichen geschäfts- und kundenbezogenen Sicherungsmaßnahmen ableiten. Als Ergebnis erhalten Sie eine konzernübergreifende Risikomatrix. Diese berücksichtigt auch internationale Vorgaben wie beispielsweise den UK Bribery Act 2010 sowie FCPA. Die Berücksichtigung von Ergebnissen aus anderen relevanten Risikomanagement-Funktionen (z. B. IKS, Operationelles Risiko) schafft Effizienz.

Die Organisation der Bereiche Geldwäscheprävention, Terrorismusfinanzierung und sonstige strafbare Handlungen liefert weitreichende Ansatzpunkte zur Erzielung und Nutzung von Synergieeffekten. Eine eingehende Analyse der bestehenden Organisationsstruktur und der Kompetenzen für eine zielführende Positionierung der Zentralen Stelle im Institut liefert die Grundsteine für eine ganzheitliche Integration und nachhaltige Unternehmensführung.

Unser Ziel ist es, mit unseren Kompetenzen Ihre komplexen Themen transparent und greifbar zu machen.

30.2. Weiterführende Diskussion Data Mining und Beschreibung HyperCube

Die unter dem Begriff Data Mining subsumierten Methoden und Verfahren können qualitativ sehr hochwertige Ergebnisse liefern. Der gegenüber einfacheren Verfahren, beispielsweise einer logistischen Regression, erreichbare Qualitätsgewinn beispielsweise eines neuronalen Netzes wird regelmäßig durch höhere Komplexität in der Bearbeitung der Eingangsdaten sowie der Berechnungen erkauft. Kleine Änderungen in Parametern des Modells können zu gravierenden Änderungen des Erklärungsgehalts führen. Die richtige Anwendung eines Modells bedarf umfangreicherer Erfahrungen und Kenntnisse als beispielsweise die Verwendung der logistischen Regression.

Die meisten Data Mining Verfahren formulieren getroffene Annahmen nicht explizit. Beispielsweise funktionieren einige Verfahren nur mit kontinuierlichen Variablen (mit Ordnungs- und Abstands-Relationen) und ohne fehlende Werte. Bei den Support Vector Machines wird beispielsweise in den meisten Implementierungen eine euklidische Distanz[278] unterstellt.

---

278 Die euklidische Distanz misst den Abstand zweier Punkte in einer Ebene auf Basis des Satzes des Pythagoras. Der alltäglich verwendete Abstandsbegriff entspricht der euklidischen Distanz.

Insbesondere bei der Verwendung von Data-Mining-Werkzeugen werden die Eingangsdaten hinsichtlich des Verfahrens in manchen Fällen durch das Werkzeug ohne Hinweise für den Nutzer »vorbereitet« und dadurch verfälscht. So werden Beobachtungen mit fehlenden Werte entweder ersatzlos gestrichen oder der fehlende Wert z. B. mit Hilfe einer Regression oder durch den Median ersetzt. Hier hilft vielleicht ein kleines Beispiel: Sie haben einen kleinen Datensatz von Betrugsfällen. Im Datensatz sind mehr Betrüger weiblich als männlich und mehrheitlich zwischen 20 und 23 Jahren alt. Die Verwendung der Probezeit erhöht die Trennschärfe nicht, da mehrere Daten dazu fehlen.

Nr.	Alter	Geschlecht	Probezeit
1	20	Männlich	ja
2	40	männlich	nein
3	22	weiblich	-
4	21	weiblich	-
5	23	weiblich	-

Nimmt nun ein Verfahren fehlende Werte heraus, im Beispiel sind es alle Datensätze mit fehlender Angabe zur Probezeit, entsteht plötzlich ein ganz neues Bild. Sie würden nun ermitteln, dass durch das Alter keine Aussage getroffen werden kann, durch das Geschlecht aber schon. Zukünftig würden sie also ihre Kunden stärker monitoren als die Kundinnen.«

Weitere Annahmen können im Algorithmus selbst versteckt sein. Bei Entscheidungsbäumen werden z. B. Annahmen über die Reihenfolge der Variablen anhand deren Wichtigkeit meist zum globalen Erklärungsbeitrag gemacht[279]. Eine oft genutzte Form des Entscheidungsbaums namens CHAID[280] gruppiert die kontinuierlichen Variablen vorab in Klassen. Dabei gehen möglicherweise wichtige Details verloren. Wählt man eine schlechte Implementierung, hat man als Anwender noch nicht einmal die Chance, Einfluss auf diese Diskretisierung zu nehmen. Die Annahmen und Voraussetzungen der Verfahren dienen alle dem Zweck, das Modell handhabbarer, mathematisch berechenbarer und meistens schneller zu machen. Ein Verzicht auf die Annahmen ist möglich, verlängert aber teilweise signifikant den Lernprozess eines Modells. Im Extremfall ist die vorhandene Rechenkapazität nicht ausreichend, um in einer adäquaten Zeitspanne zu guten Ergebnissen zu kommen.

---

[279] *J.A. Sonquist, J.N. Morgan* (1964). »The Detection of Interaction Effects, Survey Research Center, Institute for Social Research«, University of Michigan.
[280] G.V. *Kass* (1980). »An Exploratory Technique for Investigating Large Quantities of Categorical Data«, Applied Statistics, Vol. 29, No. 2 (1980), pp. 119-127.

30.2.1. Data Mining Tipps

In der Anwendung von Data Mining Methoden kommt es immer wieder zu den gleichen Fehlern. Selbst mit den besten Algorithmen kann man leider nicht alle Herausforderungen meistern. John Elder et al hat elf Data Mining Fehler[281] aufgelistet, die direkt aus der Praxis stammen.

Fehlende aussagekräftige Daten. Für eine erfolgreiche Analyse benötigt man nicht nur Unmengen Beobachtungen mit vielen Eigenschaften, sondern besonders eine präzise definierte Zielgröße. Ersteres ist im Zeitalter von Big Data oft kein Problem. Letzteres ist dann aber die Herausforderung. Spannende Beobachtungen sind im Verhältnis zu den weniger interessanten oft um ein Vielfaches seltener. Und je seltener die spannenden Beobachtungen sind, desto mehr Daten benötigt man um auf noch nicht gemessene Beobachtungen verallgemeinern zu können.

Fokussierung ausschließlich auf das Training. Ein Modell in vielen Iterationen auf einem Trainingsdatensatz immer weiter zu verfeinern, bis es diesen perfekt erklärt, spiegelt nicht unser unvollständiges Wissen der Situation wieder. Der Versuch, das letzte aus dem Trainingsdatensatz herauszuholen, reduziert die Fähigkeit des Modells auf unbekannten Daten verallgemeinerbar zu bleiben. Ein Ansatz, dem entgegen zu wirken ist es mit mehreren Datenstichproben mehrere Modellbildungen zu durchlaufen und Verteilung der Prognoseergebnisse (oder Fehler) darzustellen.

Anwendung nur einer Methode. Den Fehler oder Erfolg von Prognosen nur auf eine Methode abzustellen, birgt die Gefahr, die eigentliche Ursache – nämlich die Daten selbst – nicht zu betrachten. Für ein etabliertes »Champion« Modell kann man mit wenig Mehraufwand immer auch ein oder mehrere »Challenger« Modelle mit anderen Verfahren aufbauen. Das zusätzlich gewonnene Wissen ist auf jeden Fall wertvoll, verändert es doch den Blickwinkel, die Situation zu beschreiben.

Die falsche Frage stellen. Es ist enorm wichtig, das Ziel des Projekts Modellbildung inklusive einer Messbarkeit für den Erfolg festzulegen. Besonders Hersteller von Werkzeugen nehmen gerne den quadratischen Fehler als Kennzahl, obwohl ein maßgeschneidertes Qualitätsmerkmal sinnvoller ist.

---

281 B. *Nisbet*, J. *Elder*, G. *Miner* (2009): »Handbook of Statistical Analysis & Data Mining Applications«.

Nur auf die Daten hören. Eine Modellbildung ausschließlich aus den Daten hat den Vorteil, ohne Ballast an die gestellte Aufgabe heran zu gehen. Allerdings sollte man hierbei bekanntes Wissen und Erfahrung nicht vollständig ausblenden. Insbesondere kann keine Data Mining Methode selbst Probleme in den Daten korrigieren. Der Analyst muss sich mit den Schwächen des Modells mit den gegebenen Daten beschäftigen und ist umso erfolgreicher, je mehr er von der fachlichen Domäne und der gewählten Datenstichprobe versteht.

Informationen aus der Zukunft in Beobachtungen einfließen lassen. Die zeitliche Abgrenzung von Wissen pro Beobachtung kann schwierig sein. Lässt man Wissen aus der Zukunft versehentlich in die Modellbildung einfließen, stand also das Wissen zum Zeitpunkt der Beobachtung eigentlich noch nicht zur Verfügung, liegt eine »Self-Fulfilling-Prophecy« vor. Eine zu hohe Prognosegenauigkeit sollte deshalb immer skeptisch auf die zeitliche Abgrenzung untersucht werden.

Entfernen störender Beobachtungen. Ausreißer können Zusammenfassungen und generelle Trends verschleiern. Diese deshalb zu entfernen ist gefährlich, da gerade diese Beobachtungen das Ergebnis sein können. Wenn immer möglich, kann man die Daten visuell aufbereiten und im Einzelfall entscheiden, ob es ein grober Messfehler war oder ein echter Datenpunkt vorliegt. Mit einer Hypothese und mit Erwartungen an die Ergebnisse an ein Data Mining heranzutreten ist wichtig, denn die Überraschung ein unerwartetes Ergebnis vorzufinden, erzeugt das neue Wissen.

Extrapolationen. Wir tendieren dazu an ersten Eindrücken viel zu lange festzuhalten. Diese wieder aufzugeben um neuen besseren aber widersprüchlichen Erkenntnissen zu vertrauen fällt schwer. Ein Gegenmittel ist die frühzeitige und intensive Diskussion mit Kollegen und Fachexperten, um den Blick offen zu halten und so nicht bei der Erforschung der Daten in einem Winkel stecken zu bleiben.

Auf jede Situation antworten. Leider finden die meisten Modelle für jede Eingabe auch ein Ergebnis. Es muss das Ziel sein, ein Modell mit »das liegt außerhalb meiner Erfahrung und Lernbereich« antworten zu lassen. Ein Ansatz ist den Abstand eines Prognoseergebnisses zum nächsten bekannten Datenpunkt zu messen. Ist dieser zu groß, verwirft man die Antwort.

Die Stichprobe unüberlegt wählen. Interessante Beobachtungen sind für gewöhnlich selten und die analytische Herausforderung kommt der Suche der Stecknadel im Heuhaufen gleich. Viele Methoden funktionieren bei einem Verhältnis von zehn uninteressanten zu einem interessanten Ereignis nicht.

Zwei Auswege, eine Balance zwischen den Beobachtungen herzustellen, sind das Down-Sampling oder Up-Sampling. Das Down-Sampling entfernt uninteressante Ereignisse. Das Up-Sampling dupliziert Beobachtungen von Interesse. Es ist offensichtlich, dass beide Ansätze mit Bedacht anzuwenden sind. Beim Ziehen von Stichproben ist es immer ratsam, die Reihenfolge der Beobachtungen der Eingangsdaten vor dem Ziehen zu randomisieren. Ein Up-Sampling sollte nur im Training, nicht aber bei der Validierung erfolgen. Ein Stratified Sample verhindert viele Probleme.

An das beste Modell glauben. Man sollte dem besten Modell niemals blind vertrauen und zu viel in das Ergebnis, insbesondere die Selektion der aussagekräftigsten Variablen, hereininterpretieren. Das beste Modell hat sich oft nur knapp gegen eine Vielzahl anderer Modelle hervorgetan. Den Ansatz mehrerer Modelle, seien sie von derselben oder unterschiedlichen Methoden abgeleitet, zu betrachten, ist wertvoll. Diese Erkenntnis ist bereits in viele neuere Verfahren wie zum Beispiel den Random Forests eingeflossen.

Die Wahl der richtigen Data-Mining-Methode ist oft mehr eine Form von Kunst als eine Wissenschaft. Viele Forscher haben sich an dem Problem ex-ante das richtige Verfahren für eine gegebene unbekannte Datenmenge zu wählen versucht, sind aber zu keiner guten Lösung gekommen. Ex-post kann man die Verfahren in der Vorhersagekraft anhand von Qualitätsmerkmalen (Fehlerraten)[282] sehr wohl bewerten.

30.2.2 Ausführliche Beschreibung von HyperCube

Der HyperCube-Algorithmus hat als beschreibendes Verfahren das Ziel, Konstellationen der Eingangsvariablen annahmefrei herauszuarbeiten, für die eine Überkonzentration (Lift)[283] einer gesuchten Klasse vorliegt. Die Konstellationen werden als Regeln formuliert und können somit fachlich sehr einfach validiert werden.

Beispiel für eine Regel: Ein männlicher Kunde, verheiratet und ohne Kinder zwischen 25 und 28 Jahren und einem Vertragsabschluss durch einen Vermittler ist zehnmal häufiger ein Betrugskandidat als der Durchschnitt. Diese Regel deckt 31 Beobachtungen bei einer Reinheit von 98% ab. Diese Regel beschreibt 41% aller Betrugsfälle.

---

[282] Beurteilung eines Klassifikators, https://de.wikipedia.org/wiki/Beurteilung_eines_Klassifikators
[283] Überkonzentration bedeutet, dass ein für die gefundene Konstellation hinsichtlich des Verhältnisses aus den Klassen eine höhere Konzentration der gesuchten Klasse vorliegt.

Das Verfahren ist annahmefrei (nicht-parametrisch und verteilungsfrei) und somit für einen Einsatz geeignet, wenn keinerlei Vorinformationen über die zu untersuchenden und gegebenenfalls unvollständigen Daten vorliegen. Abweichend von vielen anderen Verfahren wird kein statistisches Top-Down, sondern ein Bottom-Up-Ansatz verfolgt, der keine Veränderung der Eingangsdaten wie zum Beispiel Imputationen fehlender Werte durchführt. Das Verfahren ist durch seine Bauweise geeignet, mit wenigen Beobachtungen der gesuchten Klasse stabile Ergebnisse zu finden, da es bereits auf kleinste Trends schon lange vor jeder rein statistischen Methode reagiert.

Der Algorithmus versteht jede Beobachtung als einen Punkt in einem n-dimensionalen Raum. Da es sich um ein überwachtes Lernverfahren handelt, liegt zu Beginn für jede Beobachtung eine eindeutige Zuordnung zu einer Klasse vor. In einem ersten Schritt wird zufällig ein Punkt der gesuchten Klasse als Seed[284] gewählt. Mit einem zweiten zufälligen Punkt – dem Candidaten - der gesuchten Klasse wird ein HyperCube (mathematisch für n-dimensionalen Würfel, daher der Name) aufgespannt (Siehe Abbildung Seed, Candidate und HyperCube). Dieser Würfel wird sukzessive ausgedehnt und kann Punkte jeder Klasse enthalten. Man kann für den HyperCube die Konzentration der gesuchten Klasse als Anteil bestimmen. Ist lediglich eine Klasse enthalten, hat der Würfel einen Reinheitsgrad von 100%. Andererseits kann der Würfel sofort verworfen werden, wenn dieser einer geforderten Mindestreinheit nicht genügt.

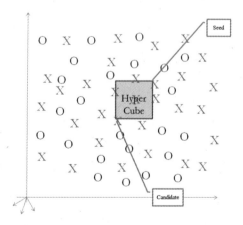

Abbildung 25 – Seed, Candidate und HyperCube

---

284 Als Seed gilt ein Datenpunkt, der zufällig als Startpunkt für das Aufspannen eines Hypercubes gewählt wird.

Ist diese jedoch gegeben, wird für jede Dimension geprüft, inwieweit die Dimension für den HyperCube relevant ist. Dabei lässt man die obere und untere Grenze hinsichtlich einer Dimension weg und betrachtet, ob sich die Konzentration mit den verbleibenden Dimensionen des Würfels verschlechtert. Liegt eine Verschlechterung vor, ist die Dimension relevant. Nach der Reduktion auf die wesentlichen Dimensionen wird versucht, den HyperCube in allen Richtungen zu vergrößern, ohne diesen dabei durch Hinzunahme nicht gesuchter Punkte zu verwässern (siehe Abbildung Vergrößerter Hyper-Cube). Für jeden vergrößerten Hypercube muss nun noch geprüft werden, ob es sich um eine statistisch signifikante Struktur handelt, oder dieser zu stark dem Zufall ähnelt.

Hat der Würfel diesen Test überstanden, kann an den Grenzen des Hypercubes die Regel abgeleitet werden.

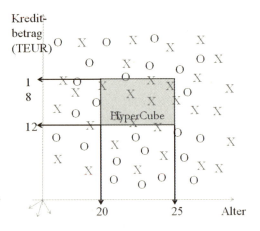

Abbildung 26 – Ableitung der Regel

Für ein Kreditantragbetrugsszenario könnte eine solche Regel folgende Form haben: Wenn das Alter des Antragstellers zwischen 20 und 25 Jahren ist, eine KfZ-Finanzierung vorliegt, welche über einen Vermittler gestellt wurde und zusätzlich ein Kreditbetrag zwischen 12 und 18 TEUR vorliegt, liegt mit einem Lift (Überkonzentration) von 9,3 ein Antragsbetrug vor. Dabei hat die Regel einen P-Wert kleiner 0,005 und ist damit signifikant unterscheidbar vom Zufall. Die Regel deckt 3% aller beobachteten Betrugsfälle ab und hat eine Konzentration von 100%.

Der vorgegebene Reinheitsgrad bestimmt maßgeblich Qualität und Anwendbarkeit der identifizierten Regeln. Dabei ist ein geeignetes Maß zwischen zwei Größen zu finden:

- Ein zu hoher Reinheitsgrad kann dazu führen, dass eine Regel genau einen, in der Vergangenheit erkannten Betrugsfall abbildet. Selbst leicht modifizierte Muster können damit nicht mehr erkannt werden.
- Ein zu geringer Reinheitsgrad führt zu einer zu hohen False-/Positive-Rate. Über die Regel werden zu viele Nichtbetrugsfälle identifiziert, die einen zu hohen Aufwand in der Investigation verursachen.

Hypercube ist eine intelligente Suchmaschine, die vorhandene Daten umfassend nach den beschriebenen Würfeln absucht und Regeln ableitet. Gemeinsam mit Fachexperten sind diese Regeln zu analysieren und Anwendbarkeit zu prüfen.

30.3. Analytics zur Betrugserkennung

Im Rahmen der Verhinderung von betrügerischen Handlungen lassen sich vor allem zwei Teilbereiche durch fortgeschrittene analytische Verfahren adressieren. Diese sind die Prävention und die Identifikation entsprechend betrügerischer Verhaltensweisen (sog. »dolose Handlungen«).

Im Bereich der **Prävention** gilt es vor allem, den potentiellen Tätern die Handlungsmöglichkeit, also die Gelegenheit zur Tatbegehung zu nehmen, was beispielsweise durch technische oder prozessinhärente Kontrollen bzw. ein effektives internes Kontrollsystem erreicht werden kann. Darüber hinaus werden im Rahmen von Werte- und Ethikmanagementprogrammen motivationsbezogene Faktoren adressiert, um die jeweils relevante Zielgruppe zu moralisch korrektem und sozialadäquatem Verhalten anzuhalten.

Trotz aller Präventivmaßnahmen wird es immer wieder Täter geben, die eine sich bietende Gelegenheit nutzen und durch missbräuchliche, dolose Handlungen zum eigenen Vorteil oder zum Vorteil Dritter bestehende Kontrollschwächen auszunutzen. Genau in diesen Fällen ist es von entscheidender Bedeutung, eine möglichst umfassende und zeitlich unmittelbare Kontrolle und **Identifikation**ssensorik implementiert zu haben. Die meisten der üblicherweise anzutreffenden dolosen Handlungen manifestieren sich in Handlungsmustern, bei denen der zeitliche Aspekt der Überraschung oder Täuschung von wesentlicher Bedeutung ist. Aufgrund der Vielzahl der Tätermotivationen und Handlungsmöglichkeiten bedingt dies neben einer möglichst breiten Datenbasis auch eine viele analytische Verfahren umfassende Aufdeckungssystematik, um alle sich daraus ergebenden Handlungsmuster abdecken zu können.

Im Folgenden sollen vor allem die für den Bereich der Identifikation relevanten analytischen Verfahren sowie die damit einhergehenden daten- und wie informationstechnischen Aspekte diskutiert werden.

30.3.1. Einsatz analytischer Modelle

Der Einsatz analytischer Modelle zur Identifikation doloser Handlungen hat in den letzten Jahren erheblich an Bedeutung gewonnen. Ging man noch vor wenigen Jahren davon aus, dass vor allem die Abbildung bekannter Handlungsmuster in Regelwerken ausreicht, um missbräuchliche Transaktionen und Geschäftsvorfälle zu erkennen, so ist mittlerweile allgemein akzeptiert, dass erst ein breites Methodenspektrum die Vielfältigkeit des kriminellen Erfindungsreichtums wirksam adressieren kann. Die Aspekte, die bei der Identifikation von dolosen Handlungen von Relevanz sind, umspannen dabei sowohl die Frage, ob es sich um einzelne Täter oder Tätergruppen handelt, betrachten die Frage der Gruppendynamik und der Zusammenarbeit innerhalb einer Tätergruppe, beziehen die einzusetzenden Systeme und Infrastrukturen sowie die Modi Operandi der durchzuführenden Missbrauchshandlungen mit ein. Insbesondere die immer weiter fortschreitende Vernetzung und Automatisierung von Prozessen innerhalb und zwischen verschiedenen Finanzinstituten ermöglichen den Tätern zu jeder Zeit neue Betrugsformen, Handlungsmuster und Angriffsvektoren.

Heutzutage sollte davon ausgegangen werden, dass hochautomatisierte und integrierte IT-Systeme nachhaltig in der Lage sind, die Nutzung der sich vielfältig bietenden Gelegenheiten für missbräuchliche Handlungen rechtzeitig zu erkennen und entsprechende Aktionen auszulösen. Grundsätzlich können hierfür Regeln, sog. Business Rules, zur Abbildung von Kriterien und Schwellwerten eingesetzt werden. Darüber hinaus bietet aber vor allem der Einsatz von hochentwickelten analytischen Verfahren einen entscheidenden Mehrwert bei der Identifikation von dolosen Handlungen.

30.3.1.1 Regeln

Regeln stellen traditionell eine fundierte Basis zur Identifikation bekannter Handlungsmuster dar. Solche Regeln funktionieren nach dem Prinzip »wenn – dann«, setzen also bekannte Parameter zueinander in Relation und leiten daraus eine Aussage ab. Beispielsweise können das die Abfolge bestimmter Transaktionen, zeitliche Intervalle im Rahmen eines Geschäftsvorfalls oder auch das Zusammentreffen von Orts- und Personeninformationen sein. Die Möglichkeiten solcher Regeln sind vielfältig und erstrecken sich auf nahezu alle Bereiche von Transaktionen oder Geschäftsvorfällen, insbesondere dann, wenn für den entsprechenden Geschäftsvorfall auswertbare Daten generiert werden oder zur Verfügung stehen. Die Funktion einer Regel kann dabei einerseits merkmalbezogen (Übereinstimmung, keine Übereinstimmung mit einem bestimmten Merkmal, z. B. Wohnsitz in Deutschland) oder auch (schwell-) wertbezogen (anteilig, prozentual, Teilmenge, z. B. Überschreitung des üblichen monatlichen Umsatzvolumens) sein. Je nach Zielrichtung einer Regel können auch verschiedene Daten in einer Regel kombiniert werden, was die Treffermenge zieladäquat reduziert.

Die Verwendung von Regeln ermöglicht einerseits die sehr zielgenaue Abbildung bekannter Muster doloser Handlungen (»Zeige mir alle Transaktionen, bei denen ein Beteiligter ein ausländisches Konto und gleichzeitig seinen (Wohn-) Sitz in einem davon abweichenden Land hat!«), andererseits erfordern einmal implementierte Regeln aber auch eine kontinuierliche Pflege, Weiterentwicklung und gegebenenfalls Re-Priorisierung in der Relevanz für die jeweils zu betrachtenden Betrugsszenarien. Gleichzeitig stellen sie offensichtlich lediglich eine Möglichkeit dar, bereits bekannte Handlungsmuster in Form solcher Anfragen abzubilden. Bisher unbekannte oder in der Vergangenheit noch nicht im Institut aufgetretene Auffälligkeiten und Handlungsmuster werden – da die entsprechenden Parameter eben gerade noch nicht in einer Regel abgebildet sind – nur schwer identifiziert.

Alle derzeit gängigen und auf die Identifikation von Betrugsfällen spezialisierten Softwarelösungen bieten entsprechende Regelmechanismen an. Dabei variieren diese stark in Umfang, Kombinatorik und Geschwindigkeit, was gerade für größere Institute von entscheidender Bedeutung sein dürfte. Daneben spielt für die Anwendung von Regelkatalogen wie auch in allen anderen Fällen der Betrugserkennung die Datenverfügbarkeit und die Qualität eine entscheidende Rolle. Offensichtlich können nur die Daten analysiert werden, die zu diesem Zweck vorhanden und zugänglich sind. Darüber hinaus spielt allerdings auch die Qualität eine wesentliche Rolle, denn bekanntermaßen bedingen schlechte Daten auch schlechte Ergebnisse. Dies gilt vor allem dann, wenn die zu verwendenden Daten lückenhaft oder fehlerhaft sind. Denn hierdurch werden die Regelwerke, die auf das Vorliegen bestimmter Daten aufbauen, um ihr Fundament gebracht.

30.3.1.2. Fortgeschrittene Analytik

Um den vorgenannten Herausforderungen und Limitierungen von Regelkatalogen zu begegnen, setzen die marktführenden Systeme (beispielsweise das SAS Fraud Framework) in verstärktem Maße auf hochentwickelte, fortgeschrittene analytische Verfahren.

Regelwerke können naturgemäß nur diejenigen Sachverhalte abbilden, die aus Expertenwissen gewonnen wurden oder auf Erfahrungswerten basieren. Selbst wenn sie flexibel ausgestaltet werden können, stoßen sie irgendwann an Grenzen. Hier können mathematisch-statistische Verfahren zur Mustererkennung helfen, aus vorhandenem Datenmaterial zu bereits in der Vergangenheit identifizierten Betrugsfällen Input für neu zu generierende Regeln zu liefern. Innovationen an

Algorithmen und Methoden im Umfeld des Data Minings haben in den letzten 10 Jahren dazu geführt, dass heute umfassende Möglichkeiten existieren, neue Trends und verborgene Strukturen in den Daten aufzuspüren.

Abbildung 27 – Darstellung der Ergebnisse hochentwickelter Analytischer Verfahren – vom Reporting zur Analyse

Bei Verfahren des überwachten Lernens – häufig auch Predictive Modeling genannt – wird anhand eines Datenbestands ein Prognosemodell auf eine Zielgröße hin trainiert. Diese Zielgröße kann je nach Fragestellung und Datenkonstellation ein bekanntes Ereignis (z. B. definierter Betrugsfall ja/nein) oder eine quantitative Größe (z. B. Transaktionsvolumen) repräsentieren. Durch Einsatz verschiedener Prognosealgorithmen wie beispielsweise Regression, neuronale Netze, Entscheidungsbaumalgorithmen oder Support Vector Machines werden dabei automatisch diejenigen Merkmale identifiziert und in das Modell übernommen, die für die Prognose besonders geeignet sind. Die Algorithmen sind häufig auch in der Lage, mit Herausforderungen wie Wechselwirkungen (Interaktionseffekte) und nichtlinearen Zusammenhängen umzugehen. Moderne Data Mining Werkzeuge liefern dabei heute nicht nur eine Entwicklungsumgebung, um Daten geeignet aufzubereiten und verschiedene Modellvarianten gegeneinander antreten zu lassen und das Gewinnermodell (ggf. auch ein Ensemble-Modell aus mehreren einzelnen Modellen) auszuwählen. Sie stellen auch gleich das Modell in Form einer Scoring-Funktion für den operativen Betrieb bereit, so dass es direkt in ein Präventionssystem übernommen werden kann.

Verfahren des unüberwachten Lernens verzichten auf die Definition einer Zielgröße und eignen sich dagegen eher, um Strukturen in den Daten zu entdecken, die auf den ersten Blick vielleicht nicht sichtbar sind. Dies trifft insbesondere auf Verfahren zur Anomalie-Erkennung zu. Hierbei geht es um das Aufdecken statistischer Ausreißer. Vereinfacht gesagt sind Ausreißer dadurch charakterisiert, dass sie sehr weit vom statistischen Verteilungszentrum entfernt liegt. Dieses Zentrum sollte so gestaltet sein, dass es ein zu erwartendes Normalverhalten repräsentiert. Auch für unüberwachtes Lernen gibt es heute eine Vielzahl verschiedener Verfahren. Sie reichen von Analysen einfacher Verteilungen bis hin zu komplexen multivariaten Verfahren. Beispiele hierfür sind etwa Zeitreihen-Profile, Cluster-Algorithmen oder Assoziations- und Sequenz-Regeln.

Verfahren aus dem Umfeld der Textanalyse – mit Umsicht und unter Beachtung der relevanten Regelungen des Datenschutzes und der Arbeitnehmermitbestimmung implementiert – eignen sich, um relevante Informationen aus Freitextfeldern gescannter Dokumente oder Eingabemasken zu extrahieren und für die Analyse geeignet aufzubereiten. Hier reicht das Spektrum der Verfahren von einfachen Text-Funktionen wie regulären Ausdrücken über Fuzzy-Matching von Textausdrücken und computerlinguistischen Ansätze bis hin zu Text Mining Algorithmen. Einsatzfelder in der Betrugserkennung sind das Erkennen von ähnlichen Dokumenten bei der Analyse von Sachbearbeiter-Notizen in Kommentarfeldern oder auch einfach das Extrahieren und Abgleichen von Namen oder Adressen mit leicht geänderter Schreibweise.

Natürlich bedarf der Einsatz solcher Verfahren der interdisziplinären Zusammenarbeit zwischen analytischen Methodenexperten einerseits und Mitarbeitern der Fachabteilung andererseits. Dies gilt nicht nur für das eigentliche Trainieren der Modelle, sondern auch für die Interpretation und Anwendungsfähigkeit der Ergebnisse. Schließlich gilt: Nicht jeder statistische Ausreißer stellt ein hinreichendes Verdachtsmoment in Bezug auf Betrug dar.

30.3.1.3 Hybridansatz

Intelligente Betrüger wissen heute häufig um die Existenz von Prüfmechanismen sowie deren Umgehungsmöglichkeiten und agieren geschickt unterhalb des Radars. Sie verhalten sich so, dass anhand einer einzelfallbasierten Prüfung oder Prüfung mittels nur eines Verfahrens keine Auffälligkeit festgestellt werden können. Erst in der Aggregation von Merkmalen über verschiedene miteinander verknüpfte Fälle und übergreifende Analysen ergeben sich relevante Muster.

Der sogenannte Hybridansatz kombiniert dabei verschiedene Datenquellen, analytische Verfahren und Datenmodelle, um eine einheitliche und vollumfängliche Betrachtung des jeweiligen Geschäftsvorfalls zu ermöglichen. Gerade die übergreifenden und miteinander in Zusammenhang stehenden Fälle können dabei identifiziert werden.

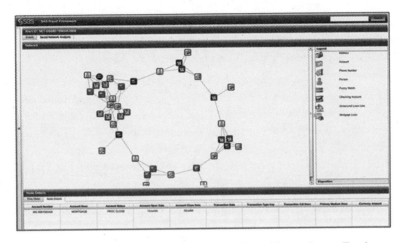

Abbildung 28 – Visualisierung von Betrugsringen am Beispiel des sog. »Bust out Fraud«

Es stellt sich die Frage, wie die Verknüpfung solcher Einzelschäden oder Personen herzustellen ist. Der grundsätzliche Ansatz besteht darin, über einen Geschäftsvorfall hinweg gemeinsame Attribute der zugrundliegenden Transaktion oder der beteiligten Personen aufzufinden. Je nach verfügbaren Daten, Produkt, Betrugsszenario und Vertriebsweg kommen hier neben der Person des direkten Kunden auch Treuhänder, Bürgen, Personen im Näheverhältnis oder auch die Sekundärinformationen wie Beruf, Wohnort/Antragsort sowie Bonität und interner Kontaktkanal in Frage. Praktikabel ist dieses Vorgehen natürlich nur, wenn die Verknüpfung – etwa über Personennamen, Adressen, Bankverbindungen, Telefonnummern oder interner Kontakt – nicht auf Zufallstreffern basiert, sondern automatisch und strukturiert erfolgen kann. Moderne IT-Systeme sind heute allerdings grundsätzlich in der Lage, diese automatisierte Verknüpfung von Einzelfällen über Attribute zu Netzwerken herzustellen.

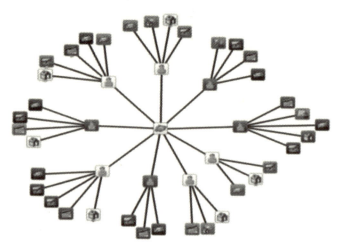

Abbildung 29 – Identifikation von Netzwerken anhand gemeinsamer Merkmale

Da es sich bei den Attributen um personenbezogene Daten handelt, wird man im Einzelfall prüfen müssen, welche rechtlichen Rahmenbindungen für eine automatisierte Verarbeitung dieser Daten gelten. Allerdings bieten moderne IT-Systeme Möglichkeiten, personenbezogene Daten zunächst zu pseudonymisieren, die automatisierte Verarbeitung auf die aus diesem Schritt generierten Daten anzuwenden und erst bei begründetem Anfangsverdacht durch einen zu etablierenden, mit geltendem Recht vereinbarten Freigabeprozess den tatsächlichen Personenbezug offenzulegen. Bei der Ausgestaltung ist natürlich in jedem einzelnen Unternehmen zu klären, inwieweit die geltenden Datenschutzanforderungen und Prozesse mit dem Interesse an einer effizienten Bekämpfung von Betrug und den Anforderungen des § 25 c KWG vereinbar sind.

Der Nutzen der übergreifenden Mustererkennung mittels eines hybriden Ansatzes besteht darin, dass damit auch zunächst scheinbar uninteressante Vorgänge in ihrer Summe als Gegenstand weitergehender Ermittlungen relevant werden. Zudem lassen sich im Falle organisierter Betrugsringe im Rahmen eines Ermittlungsvorgangs ungleich größere Potenziale realisieren als bei isolierter Betrachtung.

30.3.2 Anwendungsbeispiele

Beispiel 1 – Eine international agierende Großbank hat das SAS Fraud Framework ausgewählt, um die Höhe der jährlichen Betrugsschäden deutlich zu reduzieren und gleichzeitig das Wachstum in den jeweiligen Produktbereichen nicht zu gefährden. Gegenstand war vor allem die Kreditvergabe, hier speziell das Kreditantragsverfahren sowie die zeitnahe technische Bewertung der für die Beurteilung im Rahmen der Kreditvergabe relevanten Daten und Informationen. Besonderen Wert hat das Institut darauf gelegt, dass durch die neu einzuführenden Prüfungsprozesse die Kundenzufriedenheit nicht eingeschränkt wird.

Mithilfe des SAS Fraud Framework werden nunmehr die Kreditantragsinformationen und zugehörigen Kundeninformationen in erheblich tieferer Detaillierung und unter Nutzung unterschiedlicher Bewertungsmodelle analysiert. Aufgrund der Verarbeitungsgeschwindigkeit der SAS Lösung und der Möglichkeit, auch komplexe analytische Verfahren auf große Datenmengen anzuwenden, ist die Bank in der Lage, die Entscheidung nicht nur fundierter, sondern auch schneller zu treffen.

Bereits im ersten Jahren konnten so rund 10 Mio. € Kreditausfallsumme kumuliert eingespart werden. Die Zahl der False Positives wurde erheblich reduziert und gleichzeitig die Zahl der automatisiert zutreffend als dolos erkannten Anträge erheblich gesteigert. Dies führt zu einer Fokussierung der Prüfungskapazitäten auf die tatsächlich kritischen Fälle. Daneben wurden Verbesserungen in der Datenqualität sowie der Anwendung verschiedener interner wie externer Datenquellen erreicht.

Beispiel 2 – Ein ebenfalls international agierendes großes Finanzinstitut hat mit Unterstützung der SAS Fraud Lösungen einen ganzheitlichen Ansatz gewählt. Ziel war es, im Rahmen der Unternehmensstrategie die Kunden vor den Auswirkungen betrügerischer Handlungen zu schützen und gleichzeitig die Betrugsschäden zu begrenzen.

Hierzu wurde – aufbauend auf eine bereits im Einsatz befindliche SAS Geldwäscheplattform – ein umfassendes Fraud Repository aufgesetzt, dass es dem Institut ermöglicht, dolose Handlungen konzernweit zu erkennen und entsprechend zu verhindern. Darüber hinaus lag der Fokus auf der konsistenten Einbindung der SAS Fraud Lösung in die bestehenden Banksysteme sowie mithilfe des SAS Enterprise Case Management in die bestehenden Prüfung und Freigabeprozesse innerhalb der Bank. Besonderes Augenmerk lag auf Kreditkartenbetrug, dem Missbrauch von Geldautomaten sowie dem Kontenmissbrauch. Aufgrund der Größe des Instituts war vor allem auch die Verarbeitungsgeschwindigkeit von besonderer Bedeutung, hier konnten die Betrugserkennungsmethoden erfolgreich mit der Echtzeitüberwachung von Kreditkartentransaktionen zusammengeführt werden.

30.3.3. Übersicht SAS

30.3.3.1. Unternehmen

SAS ist Marktführer bei Business-Analytics-Software und weltweit größter unabhängiger Anbieter im Business-Intelligence-Markt. Die SAS Lösungen helfen Unternehmen an insgesamt mehr als 60.000 Standorten dabei, ihre Leistungsfähigkeit zu steigern, effizient zu wirtschaften und Risiken zu adressieren. 90 der Top-100 der Fortune-500-Unternehmen vertrauen auf SAS.

30.3.3.2. Produkte

SAS bietet erprobte und integrierte Lösungen zur Adressierung von Betrugsrisiken.

30.3.3.2.1. Fraud Framework

SAS Fraud Framework ist eine Komplettlösung zur übergreifenden Erkennung und Vermeidung von Betrugsfällen in den verschiedenen Geschäftsbereichen heutiger Finanzinstitute. Die Lösung enthält integrierte Komponenten für die Erkennung von Verdachtsfällen, das Warnmeldungs- und Fallmanagement sowie einen kategoriespezifischen Workflow, ergänzt durch Dokumentenmanagement und leistungsfähige mathematisch-statistische Analysemethoden.

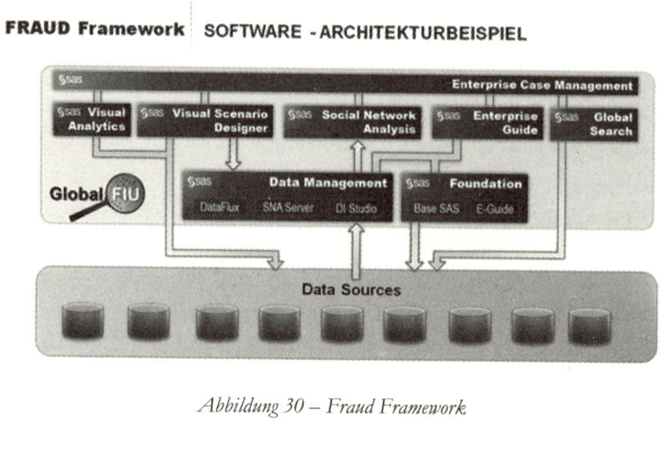

Abbildung 30 – Fraud Framework

Erweitert wird das Portfolio durch SAS® Social Network Analysis, eine Lösungskomponente, die sowohl eine Top-down- als auch eine Bottom-up-Funktionalität bietet und versteckte Betrugsnetzwerke für Sachbearbeiter sichtbar macht. Der Lösungsansatz von SAS bietet verbesserte Betrugserkennung und erhöhte Betriebseffizienz bei gleichzeitiger Senkung von Ausgaben zur Betrugsbekämpfung, bezogen auf die Gesamtbetriebskosten.

30.3.3.2.2. Fraud Management

Wer Verluste durch Kartenbetrug vermeiden will, muss zweifelhafte Transaktionen so früh wie möglich analysieren – am besten noch vor dem Abschluss. SAS bietet ein Komplettsystem zur konzernweiten Betrugsabwehr, das alle Finanztransaktionen in Echtzeit bewertet.

Wesentliches Merkmal sind dabei die Bewertung monetärer und sonstiger Transaktionen auf Abruf und Antwortzeiten unter einer Sekunde bei konstant hohem Durchsatz. Darüber hinaus bietet SAS Fraud Management eine umfassende Analyse- und Modellierungsplattform inklusive Entscheidungsprogramm für schnelle und zuverlässige Betrugserkennung durch Modellierung als neuronales Netz, eine Integration von Konsortialdaten in bankspezifische Modelle. Es bietet die Anbindung an Freigabesysteme. Wesentliches Merkmal ist die konsequente Umsetzung der bewährten SAS Analytic als Real-Time Lösung.

30.3.3.2.3. Social Network Analysis

SAS Social Network Analysis unterstützt Finanzinstitute bei der Aufdeckung und Prävention organisierten Betrugs. Zu diesem Zweck erzeugt die Lösung nicht lediglich Ansichten von Transaktionen und Konten, sondern analysiert alle damit zusammenhängenden Aktivitäten und Beziehungen auf Netzwerkebene. Die SAS Lösung verschafft Ermittlern die Möglichkeit, zuvor unbekannte Beziehungen aufzudecken und mithilfe einer einzigartigen grafischen Benutzeroberfläche zur Netzwerkvisualisierung, die alle Verbindungen zwischen Objekten und Personen innerhalb eines Netzwerks abbildet, ihre Ermittlungsarbeit effizienter zu gestalten. Schadensfälle werden mithilfe eines Scoring-Systems in Echtzeit bewertet, Doppelzählungen eliminiert und priorisiert, relevante Warnmeldungen erstellt und zur weiteren Untersuchung in eine Ermittlungswarteschlange gemeldet.

Weiterhin werden unabhängige und kombinierte Bewertungen (Scores) zur Einschätzung des Gesamtrisikos auf der Basis von Kunden oder Netzwerken generiert und Warnmeldungen erzeugt, die automatisch an die richtigen Ressourcen weitergeleitet werden.

30.3.3.2.4. Visual Analytics

Mit der In-Memory-Lösung SAS Visual Analytics können Finanzinstitute nahezu beliebig große Datenmengen gründlicher und deutlich schneller visualisieren und analysieren als je zuvor. Eine Beschränkung auf Stichproben oder Teilmengen des Datenbestands erübrigt sich. Bisher unerkannte Muster, Trends und Zusammenhänge in Daten können durch die einfache Bedienung und automatische Diagrammerstellung aufgedeckt werden.

SAS Visual Analytics ermöglicht Mitarbeitern aller für die Betrugserkennung relevanten Ressorts, unabhängig von ihren IT- oder Statistikkenntnissen, Daten zu sichten, auszuwerten und die Ergebnisse visuell aufbereitet zu kommunizieren. Davon profitieren alle: Von Entscheidern über Statistiker und Analytiker bis hin zu Fachanwendern.

30.3.3.3. Fazit und Empfehlungen

Dem Erfindungsreichtum der Täter sind kaum Grenzen gesetzt. Umso wichtiger ist es, entsprechende technische und analytische Verfahren einzusetzen, die über die bloße Abbildung bereits bekannter Handlungsmuster hinaus neue, möglicherweise missbräuchliche Tatbestände rechtzeitig identifizieren. Es reicht nicht aus, nur das bereits Bekannte in technischen Regeln abzubilden, sondern vielmehr muss gerade die Abweichungen von üblichem oder zu erwartendem Handeln erkannt werden. Die SAS Lösungen bieten hierzu die technischen und analytischen Werkzeuge.

Glossar

Glossar

Anm.	Anmerkung
BDSG	Bundesdatenschutzgesetz
BKA	Bundeskriminalamt
Beitreibung	Inkasso notleidender Kredite, Neudeutsch auch Collection
Bust out Fraud	Betrüger eröffnen ein Konto, führen dies korrekt über eine bestehende Zeit und nutzen die aufgebaute Beziehung, um dann einen Betrug zu begehen
	Alternativ: Organisierter Betrug mit langer Vorlaufzeit (2-3 Jahre)
bzw.	Beziehungsweise
CDI	Client Device Identification, Device-Fingerprinting. Eine Methode, um elektronische Endgeräte zu identifizieren
Charge Back	Rückgabe von Kreditkartenumsätzen. Dies gilt im US-amerikanischen Markt als hauptsächlicher Betrugsindikator im E-Commerce
CNP Fraud	Card-not-present Fraud
	Kartenbetrug, bei dem die Krditkarte nicht physisch präsentiert wird, meist über das Internet
Cookie theft	Elektronischer Diebstahl von Cookies, um diese zur Identifizierung bei dem Aussteller zu nutzen
Defraudant	Ein vermutlicher Betrüger
dolose Handlung	Handlungen in Unternehmen, die zu absichtlichen Schädigungen von Unternehmen oder Dritten führen
Durchreifung	Zeit von der Beantragung oder Auszahlung bis zur Erreichung eines durchschnittlichen Schlechtmerkmals. Bei Betrug meist 3-9 Monate
Duress	Hinweis an einen Computernutzer per E-Mail oder Telefon, dass zur weiteren Nutzung eines Services eine Antwort unter Bekanntgabe persönlicher Daten notwendig ist
Early Default	Früher Ausfall, die Zeit ist produktabhängig, jedoch immer unter 12 Monaten
Early pay default	Betrug, bei dem eine Ratenzahlung vereinbart wurde und maximal drei Raten gezahlt werden

False-/Positive-Rate	Verhältnis der fälschlich ausgesteuerten zu echten Betrugsfällen
Family Fraud	Betrug durch ein Familienmitglied, i. d. R. werden Ehepartner oder Eltern unwissentlich in Kreditverträge aufgenommen oder Konten auf diese eröffnet
Feature-Positive Effect	Vorhandene Dinge werden eher wahrgenommen (z. B. der Eintrag auf einer Liste) als etwas, das nicht vorhanden ist (z. B. kein Eintrag auf einer Liste)
First Party Fraud	Auch Customer Fraud, Betrug durch einen (vermeintlichen) Kunden
Gini-Koeffizient	Maß auf einer Skala von 0-1 für Trennschärfe eines Modells
Hard Fraud	Betrugstat mit gefälschter Identität
Hausfrauenbetrug	Begriff aus dem Versandhandel: Bestellungen werden an leerstehende Wohnungen in der Nachbarschaft bestellt und dann von der ›Nachbarsfrau‹ entgegengenommen
Hrsg.	Herausgeber
i.V.m.	in Verbindung mit
i.W.	im Wesentlichen
Identity Fraud	Jede Form von Identitätsbetrug, d. h. sowohl erfundene Identitäten als auch Identitätsübernahmen
K	Kilo, tausend
kba	Knowledge based authentication
	Eine vor allem in den USA gängige Identifizierungsmethode, die auf der Beantwortung von persönlichen Fragen beruht
Know-your-Colleague	Sensibilisierung von Vorgesetzten und Mitarbeitern, auffällige Veränderungen im Umfeld und Lebenswandel von Kollegen zu erkennen
KWG	Kreditwesengesetz
LKA	Landeskriminalamt

Malware	Oberbegriff für Schadsoftware, die auf dem Rechner eines Computerbenutzers arbeitet
Man-in-the-middle-attack	Steuerung des Internetzugriffs eines Computernutzers über einen Proxy-Server. Über diesen können alle eingegebenen Daten mitgelesen werden
Mantelbetrug	Übernahme eines GmbH-Mantels, meist Austausch der Beteiligungsstrukturen
Mind Map	Kognitive Technik zur visuellen Darstellung eines Themengebietes
Mortgage Hijacking	Übernahme der Identität eines Haus-/Wohnungsbesitzers, betrügerischer Verkauf der Immobilie
Never pay default	Auch First pay default. Betrug, bei dem eine Ratenzahlung vereinbart wurde, jedoch bereits die erste Rate ausbleibt
Normalisierung von Daten	Standardisierung von Datensätzen zur besseren Vergleichbarkeit
Pharming	Verfälschung des DNS-Cache eines Rechners oder DNS-Servers, so dass bei Aufruf einer Internetseite eine andere (betrügerische) Webseite angesteuert wird, ohne dass dies im Browser sichtbar ist
Phishing	Versand von E-Mails, mit der ein User dazu verleitet wird, persönliche Daten an Betrüger bekannt zu geben
Post Mortem	Lat. nach dem Tod, in diesem Buch: nach Ausfall
Pre-employment screening	Überprüfung der Angaben von Bewerbern vor Einstellung
s. u.	siehe unten
Session Hi-jacking, man-in-the-browser-attack	Übernahme einer Internetsession durch einen Betrüger
Skimming	Missbrauch von Informationen, die auf Magnetstreifen von Kredit- und Zahlkarten gespeichert werden
Smishing	Betrügerische SMS, mit denen ein Computernutzer dazu gebracht werden soll, persönliche Daten bekannt zu geben
Soft Fraud	Betrugstat, bei der die eigene Identität verschleiert oder bonitätsrelevante Angaben beschönigt werden
Spear-phishing	Besondere Form des Phishing, bei dem Mitarbeiter von Unternehmen zur Preisgabe von Passwörtern gebracht werden sollen

Spoofed Site	Verfälschte Webseite, oft im Look-and-feel einer anderen Seite
Spring boarding	Betrüger lassen sich als Bevollmächtigte auf ein bestehendes Konto eintragen
StGB	Strafgesetzbuch
StPO	Strafprozessordnung
SVM	Support Vector Machine
u. a.	unter anderem
Vishing	Erlangung persönlicher Daten über Telefonservices, ursprünglich bei Voice-over-IP-Diensten. Mittlerweile auch betrügerische Anrufe, mit denen ein Computernutzer dazu gebracht werden soll, persönliche Daten bekannt zu geben
Whistleblowing	Anzeige eines Verstoßes gegen Rechtsvorschriften oder Unternehmensregeln, kann i. d. R. auch anonym abgegeben werden
z. Z.	zur Zeit

Literaturverzeichnis

Literatur und andere Fundstellen

(1) *CIFAS*: Fraudscape 2013: Depicting the UK's Fraud Landscape, 2013.

(2) *Cybersource Cooperation, A Visa Company*: Cybersource 2013 Online Fraud Report, 2013.

(3) *Scherp, D.*: Fraud Management: Abwehr von Kriminalität in der Organisation von Kreditinstituten und Finanzdienstleistern, Bank-Verlag, 2011

(4) *ACFE*: Report to the Nations on Occupational Fraud and Abuse: 2012 Global Fraud Study, 2012.

(5) *Sahnau, M., Sauer, K.*: FRA-MUC-FRA, Einmal Beratung und zurück, Books on Demand, 2002.

(6) *Berghoff, H., Rauh, C.*: Korruption rechnet sich nicht, FAZ, 06.02.2013.

(7) Aktiengesetz vom 06.09.1965 (BGBl. I S. 1089), das zuletzt durch Art. 3 des Gesetzes vom 20.12.2012 (BGBl. I S. 2751) geändert worden ist.

(8) Kreditwesengesetz in der Fassung der Bekanntmachung vom 09.09.1998 (BGBl. I S. 2776), das durch Artikel 2 Absatz 17 des Gesetzes vom 06.06.2013 (BGBl. I S. 1482) geändert worden ist.

(9) *Bundesanstalt für Finanzdienstleistungsaufsicht*: Rundschreiben 10/2012 (BA) – Mindestanforderungen an das Risikomanagement – MaRisk vom 14.12.2012.

(10) Wertpapierhandelsgesetz in der Fassung der Bekanntmachung vom 09.09.1998 (BGBl. I S. 2708), das durch Artikel 4 des Gesetzes vom 24.06.2013 (BGBl. I S. 1667) geändert worden ist.

(11) *Bundesanstalt für Finanzdienstleistungsaufsicht*: MaRisk Novelle 2012 – Veröffentlichung der Endfassung: Anschreiben an die Verbände, GZ BA 54-FR 2210-2012/0002 vom 14.12.2012.

(12) Geldwäschegesetz vom 13.08.2008 (BGBl. I S. 1690), das zuletzt durch Artikel 1 des Gesetzes vom 18.02.2013 (BGBl. I S. 268) geändert worden ist.

(13) *Bundesanstalt für Finanzdienstleistungsaufsicht*: Rundschreiben 08/2005 (GW) – Institutsinterne Implementierung angemessener Risikomanagementsysteme zur Verhinderung der Geldwäsche, Terrorismusfinanzierung und Betrug zu Lasten der Institute gemäß §§ 25 a Abs. 1 Satz 3 Nr. 6, Abs. 1a KWG, 14 Abs. 2 Nr. 2 GwG: Anfertigung der institutsinternen Gefährdungsanalyse, 24.03.2005.

(14) *Die Deutsche Kreditwirtschaft*: Auslegungs- und Anwendungshinweise der Deutschen Kreditwirtschaft zur Verhinderung von Geldwäsche, Terrorismusfinanzierung und »sonstigen strafbaren Handlungen«, Stand: 22.08.1202.

(15) *Zentes, U., Wybitul, T.:* Interne Sicherungsmaßnahmen und datenschutzrechtliche Grenzen bei Kreditinstituten sowie bei anderen Instituten des Finanzwesens, CCZ 2011, S. 90.

(16) Strafgesetzbuch in der Fassung der Bekanntmachung vom 13.11.1998 (BGBl. I S. 3322), das durch Artikel 1 des Gesetzes vom 10.6.2013 (BGBl. I S. 1497) geändert worden ist.

(17) *Bundesverband Öffentlicher Banken Deutschlands* (VÖB): Prävention und Bekämpfung von betrügerischen Handlungen/Wirtschaftskriminalität – Leitfaden zur praxisorientierten Einführung in die Gefährdungsanalyse und Maßnahmen, Stand April 2010.

(18) www.computerbild.de/artikel/avf-Aktuell-TV-Betrug-Rundfunkgebuehr-Gefaelscht-8230454.html, Abruf vom 20.06.2013.

(19) *Cressey, D. R.:* The Criminal Violation of Financial Trust, American Sociological Review, 15/6 1950, S. 738-743.

(20) *Wolfe, D., Hermanson, D.:* The Fraud Diamond: Considering the Four Elements of Fraud, The CPA Journal, December 2004.

(21) Bundesdatenschutzgesetz in der Fassung der Bekanntmachung vom 14.01.2003 (BGBl. I S. 66), das zuletzt durch Artikel 1 des Gesetzes vom 14.08.2009 (BGBl. I S. 2814) geändert worden ist.

(22) Eurofinas Discussion Day on Fraud, Präsentationsdokumentation, Brüssel, 04.05.2007.

(23) www.wdr.de/tv/servicezeit/sendungsbeitraege/2012/kw38/0917/01_schwarze_liste.jsp, Abruf vom 22.04.2013.

(24) www.christianlehmann.eu/ling/typ/typ_vs_klasse.php Abruf vom 13.04.2013.

(25) *Mayer, D.:* Betrug im Massenkundengeschäft bei Finanzdienstleistern, Risiko Manager, 24/2006.

(26) *Warwick, M.:* Vortragsdokumentation: The Identity Challenge: Advanced Customer Protection through Identification and Verification, FICO World 2011, 01.11.2011.

(27) www.spiegel.de/spiegel/print/d-45226481.html, Abruf vom 22.05.2013.

(28) *Dobelli, R.:* Die Kunst des klaren Handelns, Carl Hanser Verlag GmbH & Co KG, 2012.

(29) *Deutsche Bundesbank Eurosystem:* Bankenstatistik April 2013: Statistisches Beiheft 1 zum Monatsbericht, 2013.

(30) *Experian Limited:* Experian Fraud Report 2013.

(31) *Fuhrmann, J. (et al.):* § 25c KWG-Pflichten »Sonstige strafbare Handlungen«: Zentrale Stelle, Gefährdungsanalyse, Sicherungssysteme, Kontrollen, Finanz Colloquium, 2011.

(32) *Jackmuth, H.-W., de Lamboy, C., Zawilla, P. (Hrsg.):* Fraud Management in Kreditinstituten: Typische Praktiken und deren Aufdeckung sowie Verhinderung nach § 25c KWG, Frankfurt School Verlag, 2012.

(33) *Althof, A. (et al.):* Kreditinstitute als Zielscheibe für Kreditbetrug, Finanz Colloquium, 2012.

(34) *Hofmann, S.*: Handbuch Anti-Fraud-Management: Bilanzbetrug erkennen – vorbeugen – bekämpfen, Schmidt (Erich), 2008.

(35) de.wikipedia.org/wiki/3-D_Secure, Abruf vom 15.05.2013.

(36) *Helm, C. in Schnüttgen, M. (Hrsg.):* Optimierung der Kreditprozesse: Kreditbetrugsprävention im Standardkreditgeschäft, Finanz Colloquium, 2011.

(37) *Collins, J.*: Scoring to combat Identity Theft, SecurityMag.com, 08/2008, S. 64-66.

(38) *Westphal, C.*: Data Mining for Intelligence, Fraud & Criminal Detection, CRC Press, 2009.

(39) *Hand, D.J.:* Vorlesungsdokumentation: Statistical Techniques for Fraud Detection, Prevention and Evaluation, Imperial College London, 2007.

(40) *Henking, Andreas; Bluhm, Christian; Fahrmeir, Ludwig:* Kreditrisikomessung: Statistische Grundlagen, Methoden und Modellierung. Berlin, 2006.

(41) www.dradio.de/dkultur/sendungen/laenderreport/881421/, Abruf vom 27.06.2013.

(42) www.spiegel.de/spiegel/print/d-8337780.html, Abruf vom 27.06.2013.

(43) *Ester, M., Sander, J.:* Knowledge Discovery in Databases: Techniken und Anwendungen, Springer, 2000.

(44) *Fayyad, U., Piatetsky-Shapiro, G., Smyth, P.*: From Data Mining to Knowledge Discovery in Databases, AI Magazine, 1996.

(45) *Shearer C.*, The CRISP-DM model: The New Blueprint for Data Mining, Journal of Data Warehousing, Vol. 5, 2000, S. 13-22.

(46) *Backhaus, K.*: Multivariate Analysemethoden: eine anwendungsorientierte Einführung, Springer, 2006.

(47) *Gauß, C.F.*: Theoria Motus Corporum Coelestium in Sectionibus Conicis Solem Ambientum, 1809.

(48) *MacQueen, J. B.*: Some Methods for Classification and Analysis of Multivariate Observations, 1. Proceedings of 5th Berkeley Symposium on Mathematical Statistics and Probability, University of California Press, 1967, S. 281-297.

(49) *Ester, M., Kriegel, H.-P., Sander, J., Xu, X.*: A Density-Based Algorithm for Discovering Clusters in Large Spatial Databases with Noise, In: *Simoudis, E., Han, J., Fayyad, U. (Hrsg.)*: Proceedings of the Second International Conference on Knowledge Discovery and Data Mining (KDD-96), AAAI Press, 1996, S. 226–231.

(50) *Agrawal, R., Imieliński, T., Swami, A.*: Mining association rules between sets of items in large databases, Proceedings of the 1993 ACM SIGMOD International Conference on Management of Data – SIGMOD '93, 1993, S. 207.

(51) *Mjiawai H. et al*: Mining Frequent Patterns without Candidate Generation: A Frequent-Pattern Tree Approach, Data Mining and Knowledge Discovery, 8 2004, S. 53-87.

(52) *Breunig, M. M., Kriegel, H.-P., Ng, R.T., Sander, J.*: LOF: Identifying Density-based Local Outliers, ACM SIGMOD Record. Nr. 29, 2000.

(53) *Corder, G. W., Forema, D. I.*: Nonparametric Statistics for Non-Statisticians: A Step-by-Step Approach, John Wiley & Sons, 2009.

(54) *Rosenblatt, F.*: The Perceptron, a Probabilistic Model for Information Storage and Organisation in the Brain, Psychological Review, 62/386, 1958.

(55) *Vapnik, V., Chervonenkis, A:* Theory of Pattern Recognition, 1974.

(56) *Kass, G.V.*: An Exploratory Technique for Investigating Large Quantities of Categorical Data, Applied Statistics, Vol. 29, No. 2, 1980, S. 119-127.

(57) *Helm, C., Strohschein, K., Purkott, T.*: Intermediär in der Kreditbetrugsbekämpfung: Risikokennzahl Probability of Fraud, Risiko Manager, 10/2010.

(58) *CIFAS:* Staff Fraudscape 2013: Depicting the UK's fraud landscape, 2013.

(59) *PwC*: UK Economic Crime Survey, 2011.

(60) *KPMG*: Who is a typical fraudster?, 2011.

(61) *Gide, A.,*: Die Falschmünzer, Manesse Verlag, 1925.

(62) *Helm, C.*, Vortragsdokumentation: Warum Betrugsprävention Bestandteil des aktiven Risikomanagements werden muss, Fachtagung Risiko Manager 2012.

(63) *Romeike, F., Bieta, V.*: Bacheliers Erben in den Banken: Quantitative Analyse in der Finanzindustrie, Risiko Manager, 01/2013.

(64) *Rutledge, G.*: Taming the fraud monster, Credit World, 09/10 1996, S. 10.

(65) *Bannister, D.*: Financial Crime: fingering the bad guys, Banking Technology, 10.2008, S. 24-26.

(66) Gesetz über Ordnungswidrigkeiten in der Fassung der Bekannt-machung vom 19. Februar 1987 (BGBl. I S. 602), das zuletzt durch Artikel 2 des Gesetzes vom 29. Juli 2009 (BGBl. I S. 2353) geändert worden ist.

(67) *OECD*: Online Identity Theft, OECD Publishing, 2009.

(68) http://de.wikipedia.org/wiki/Identit%C3%A4tsfeststellung#Verfahren _zur _Identit.C3.A4tsfeststellung, Abruf vom 15.04.2013.

(69) de.wikipedia.org/wiki/Deutsche_Bahn#Datenaff.C3.A4re, Abruf vom 25.06.2013.

(70) *Sowa, Dr. A.:* Forensic Analytics mittels Newcomb-Benford's Law, ZRFC, 5/2011, S. 215 – 220.

(71) *Vahl, A.*: Vortragsdokumentation: Hinweisgebersysteme: Verbesserte Risikokommunikation durch Vertrauen in die Vertraulichkeit, Forum – Institut für Management GmbH, 17.02.2011.

(72) *Jackmuth, H.-W., de Lamboy, C., Zawilla, P. (Hrsg.)*: Fraud Management: Der Mensch als Schlüsselfaktor gegen Wirtschaftskriminalität, Frankfurt School Verlag, 2012.

(73) *BDOA*: E-Commerce-Leitfaden: Noch erfolgreicher im elektronischen Handel, Universitätsverlag Regensburg, 2012.

(74) *Siddiqui, N.*, Credit Risk Scorecards: Developing and Implementing Intelligent Credit Scoring, John Whiley & Sons, Inc., 2006.

(75) *Sonquist, J.A., Morgan, J.N.:* The Detection of Interaction Effects, Survey Research Center, Institute for Social Research, University of Michigan, 1964.

(76) *Gritzmann, P., Brandenburg, R.*: Das Geheimnis des kürzesten Wegs: Ein mathematisches Abenteuer, Springer, 2005.

(77) *Hanneman, R., Riddle, M.*: Introduction to social network methods, Riverside, CA: University of California, Riverside (published in digital form at http://faculty.ucr.edu/~hanneman/), 2005.

(78) *Milgram, S.*: The Small World Problem, Psychology Today, Mai 1967.

(79) http://graphexploration.cond.org, Abruf vom 28.06.2013.

(80) http://www.business-keeper.com/whistleblowing-vs-denunziation.html, Abruf vom 01.06.2013.

(81) *Backhaus, K., Erichson, B., Plinke, W., Weiber, R.*: Multivariate Analysemethoden – Eine anwendungsorientierte Einführung. Springer, 2008.

(82) *P. Babiak, R. Hare:* Menschenschinder oder Manager, Hanser, 2007.

(83) http://www.sueddeutsche.de/wirtschaft/kosten-der-zinsmanipulation-libor-skandal-koennte-richtig-teuer-werden-1.1411494, Abruf vom 30.06.2013.

(84) *DIIR*, DIIR Revisionsstandard Nr. 5: Standard zur Prüfung des Anti-Fraud-Management-Systems durch die interne Revision.

Facheinschubverzeichnis

Facheinschubverzeichnis

Facheinschub 1: Uta Zentes – Rechtliche Rahmenbedingungen der
    Betrugsprävention 23

Facheinschub 2: Geschäftspolitische Definition von Betrug 30

Facheinschub 3: Definition von Detektion und Investigation 30

Facheinschub 4: Ziele der Betrugserkennung 32

Facheinschub 5: Dagmar Schiefer – Betrugsspezifische Gefährdungsanalyse 46

Facheinschub 6: Warndateien und Datenaustausch 54

Facheinschub 7: Klassifikation 60

Facheinschub 8: Datenqualität 75

Facheinschub 9: Hell- und Dunkelfeldanalyse 83

Facheinschub 10: Business Case 101

Facheinschub 11: Grundlagen automatisierter Detektion 106

Facheinschub 12: Regeln zur automatisierten Detektion 113

Facheinschub 13: Matthias Kurz – Scoring 121

Facheinschub 14: Ekkehart Carl – Anzeigeerstattung 140

Facheinschub 15: Carsten Steckel – Data Mining (Teil 1) 155

Facheinschub 16: Carsten Steckel – Data Mining (Teil 2) 159

Facheinschub 17: Carsten Steckel – Support Vector Machine 162

Facheinschub 18: Netzanalysen 169

Facheinschub 19: Probability of Fraud 173

Facheinschub 20: Bernd Vollrath – Datenschutz – wie jetzt? 187

Facheinschub 21: Anette Jelen – Interner Betrug 211

Facheinschub 22: Andreas Rattinger – Reporting 215

Facheinschub 23: Holger Brümmer – Strategisches Fraud Management 218

Autorenporträts

Holger Brümmer
Leiter Betrugsmanagement/Strategie
Targobank AG & Co KGaA, Düsseldorf

Holger Brümmer ist seit 15 Jahren im strategischen Betrugsmanagement tätig. Seit 2009 leitet er den Bereich Betrugsmanagement/Strategie in einer deutschen Privatkundenbank.

Seine Schwerpunkte liegen im Bereich der Implementierung, Anpassung und Überwachung von Maßnahmen zur Verhinderung von produktspezifischen Betrugsrisiken.

E-Mail: Holger.Bruemmer@web.de

Ekkehart Carl
Staatsanwalt
Staatsanwaltschaft Bochum

Ekkehart Carl erlernte den Beruf des Bankkaufmanns bei einer Hypothekenbank im Ruhrgebiet und war bis zu seinem 30. Lebensjahr im Kreditgewerbe tätig.

Parallel studierte er Jura an der Ruhr-Universität.

Nach dem 2. Staatsexamen wechselte er 1991 zur Justiz und ist seit 1993 Staatsanwalt in der Schwerpunktabteilung für Wirtschaftskriminalität in Bochum.

Carsten Helm (Herausgeber & Autor)
Leiter Fraud Management im Risikocontrolling der Commerzbank AG, Frankfurt/Main

Carsten Helm ist gelernter Bankkaufmann. Nach dem Studium der Volkswirtschaft an der Universität Mannheim sowie der Universität Pompeu Fabra begann er seine berufliche Laufbahn bei einer international tätigen Unternehmensberatung, wobei sein Schwerpunkt auf der Quantifizierung von Kredit- und operationellen Risiken lag.

Er beschäftigt sich aktuell mit der Entwicklung systembasierter Methoden zur frühzeitigen Identifizierung von Betrugsaktivitäten sowie deren Integration in die Kreditprozesse.

E-Mail: Carsten.Helm@outlook.de

Anette Jelen
Senior Fraud & Identity Consultant bei Experian Österreich, Wien

Anette Jelen ist Senior Fraud & Identity Consultant bei Experian. Seit 2008 berät sie internationale Finanzdienstleister und Telekommunikationsunternehmen zur Betrugsprävention und begleitet das Design und die Implementierung von Softwarelösungen. Sie leitet Round Table Veranstaltungen im deutschsprachigen Raum. Davor war sie 11 Jahre bei T-Mobile Österreich mit der Erkennung von Betrugsmustern, dem Aufbau des Anti-Betrugsteams und der Gestaltung präventiver Maßnahmen befasst. Sie lebt und arbeitet in Wien.

E-Mail: info@jelen.at

Matthias Kurz
Solution Architect, SAS Institute GmbH, Heidelberg

Matthias Kurz startete mit einer Ausbildung zum Bankkaufmann in das Berufsleben. Nach einem anschließenden Studium der Wirtschaftswissenschaften mit Schwerpunkt Volkswirtschaftslehre und Ökonometrie arbeitete er sowohl in beratender Tätigkeit als auch in Linienfunktionen bei einem großen Bankverbund sowie bei einem Beratungsunternehmen. Seit 2011 ist er Mitarbeiter bei SAS Institute GmbH.

Dirk Mayer (Herausgeber & Autor)
Produktmanager bei Bürgel Wirtschaftsinformationen GmbH & Co. KG, Hamburg

Dirk Mayer ist gelernter Bankkaufmann und hat 13 Jahre als Kundenberater und Filialleiter gearbeitet. Nach dem Aufbau einer Kreditabteilung bei einer der ersten Onlinebanken Europas beriet er acht Jahre Banken und Versandhändler zu den Themen Prozessoptimierung und Betrugsprävention. Nebenbei hat er ein Studium Governance, Risk & Compliance absolviert. Er initiierte und leitete bis 2013 den Round Table Fraud. Mit seiner Partnerin und zwei Kindern lebt er in Lüneburg.

E-Mail: Dirk-Mayer@web.de

Andreas Rattinger
Abteilungsleiter Risikomanagement bei der Commerz Finanz GmbH, München

Nach einer Ausbildung zum Bankkaufmann und Studium der Volkswirtschaftslehre machte Andreas Rattinger erste Erfahrungen im Kreditgeschäft einer Großbank. Später spezialisierte er sich auf Consumer Finance, Fahrzeugfinanzierungen, Credit Policy und Fraud Prevention. Seit einigen Jahren ist Andreas Rattinger in der Commerz Finanz GmbH, einem Tochterunternehmen von BNP Paribas und der Commerzbank, als Abteilungsleiter für die Themen Risk Control, Guideline & Policies sowie Fraud Prevention verantwortlich.

E-Mail: A.Rattinger@commerzfinanz.com

Dagmar Schiefer
Anti-Fraud-Officer, ING DiBa AG, Frankfurt/Main

Dagmar Schiefer zog es 2001 in die Bankenstadt Frankfurt am Main. Die gebürtige Österreicherin war für ein internationales Finanzinstitut im Enterprise Risk Management tätig und hat sowohl im In- als auch im Ausland die Umsetzung von Basel II begleitet. Spezialisiert hat sie sich nun auf die Entwicklung und Implementierung von prozessbasierten Maßnahmen zum Betrugsmanagement.

E-Mail: Dagmar.Schiefer@web.de

Carsten Steckel
Senior Manager bei der BearingPoint GmbH, Frankfurt/Main

Seit 1999 ist Carsten Steckel im Bereich Finance, Risk and Compliance der BearingPoint GmbH tätig. Sein Schwerpunkt liegt auf der Erstellung und Implementierung von Risikoanalyse- und Simulationssystemen. Über die Jahre hat er sich vom Data Scientist zu einem Data Artist mit Schwerpunkt Projektmanagement weiterentwickelt. Vor seiner Tätigkeit bei BearingPoint absolvierte er sein Studium des Wirtschaftsingenieurwesens am Karlsruhe Institute of Technology (KIT). In Australien forschte, lehrte und veröffentlichte er an der Universität Newcastle im Gebiet der Graphentheorie, des Operations Researchs und quantitativer Analyse von Netzwerken.

E-Mail: carsten.steckel@bearingpoint.com

Bernd Vollrath
Rechtsanwalt/Trainer/Coach, Steinburg

Bernd Vollrath ist gelernter Bankkaufmann, Volljurist, Mental- und Verhaltenstrainer, Coach und Burnout-/Stresstherapeut. Er war bei diversen Banken und Versicherungen als Leiter in den Bereichen Recht, Revision, Vertrieb, Personal, Compliance, Geldwäsche und Datenschutz tätig und ist Mitglied in Arbeitskreisen der Ermittlungsbehörden.

E-Mail: berndvollrath@t-online.de

Uta Zentes
Rechtsanwältin, L.L.M.
Senior Manager, Ernst & Young GmbH Wirtschaftsprüfungsgesellschaft, Frankfurt/Main

Uta Zentes ist Rechtsanwältin und Senior Manager bei Ernst & Young. Sie berät Unternehmen zu präventiven Compliance-Fragen sowie bei der reaktiven Durchführung von forensischen Untersuchungen. Zuvor war sie sieben Jahre innerhalb von Group Compliance der zweitgrößten deutschen Bank in Frankfurt/Main tätig. Dort hatte sie nach Auslandsstationen in New York und Singapur verschiedene Führungsfunktionen inne, wie insbesondere Aufbau und Leitung der Zentralen Stelle.

E-Mail: uta.zentes@de.ey.com